艺术体育

高校学术研究论著丛刊

现代体能训练的科学理论与方法探索

丁　峰　张宝琨　保文莉　著

图书在版编目 (CIP) 数据

现代体能训练的科学理论与方法探索 / 丁峰，张宝琨，保文莉著 . -- 北京：中国书籍出版社，2021.9
ISBN 978-7-5068-8736-6

Ⅰ . ①现… Ⅱ . ①丁… ②张… ③保… Ⅲ . ①体能 - 身体训练 - 研究 Ⅳ . ① G808.14

中国版本图书馆 CIP 数据核字（2021）第 202588 号

现代体能训练的科学理论与方法探索

丁 峰 张宝琨 保文莉 著

丛书策划 谭 鹏 武 斌
责任编辑 李 新
责任印制 孙马飞 马 芝
封面设计 东方美迪
出版发行 中国书籍出版社
地 址 北京市丰台区三路居路 97 号（邮编：100073）
电 话 （010）52257143（总编室） （010）52257140（发行部）
电子邮箱 eo@chinabp.com.cn
经 销 全国新华书店
印 厂 三河市德贤弘印务有限公司
开 本 710 毫米 ×1000 毫米 1/16
字 数 325 千字
印 张 17
版 次 2023 年 1 月第 1 版
印 次 2023 年 1 月第 1 次印刷
书 号 ISBN 978-7-5068-8736-6
定 价 96.00 元

目　录

第一章　现代体能训练概论与发展

体能训练的概念最初是在欧洲起步和发展的,从最早提出体能训练的概念距今已经有两百多年的历史。因此,今天的现代体能训练已经发展为一门磅礴的科学,它的研究越来越深入,理论成果丰硕,在实践方面体能训练更是现代竞技体育发展的重要组成部分。体能训练是任何运动项目的基础训练,同时体能训练又不能脱离专项的需要。体能训练是技术训练与战术训练的必备基础,总之,无论任何运动项目都不可能离开体能训练这一重要基础构成。本章将就体能以及体能训练的概念、国内外体能训练的发展进程、我国体能训练的发展现状及问题,以及我国体能训练的发展趋势等几方面展开阐述。

第一节　体能与体能训练的概念

一、体能的概述

(一)体能的基本含义

关于体能现在各界还没有一个统一的定义,对体能的解释各有不同、各有侧重。1984 年,上海辞书出版社出版的《体育词典》中对体能的定义为"体能指人体各器官系统的机能在体育活动中表现出来的能力"。这也是我国学者对体能概念所作的较早的解释。它把力量、速度、灵敏、耐力、柔韧等基本身体素质和人的基本活动能力都包括在其中,是比较专业和准确的定义。"体能"来源于英国的 Physical Fitness,也翻译成体适能。德国称为工作能力(Leistungs Fahigkeit),法国称为身体适性(Physical Aptitude),日本的翻译与中国最相近,称为体力。但基本上都将其分为基本体能(Fundamental Physical Fitness)和运动体能(Sports Related Physical Fitness)两部分。基本体能是指人日常生活中涉及的活动、运动的能力，以及适应生活环境的能力（比如免疫力、对外部环境的适应能力、对抗冲击性外力的能力等），是人体各个器官、系统、机能的整体表现；运动体能是指在神经中枢的支配之下，从事某项体育活动所体现出来的力量、速度、耐力、平衡、协调、灵敏、反应等能力，是人体的各个器官、组织、系统、能源储备以及代谢水平的综合能力的体现。在竞技体育领域，根据运动体能的特点又分为一般体能和专项体能。

现代体能的概念源于身体训练或身体练习。近代较早的有关体能的研究均出现在欧洲。1787 年，德国学者菲劳梅的作品《身体训练问题》是最早的关于体能训练的书。但是，直到 1964 年的东京奥运会期间，国际运动医学委员会才正式成立了“国际体能测试标准化委员会”，并规定标准体能测试的六项内容：身体资源调查、运动经历调查、医学调查与测验、生理学测试、体格和身体组织测试、运动能力测验。沃森 1983 年提出，体能素质应该由柔韧性、力量、耐力、速度、功率、脂肪组成，这是现代体能概念的主要源头。

（二）体能的生物学概述

从生物学角度来看，人体是由神经系统、运动系统、呼吸系统、消化系统、免疫系统、循环系统、泌尿系统、内分泌系统和生殖系统等九大系统组成的完整的生物体。九大系统分别掌管着人体的不同机能和活动，它们既相互独立又相互影响、相互制约、相互促进，经过有机的协同作业，使人体的功能活动维持在一个相对稳定的整体水平。人体的最基本单位是细胞，人体的所有组织是由细胞构成，这些组织之间共同构成了各种器官，人体的各个器官又组成了不同的系统，各系统在神经系统和内分泌系统的支配下，发挥各自掌管的功能作用，由此构成了一个具有新陈代谢、兴奋性、应激性、适应性特征的完整的机体。因此，要想科学地认识人体的健康情况和体能表现，首先应该有基本的生物学认识，只有在准确地了解人体的组成的基础之上，才能真正对体能有深刻的理解和把握，才能从根本上提高体能训练的效率，进而提升运动技能和运动表现。

狭义的运动系统由骨、关节和骨骼肌三大类器官组成。广义的运动系统由中枢神经系统、周围神经和神经肌接头部分、骨骼肌肉、心肺和代谢支持系统组成。肌肉是运动系统的主动动力装置。运动的实质其实就是人体运动系统包括骨骼、关节和肌肉的合作配合，为了完成神经系统下达的指令而完成的各种活动。

首先，人体通过消化系统、吸收系统的工作从外界获得必要的营养物质，然后转化为能量传输给运动系统，贯穿整个过程的是新陈代谢系统的持续运作，进行能量转化并将代谢废物排出体外。因此，人体的体能表现是一个复杂的生物体运作的结果，要探讨体能训练，必须有系统的生物学观点。也就是说，体能训练不能单独看体能的各个功能指标，而是应该整体地看待人体状态。运动和训练是由神经系统、运动系统、消化系统等机体的所有系统共同参与支配、控制、激活、完成的整体过程，从人体各系统的高度协调统一的角度去理解和认识体能训练将会产生截然不同的训练效果。相反，如果只从力量、速度、耐力、负荷等局部角度切入，将在很大程度上降低体能训练的整体效能，有时甚至还会带来负面效应。

（三）体能的基本构成

由于对体能研究的侧重点不同，因此对其构成解释也不尽相同。另外，体能与身体素质的概念也时有交互使用。其中一些代表性观点如下：

（1）1990 年 Bud Getchell 从心肺功能和肌肉功能两方面，把身体素质构成分类为力量、肌肉、柔韧性、心肺耐力、身体组成、技能。

（2）1991 年库特萨尔将体能分为绝对力量、运动速度、爆发力、耐力、柔韧性，认为体能是由动作协调能力、肌肉力量、动作速度、耐力构成。

（3）拉森提出体能的构成因素包括：防卫能力、肌肉力量、爆发力、柔软性、速度、敏捷性、协同性、平衡性、技巧性、心肺能力。

（4）1995 年 Hartmann 从能量供能的角度以及力量特点两方面来解析体能，认为体能是以人体的磷酸原、糖酵解、有氧氧化三大供能系统的能量代谢活动为基础，依靠骨骼肌系统所表现出来的运动能力。

（5）NSCA 在体能训练前强调柔韧和心肺功能，训练则主要以力量、速度、耐力、柔切、平衡能力、心肺功能练习为主。

（6）《NBA 体能训练》指出，篮球的体能训练包括：爆发——纵跳，灵活性——20 米跑，身体素质——300 米折返跑，肌肉力量和耐力——俯卧撑、引体向上、仰卧起坐，柔韧性——坐位体前屈，身体组织——皮肤褶皱测试。

二、体能训练的概述

（一）体能训练的含义

体能训练是所有运动训练的重要基础，是各项运动的技战术的保障和前提。体能训练是结合专项运动的需要通过科学手段进行练习，可以改善身体形态，提高机体各器官、组织和系统的机能，充分发展运动潜质以及提高运动技能的过程。体能训练也是促进人体身体健康、提高免疫力的重要手段。对于竞技体育而言,体能训练的基本目的就是充分发展与专项运动成绩密切相关的力量、速度、耐力、柔韧、灵敏等运动素质,从而为专项运动成绩和技术水平的不断发展奠定良好的基础。

1. 一般体能训练

体能训练所包括的一般体能训练是指为增进运动员的身体健康而全面进行的提高运动素质的各项练习,通过系统地提高各器官系统的机能,改善身体形态和提高机能水平,是以提高综合身体素质为目的的练习,提高非专项运动技术和体能水平。

2. 专项体能训练

专项体能训练是指针对性较高的以提高专项素质为目的的练习。它是与专项运动有紧密联系的专门性体能练习,是最大限度地发展专项成绩的专项运动练习,专项训练有明确和具体的目标,是以保证专项技术和专项战术高水平发挥为最高原则,为在比赛中能够顺利地运用和发挥,是为最终获得优异成绩而服务的。

3. 一般体能训练和专项体能训练的关系

一般体能训练是专项体能训练的基础,是为提高运动成绩所做的必要准备和训练。一般体能训练是为专项运动素质的提高创造必要的条件,具有对所有运动项目都适用的基础功能,而专项体能训练则是为了提高专项运动成绩的特殊需要,直接为专项运动的成绩服务,但是对其他运动项目非相关,甚至有制约作用。一般体能训练和专项体能训练都不是一成不变的,它们会随着专项运动水平的不断提高而进行有机的调整和变化,但都是为提高专项运动水平而服务。需要在不断的此消彼长中调节训练计划、训练强度、训练周期,以及根据因人而异的增长水平情况运用科学合理的、不同训练手段进行训练,通常来说,一般体能训练和专项体能训练往往你中有我我中有你,很难截然分开。其共同目标就是提高专项水平,获得优异运动表现。

(二)体能训练与身体训练的区别

传统的身体训练往往都侧重于追求某一方面的单一身体素质,比如速度、力量、耐力、柔韧性等,但这样做的问题是常常会忽略人的身体本就是一个有机的整体,某一项机能的提高或者减退,同时会促进或制约着其他机能的水平,因此在训练中应该具有机体整体性的观念意识。另外,体能训练也与心理素质的培养息息相关，而心理素质的提高又会反过来促进体能训练。

（1）身体训练以往更多的是注重某一项运动素质的提高，对运动员的整体运动能力、对抗能力、对大负荷、高强度运动的抗疲劳能力，以及积极进取、奋力拼搏的心理品质有所忽视。它的直接后果就是导致我国运动员的体能水平不能达到应有的能力水平，特别是球类运动员，因为缺乏有效训练以及观念方面的薄弱环节使其体能长期处于较低水平。

（2）运动素质是身体机能水平在某一方面的具体表现，例如力量的强弱、速度的快慢、灵敏以及柔韧性是否优秀等，它们既是体能的构成，也是运动评价和检查体能水平的常用指标。也就是说，运动水平是体能素质的外在表现形式，而体能是运动水平的内在决定因素。体能素质与运动水平密切相关，提高机体的运动水平，需要从人体的器官、组织、系统的层面进行提高和改善，体能训练与身体训练有密切的联系，两者既有相关性又有所不同。

（3）需要从提高运动员的整体运动能力的高度，来考虑体能训练，进行综合的、整体的认识和把握。运动素质训练应该作为人体生物学机能发展训练的一部分。身体训练是为了提高某一个单一运动素质，比如为了获得耐力只需要坚持进行有氧运动如长跑、游泳等，如果想提高力量那么只要加强抗阻运动、增加负荷等。体能训练是针对人体整体机能潜力的提升所进行的练习和训练，因此从另一个角度来说，体能训练是对人体器官、系统、组织在结构和机能上的适应性再塑造工作，是对原有基础上的机能进行再加强，同时也是磨炼个体意志品质以及对其心理素质的再塑造工作。

第二节　国内外体能训练的研究现状

一、国内体能训练的研究现状

“体能”一词从20世纪80年代中后期频繁出现在我国的体育领域里，主要集中在体育报刊或体育文献上。也是从那个时期开始，我国的竞技体育项目开始引用了“体能”的概念，并成为重要的训练目标。

（一）国内体能训练研究的基本观点

我国学者对体能训练的研究与目前世界上的主流研究大体保持一致，也有其特有的侧重和特点，主要归纳如下。

1. 运动能力的整体性

个体的运动能力不是某一单一器官或系统的能力体现，而是由中枢神经系统统一支配的，在各器官、系统、组织机能的共同协作下的综合表现结果。但是不同能力对相应器官系统的要求有所不同，其表现也有自己的特点。

2. 运动结构的专项性

不同的运动项目、不同的运动技术，各自具有一定的特殊性。在完成动作时，机体在用力和动作的顺序上具有特定的结构特征。动作结构和肌肉工作之间的相似程度越高，则它们的运动技术之间的联系越紧密。即便相似性再高，训练方法和手段的安排也必须符合专项特点。

（二）国内体能训练研究的基本进程

体能训练的研究也是结合运动实践、体能训练实践进行的，是一个动态的发展过程，在不断地吸收新的科研成果、实践数据以及其他相关学科的前沿进展进行完善、补充和提高。

1. 身体素质论及其局限性

在我国，身体素质论先于体能的概念而出现。对运动员的身体素质训练主要围绕着力量、速度、耐力、灵敏、柔韧进行。其中主要分类如下：

①力量素质：最大力量、相对力量、快速力量和力量耐力。

②速度素质：反应速度、动作速度和位移速度。

③耐力素质：有氧耐力、无氧耐力。

其中两种素质能力的组合就可以获得第三种能力，如力量素质与耐力素质的组合就可以得到良好的力量耐力；而耐力素质与速度素质结合可以获得速度耐力。

直到20世纪90年代之前，以上这些基本上是国内体育界的主流观点。从现状看来，它具有很大的局限性而且过于简单。比如，运动员的综合能力不仅仅是几个能力的简单叠加，这主要是由于对机体的运作形式缺乏足够的认识导致。于是会带来“为了素质而练素质”的局限，因为不能从系统的角度认识素质,其训练效果是非常有限的。茅鹏先生曾明确否定“身体素质论”,他认为离开了运动项目的“身体素质”是不能存在的。而且,以不同性质的方法交替训练运动员的单项素质,结果反而会打断或者破坏专项训练的系统性,甚至造成受伤。他指出应该取消所谓的“身体素质论”,明确身体训练任务是为了增强健康、提高运动成绩。

2. 力量素质论

力量素质论认为体能训练的主要内容是力量训练,尤其是大强度的力量训练。同一时期这种现象也出现在美国,当时常见的力量训练手段主要为运用自由负重(Free Weight)的杠铃和哑铃练习。因此,会出现无论什么项目的运动员,普遍地锻炼出一身非常发达的肌肉。直到21世纪初,我国的竞技体育体能训练仍然把力量训练作为体能训练的首要因素,认为力量训练是体能水平的重要因素。而实际上,力量对运动能力的贡献是有条件的,在不同的运动项目中,力量的作用非常不同,力量强未必跳得高、跑得快、投得准。相比较决定胜负的往往是速度而非力量,力量需要转化为速度才更具意义。比如标枪类投掷项目,曾经认为是力量性运动项目,但是运动员的成绩与力量的增长并没有表现出那么强的相关性。实际情况是,力量与投掷成绩只有在较低水平时才能表现出线性关系,而优秀的运动员却并非是力量最大的。这是因为最大力量只是基础,真正决定成绩的是出手初速度。同样的,与欧美运动员相比,我国运动员的体重普遍较轻,但是在立定跳远这一类运动项目中却并未表现出优势,且成绩明显落后于国外优秀选手。这是因为我国运动员下肢的灵活性和爆发力不足。还有很多实例可以证明,在很多项目中,优秀的绝对力量或者最大力量并不能带来优异的运动成绩。

3. 耐力素质论

而耐力素质论也曾被等同于体能训练。比较典型的例子比如中国足球的体能测试与训练,曾经特别强调对耐力素质的训练,号称每天一个10000米。但是这恰恰反应了我国曾经对体能训练的低水平研究和认识,割裂地看待和训练体能素质,是一种缺乏科学认识的方式手段,它曾经长期地制约我国竞技体育的发展。比如,认为力量素质、耐力素质和速度素质是相互独立的不同身体素质,片面地强调某一种能力,或者脱离开具体的运动项目谈能力素质,都不仅不能促进运动员的成绩提高,反而限制了他们运动潜能的发展,甚至有时候还带来伤病。

4. 基本能力和三分论

基本能力和三分论观点把身体形态和系统机能看作是体能的物质基础,而身体素质是体能的外在表现,也是体能训练的主要内容。这一观点从身体形态、系统机能以及运动素质三个方面来认识和实施体能训练。其具有的进步意义如下:

(1)平衡各个结构的发展

身体素质训练往往片面重视单一运动素质的提高,而对身体形态和各器官系统的机能缺乏认识,然而各个结构的平衡才是突出发展身体素质的基础条件。

(2)辩证理解内因和外因

身体素质是外在表现形式,是在运动实践中评价指标,以及检查体能水平的常用指标。而身体机能和身体形态是决定身体素质的内因。比如,身体素质在很大程度上取决于人体器官和系统的机能水平,以及身体形态的组织结构,它们是身体素质的内在决定因素。

(3)综合考虑与实施

相对而言,身体训练无论是形式上还是目标上都比较单一;而体能训练是以整体的机能潜力提升为目标,是综合的考虑和实施的结果,它更加尊重人体科学,在实践中更加有效,在训练中是从器官、系统的层面进行工作,并且也强调了心理建设与再塑造,是全面的、整体的从形态、机能、素质三方面实施训练。体能训练是在前人的经验教训基础上的质的提高,从各方面都表现出了进步意义。

二、我国体能训练的研究趋势

(一)青少年领域需要重视

在体育发达国家,青少年的运动情况要领先于我国,他们对青少年运动的研究、机构设施、培养体系也相对成熟。相对而言,我国青少年儿童的体质健康水平却呈现持续下降的趋势,这是与我国的社会经济发展相背离的情况。随着生活水平的提高,青少年儿童的营养、生活环境、健康保障、医疗水平等都远远优于从前。然而根据调查数据显示,青少年的体能指标持续下降,比如身体机能与身体素质的测试结果始终不容乐观。随着经济的发展、社会的进步,与健康紧密相关的大部分因素都提高了,然而我们青少年儿童的体质问题却越来越严重。这是应该引起社会全体重视的情况，我们的儿童大多被过重的学业拖累而影响和占用了他们的运动游戏时间，一个明显的现象就是我们的儿童很多都成了近视眼，在小学就早早地戴上了眼镜。目前，我国对青少年儿童体能的研究相对较少，我国专家学者对于青少年儿童体能的关注点更多地集中在竞技体育方面。而对于非竞技类的青少年儿童的体能训练还属于空白状态，还没有太多的研究成果可供大众青少年提高身体素质和运动水平方面进行参考，这也是今后我们的重点发展方向。希望能够引起国家和相关专家学者的重视，为提高我国青少年儿童的体质、特别是从体能训练的角度多加探索。

（二）疾病康复领域需求旺盛

随着我国社会逐步进入老龄化社会，老年人群体的人口比例占比逐年升高，伴随老年人最多的就是疾病、康复、保健的问题。在我国，老年人往往容易患上高血压、糖尿病、骨质疏松症和颈肩腰椎疼痛等各种老年病，以及各种关节疾病和器质性疾病。就目前的研究而言，针对健康老年人的运动处方相关的研究较多，而对于如何进行有效的运动干预以增强失能老年人体质，特别是如何针对失能老年人的肌肉力量开展有效的运动处方干预措施，还存在很大的研究空间。老年人最怕跌跤，因为跌倒会带来严重的不良后果，如软组织损伤、骨折、心理创伤及损伤后长期卧床导致的一系列并发症。老年人患病、治疗、住院都会增加社会和家庭的负担。以我国现阶段的发展情况来说，老年康复领域、预恢复方面等对体能训练的需求逐年旺盛，成为当今社会亟待解决的问题。

（三）特殊人群领域萌芽起步

随着社会文明的发展，各方面的研究都朝着越来越深入的态势进行。对于特殊人群领域的体能训练也开始受到关注。就好像用“智商”测量人的智力水平一样，“体商”的概念也逐步发展起来，现在人们开始用体商测量人的体能。体商BQ，是指一个人活动、运动、体力劳动的能力和质量的量化标准。体商的高低与性别、年龄、脑力和体力劳动、地区、民族以及是否残疾等有关。这方面的研究也需要加快步伐。

三、国外体能训练的研究现状

国外的体能训练研究很难一言以概之，各国的国情、国力以及在竞技体育方面的投入和发展阶段各不相同。在当前国际上,竞技体育方面发展最为突出和先进的当属美国,作为体育超级强国,美国的体育实力几乎涵盖了大部分的体育项目,而且在科研、技术发展以及体育产业的整体发展上都大大领先于国际。因此,本节主要以美国为例,以其所代表的最新的体能训练方面的研究成果进行分析。

(一)教学研发一体化

1. 体能训练的“教、学、研、发”一体化

美国的体能训练发展至今已经形成了非常完善的理论和实践体系。它的体能训练大致分为运动能力测量、运动能力评估、设计体能训练计划、制订体能发展目标和体能训练实施等几个基本步骤。具体包括体能训练的设计、体能训练的负荷安排、体能训练与专项紧密结合的针对性、体能训练的处方、运动员受伤后的体能恢复与训练、运动营养与体能训练、运动成绩的平衡与协调、耐力项目的力量训练等,并且在理论上已经形成一套非常严谨的研究模式,将训练实践与科学研究紧密地相结合,使体能训练的理论研究及时地为训练实践附能,而训练实践也时时对理论研究提供全面的样本,另外,还有完善的机制保障。可以说,美国的体能训练已经发展出非常成熟和先进的模式,体能训练是一个有机的整体,无论是计划的制订还是具体实施,都有强有力的依据,是集“教、学、研、发”于一体的系统工程。

2. 测试、评估、目标与实施

每个项目的体能训练都有四个步骤,分别是测试、评估、制订目标和计划,以及实施。每一个步骤都具有重要意义而不可或缺,而在体能训练发展和研究的不足,首先就是欠缺对这一完整性的认识,而其中任何一个环节的不足都会让整体训练效果大打折扣。当然,美国的成功经验需要学习,但是也无法简单照搬,因为它的发展是以大量的科学实证研究为支撑,对训练目标和训练手段的针对性和作用非常清楚,特别是其个体化的训练计划已经发展到非常先进的水平。比如,针对某位运动员的某项能力的不足,可以清楚地知道制约其能力发展的具体问题所在,然后通过非常个人化的训练手段可以达到怎样的训练效果,这些都有严谨的理论研究和数据支持,因此效果也是十分显著的。

（二）与专项运动紧密结合

1. 科研人员大多具有实践积累

美国的科研人员大多数都是职业运动员出身，他们的研究领域与自己的运动实践密切相关，他们非常清楚该项目在实践中的需求和问题，这就保证了理论对实践的指导作用是非常务实和准确的。而且，其体能训练非常强调与运动专项的结合，并且在结合的过程中又进行了更加专业的细分工作，比如会根据不同的运动项目、运动员不同的特点而设计出几百个训练动作，而且每一个动作的设计都与专项的动作有呼应关系。

同时，在体能训练的设计中也充分体现了他们勇于创新和积极探索的精神，大胆进取寻求突破是每个运动员在体能训练中给人的突出印象。

2. 注重对运动专项的分析

美国的体能训练非常注重结合运动员的专项特点来进行设计，首先，其体能测试就是紧紧围绕着运动专项的特点设定的，然后在评估、方案设计方面都力求精确地对应专项竞技能力，而且还设计出很多针对专项体能训练的辅助设备。可以说，在结合专项运动方面，美国同业者把每一个环节的工作都尽量做到了极致严谨和深入，是美国体能训练理论研究的另一个显著特点。无论是理论方面还是实践方面，其体能训练已成为一门科学，他们非常重视用数据说话，对每一个动作的解释都有大量的实践数据支撑，有详实的理论依据。由此可以看出，这对于在体能训练理论研究方面刚刚起步的中国教练员和体能专家来说，学习这种科学的研究理念和治学方法显得尤为重要。

第三节　我国体能训练的发展现状

一、我国体能训练的发展历程

经过近些年的不断发展，我国在体能训练方面的发展取得了可喜的进步。通过借鉴和学习国外的成功经验，我国也发展出一套较为完整的理论系统，以及相对丰富的实践经验。再通过一次次的实践中的考验，我们的体能训练越来越向着科学、严谨和深入的方向发展和成熟。我国的竞技体育运动成绩也已经站在体育强国的位列，这是对我们的体育理论研究与实践工作的最好证明。我们从测试、评估、设计训练计划到具体实施等各个环节都做了大量的积累和学习,逐渐培养了符合我国特色的成熟模式。

(一)理论引进

从20世纪90年代末期开始,北京奥运会的成功申办和举行成为我国体育事业全新发展的重要机遇。北京奥运会令中国在国际舞台上成功地展示了大国体育的强劲实力,以及我国社会文明的高度发展,可以说我国竞技体育的快速发展以及奥运会这样的重要国际体育赛事的成功举行,对我国的大国发展之路具有重要意义。

20世纪90年代,竞技体育逐渐开始重视体能训练,但刚起步之时,无论是认识上还是执行上都存在很大的模糊性。我们在理论上没有支撑,实践上经验片面且不足。在当时,大部分的体能教练都来自田径和举重项目的教练员,因此,我们的体能训练最早都过于强调速度和力量的训练,而且训练方法较为单一,表现在,无论什么项目的运动员,都拥有发达的肌肉,但是与专项结合严重不足。在备战北京奥运会的背景下,科学化训练被提上日程,国家体育总局先后组织多期高水平教练员和体育专业人才赴德国、俄罗斯、法国、澳大利亚、美国等国家进行培训交流和学习。

随着培训的进行,不断地吸收了新的训练理念和方法,这极大地推进了我们的备战效率,也为我们的运动员和教练增强了信心。特别是美国体育先进国家的体能训练理论、方法给我们带来强烈的感受,让我们看到自身的不足,也激发了我国竞技体育的科研人员、教练员对现代体能训练的认识与思考。

自此,我国的体能训练走上了现代化进程,我们的理论研究和实践训练都逐步地进行改善和优化,吸收国外的成功经验的同时,也开始发展自己的训练概念。比如《高水平竞技体能训练》《游泳专项体能训练》等重要专著都是在那个时期出版发行的,我国专项体能训练理论的研究和实践也拉开序幕。

(二)学习消化

为了推进体育强国的各种训练理念、实践方法,特别是先进的体能训练对我国竞技体育水平的促进作用,国家体育总局邀请美国体能协会(NSCA)的有关专家到我国进行体能培训,并且先后有十多位教练员和科研人员通过考试、获得证书。这是我国第一批获得国际体能教练资格认证的人员。之后，我国又组织20多人的国家级教练员团队集体赶赴美国，接受美国体能协会的培训，这是具有历史意义的一步，因此在那之后，每年都会有教练员和科研团队到美国或其他体育强国接受培训和学习他们的先进理念与技术，这些早期接受国外培训的成员，基本上都成长为我们国家研究体能训练的专家学者。经过这一系列的努力，我们的国家队逐步引进了国际上最前沿的体能训练理论和技术，同时也开启了我国体能训练的飞跃式发展。从手段单一逐步过渡到方法多样化，从目标含糊逐步发展到具有具体明确的训练目标和任务。

（三）吸收应用

这一切的努力在2008年北京奥运会上获得了丰硕的果实——中国位列奥运会金牌榜第一位的好成绩。然而奥运带给我们的不仅仅是金牌和荣耀，更重要的是通过努力备战，使得我国学者、科研人员和教练员在训练实践中学习到国外体能训练理论的先进成果，并且将这些直接应用到奥运会的训练实践中。2008年奥运会既是一个开启我国现代体能训练学习和研究的大门，也是对学习成果进行即时的验证和实践的绝佳机遇，并且从中培养了一些符合我国体能发展的教练员、研究人员。从此，我国体能训练理论的建设与实践效应逐渐体现。美国体能协会体能教练培训教材《体能训练概论》（*Essentials of Strength Training & Conditioning*）成为我国体能教练职业能力培养的圣经级别的经典，为之后我国学者的研究奠定了一定的高度和扎实的基础。

（四）蓬勃发展

我国从20世纪90年代末引进现代体能训练的理论与实践经验，经过2008年备战奥运会的检验，并在短短的几年间，现代体能训练的概念已被我国广大竞技体育工作者所拥护。在理论研究和实践应用方面也初具雏形。可喜的是，除了竞技体育之外，体能训练的应用逐步向全民健康、青少年、疾病康复和特殊人群传播开来，而且呈蓬勃发展的态势。

（五）积极创新

在备战2016年里约和2020年东京奥运会的过程中，我国在延续2008年北京奥运会体能训练方面的成功经验之外，同时也鼓励广大的体育从业者大胆创新，以国际上的先进理论和经验结合我国的实际情况，进行有机的结合与创新，加强本土化理论的建设力度，推进了体能训练“四位一体”的实践探索。同时鼓励体育高等院校成立体能训练专业方向，加快专业体能和身体运动功能人才的培养。自2012年伦敦奥运会至今，我国在竞技体育领域体能训练的理论研究和实践应用中均取得了稳步进展，并且以越来越成熟和完善的态势发展，这给我们的竞技体育发展注入了一剂强心剂。

二、我国体能训练的发展特色

（一）走出本土化特色

经过了近30年的发展和摸索，我国体能训练取得了一系列理论与实践方面的成果。其中非常显著的另一个特色是形成了颇具特色的本土化概念。在理论上，逐渐形成核心力量、动作模式、功能训练、动力链等新概念，这是我国现代体能训练的基本框架与核心。同时，在此基础之上又提出“身体运动功能训练”这一本土化概念。

（二）以实践为驱动力

我国体能训练的另一特色是以实践为强大的驱动力展开的，我们最初向西方体育强国的学习体能训练，不仅仅是为了加强我国的体育发展，弥补自身的不足，更重要的是，我们当时是带着十分紧迫的使命感——迎战2008年北京奥运会。中国成功申办北京奥运会是我国发展大国战略的重要一步，是向国际展示中国社会文明发展成果的重要机遇，是传播中华民族体育精神的重要舞台。因此，国家和全体国民都非常重视，全国万众一心迎战北京奥运会。无论是国家层面还是普通民众，都对奥运金牌十分渴望。在这样的背景下，我国的体育学者、教练员、运动员背负着艰巨的使命，他们迫切地要学习更加科学有效的训练方法，全力以赴迎战北京奥运会。

（三）迎来全面发展

在发展上，我们不仅积极赴美学习，培养了一批批优秀的体能研究学者和教练员，同时在制度上和机制上我们也力求全面发展。北京市体育科学研究所率先在国内建立“功能性体能训练实验室”和“科学体能训练研究团队”，举办“体能训练专家论坛”；上海体育科学研究所成立了“自行车专项体能训练实验室”,组织“国际运动训练创新论坛”;其他各省级单位开始先后成立了体能训练相关的研究室或实验室,以体能训练为专业研究方向进行了大量的探索实践,取得丰硕成果。在高校鼓励开设体能训练专业,为日后培养体能专业教练做出准备。

三、我国体能训练的常见问题

(一)对体能训练的工作不够深入

1. 结合专项不够深入

现代竞技体育的发展已经非常成熟,在这样的背景下,体能训练已经逐渐告别了单一的身体素质训练,比如片面强调力量、速度、耐力、灵敏、柔韧素质等作为体能训练的主要内容。过分强调突出力量和速度的高强度训练,而且手段单一,这样的后果是在跨越了低级水平之后,很难再有突出的进展,从根本上限制了运动员的运动能力的潜力开发,甚至给运动员造成运动伤害。随着研究与实践的不断突破和发展,我国在体能训练与专项运动相结合方面做了很多的研究与尝试,让体能训练为最终的运动结果服务,而不再是盲目地追求单一身体素质的提高。但是不得不承认,与美国等体育发展非常成熟的国家相比,我们的工作还有很大的提升空间。特别是在体能训练与运动专项相结合的方面,还有很多不足,我们的工作还不够深入和具体。这一方面是由于在这方面我们的研究起步较晚,缺乏必须的数据积累;另一方面,虽然有优秀的成功样本可以学习,但是任何学习毕竟不是简单的硬搬照抄,需要结合自己的实际情况,发展出相应的内在逻辑。在这方面,还需要时间的积累和大量科研专家的积极投入。

2. 大负荷依然难以避免

没有负荷的训练等于没有训练,但是过大的负荷又有诸多弊端。在这两者之间需要很强的科研理论和大量的实践数据,由经验丰富的教练员进行设计与甄别,找到最合适的训练方案。但是,我国的体能训练有很多年都是在盲目追求大负荷的意识下进行的,现状仍然具有一定的惯性。在严谨的科学数据之前,依赖大负荷仍然是难以摆脱的现状。“疲劳战”的传统很难在短时间内一下子改变,这需要所有的体育从业者的共同努力,也许需要一代甚至几代人去彻底改变。

3. 方法手段相对单一

合理的训练方法是获得良好训练效果的前提保障。但是,在具体实践中却很难做到,比如不少人往往更重视微观层面的手段,而轻视宏观层面的控制,把训练手段当作训练的全部内容,则在很大程度上影响了训练效果。以偏概全、以局部替代全部是我们目前比较突出的问题。缺乏规划的手段常常是很无力的,训练效果必然大打折扣。另外,在不同的训练阶段,不能选择相适宜的训练方法和手段,与专项脱钩却手段单一,训练效果必然存在偏差。

(二)体能训练缺乏整体设计

1. 整体观念依然模糊

过于注重某个手段或者单节训练课的效果,也就是有时候局限于细部而丧失了整体。对总体、阶段性训练目标设计不足,特别是对总体负荷结构的安排缺乏明确的体系。训练负荷结构要求在训练过程中不同性质和内容的负荷,在训练的某个阶段安排的多少是有目的的,而不是简单的量的积累。有实践数据证明,训练效果与不同性质负荷的合理组合直接相关。比如有氧、混氧、无氧负荷的搭配决定了中长跑的训练效果。而错误的、长期的一般训练、单一训练可能会影响运动员的发展。因此,无论是单项训练、负荷、周期,还是营养、恢复,都需要有整体的全局考虑,然后进行有机的、有针对性的组合安排,才能真正地提高体能、增强运动技能。

2. 体能诊断的力度不足

根据现代训练理论的要求,运动员在规划训练目标和选择合理的负荷之前,需要进行严格的测试与诊断,在清楚地了解了运动员的运动能力的前提下,有针对性地设计训练方案,并且严格跟踪实施,才是一套完整的训练过程体系。诊断是训练的起点,缺乏诊断的训练是盲目的,目标含糊的训练不可能选择有针对性的训练手段、负荷、周期等,后面的训练跟踪也失去了意义。

(三)体能训练的手段单一

理论研究的不足必然影响训练手段的发展,如前文所述,我国的体能训练起步和发展度较晚,之前已经形成的惯性也很难一时改变。体能训练是一门科学,需要时间积累,需要科研投入,需要大量的数据作为研究样本，在此基础上才有可能发展和设计出科学有效的、具有极高的针对性的训练方法和手段。这是一个整体的、系统的工程，环环相扣，互相促进和制约，只有经过全面的发展，才能有局部的进步，才能从根本上改变训练手段单一的问题。

（四）体能训练缺乏个体针对性

集体性运动项目的另一体能训练的不足，是全部运动员使用同一个训练计划。作为一个团队，参加同一个比赛，因而采取统一的训练似乎合乎情理、无可非议。然而，任何一个集体项目中的任何两名运动员的运动能力和身体心态都是不一样的，他们的技术特点、体能特点都不同，而且在场上的任务往往也大不相同，因此，合理的体能训练应该是具有个性化的，具有针对性的。应该对全队运动员分别进行具体的个体化分析，针对不同的特点制订不同的体能训练计划，才能真正做到对症下药、因材施教。个性化的体能训练已经成为高水平体能训练的一大特点。

（五）教练水平有待提高

现代竞技体育对教练的要求极高，既要有运动科学理论知识，又要有训练实践相结合的专业体能训练实践经验。现实情况是，有训练实践经验的教练缺乏运动科学理论的支持，而具备运动科学理论知识的学者又没有实践经验，缺乏实际运动的操作能力。教练员的水平会限制和制约着运动员的发展，这也是影响我们国家竞技体育发展的一个重要问题，体能训练是一切运动项目的基础，而教练员的水平如果长期比较落后的话，自然会制约着我国体能训练的发展。因此，加强对教练员的培养和选拔，尽快提高整体教练员的理论水平是提高我国体能训练的一个基础条件。

第四节　我国体能训练的发展趋势

一、体能训练要科学化

现代竞技体育的高度发展体现在方方面面，从竞技精神到科技含量都发展到了相当成熟的水平。比如在训练方面，体能训练已经发展成为一门科学，对各种项目的研究与支持都相当深入。而在这方面，我国还存在着明显的不足，从训练方案的制订，到训练评估的鉴定，以及训练实施的完成，都需要进行科学化的完善和改进，要做的工作还有很多。在向其他国家学习的同时，也应该大胆突破，努力寻找符合中国发展特性的科学体能训练系统和模式。

二、体能训练要专项化

当前的体能训练呈现出专项化的趋势，也就是说提到体能训练离不开专项运动的结合，与专项紧密结合的体能训练才有现实意义。例如，篮球项目训练的专项体能训练与一般体能训练之比为 4∶1。在专项体能训练中，有球训练与无球训练的比例为 4∶1。以往的枯燥乏味的杠铃训练、田径场训练在不断地减少，出现了多种多样的高度专项化的训练方法和手段。并且，一样的训练设备会根据不同的专项运动而设计几百种训练方式，这些都是专项化的体现，也是未来的发展趋势。

三、体能训练要个性化

个性化体现在每个运动员都应该有为他量身定做的训练方案，是特别针对他的运动项目、运动水平、能力欠缺的程度等而设计。而且，在同一个球队里，哪怕是同样的位置，也是进行全队的个性化训练。因为每个运动员的情况都不同，他们需要提升的具体能力、核心问题、训练目标都不尽相同，唯有通过个性化体能训练才能达到理想的效果。

四、体能训练要深入化

随着社会的发展，各个行业都进入到现代化、职业化，以及垂直领域的细分趋势越来越明显。体能训练从最初仅仅服务于竞技体育的高度垂直和专业的特色，逐步慢慢地在普通大众健身、疾病康复、老年人、青少年、特殊人群等不同的领域发展和蔓延，对各个领域的发展都起到了不可替代的积极作用。但是未来的发展态势要求体能训练还要进入更多的领域、进行更加深入的发展。比如，体能训练在特警、消防、医护等不同领域也有旺盛的需要，这就要求体能训练在不同领域、不同职业上都有更加深入、更加专业化的理论研究和实践指导。

比如美国卡斯特罗理工学院学者 Alfredo Oliveira 在《特警部队体型与健康体适能的相关性研究》中表明："体型轮廓可以作为一种准确的方

法来评估特警队员的体型和形状，而外在体型与优异的身体素质和生理指标具有相关性。”巴西学者 Jarbas 在《特警、交警在服务年限和健康体适能上的比较》中对 47 名研究对象的身体形态、坐位体前屈、1 分钟仰卧起坐、肘关节活动幅度、20 米往返跑测试发现，特警的灵敏性明显好于交警（P=0.026），其他方面没有差异。

第二章　现代体能测试理论与操作

无论是学校体能课教学、运动员体能训练，还是日常体能锻炼，都要先了解学生、运动员及锻炼者的体能状况，根据实际情况而制定教学、训练、锻炼方案，确立体能教学、训练及锻炼目标，从而提高体能教学、体能训练及体能锻炼的科学性及实效性。体能测试是了解真实体能状况的重要手段，通过体能测试能够对人们身体机能、运动能力的发展现状及潜能有清楚的了解，结合测试结果设计科学的体能运动处方，能够改善人们的体能现状，提升体能健康水平。本章着重对现代体能测试理论与操作展开研究，首先阐述体能测试与评价的基本理论，然后对基础体能、运动体能的测试方法展开详细研究。

第一节　体能测试与评价概论

一、体能测试基本理论

（一）测试指标选择

选择体能测试指标需要考虑以下几个要点。

1. 科学性要求

体能测试指标在采用前应反复对其进行检验，要使其能够将事物的属性充分反映出来。建立体能测试指标体系这项工作很艰巨，也很严肃，要确保体系内各项指标的科学性，这对测试结果的准确性有决定性影响。通常情况下，论证一项指标是一个反反复复的过程，要经过指标设计、对照效标、修改设计、再次验证、确定指标等多个阶段。在这个过程中，一定要深入分析所选择的指标，对测试指标与测试目的的关系从多个层面进行论证，从而将科学准确的指标选出来。

2. 实用性要求

进行体能测试,需要具备良好的资源条件,如财力资源、人力资源和物力资源,此外还要有良好的技术条件。测试指标不同,对这些条件会有不同的要求。例如,在运动技术指标的测试中采用三维摄像技术,能够将测试对象的技术水平准确、细致地反映出来,然而这项测试要求具备很高的技术条件和物质条件,还要求测试人员要有很高的专业水平,如果不具备这些条件,就会影响测试工作的正常进行。现阶段,因为体能测试仪器的专业标准越来越高,所以体能测试的专业程度也越来越高。体能测试的专业化不仅体现在测试仪器上,也体现在测试人员身上,测试人员充分发挥专业能力而完成专业测试工作。对测试指标进行选择时,要认真分析需要具备哪些条件才能顺利测试,预算应准确,要根据现有条件对可操作性强的指标进行选择,从而顺利开展测试工作。

3. 独立性要求(单项指标)

体能测试指标体系的构建具有系统性、复杂性,对测试指标进行设计时,要尽可能选能够将事物属性真实反映出来的指标,要从相关指标中对代表性最强的指标进行选择,而且选择的不同指标要能将同一事物的不同属性或不同事物的属性反映出来。注意对那些重复性指标要尽可能避开,指标体系中也不应该出现不具有很强代表性的指标。例如,在速度素质测试中对速度类指标进行选择,可选指标有 10 秒快速摆臂、30 米跑、10 秒原地高抬腿等。这些可选指标中,如果单纯测试肌肉运动速度,那么主要选择快速摆臂、原地高抬腿这两项单纯性指标,如果在测试肌肉运动速度的同时还要测试肌肉的力量,那么主要选择 30 米跑这项指标。

4. 完整性要求(指标体系)

体能测试指标体系是一组测试指标的集合,能够从多个角度将体能状况真实反映出来。体能发展的影响因素很多,建立完整的体能测试指标体系要尽可能将体能发展的本质规律完整体现出来。

(二)测试方法设计

通常依据一般体能要素和专项体能要素来选择体能测试内容和方法。在一个典型的体能测试中,主要测试内容包括上下肢力量测试、爆发力测试、心血管耐力测试、身体成分和柔韧性测试、速度和灵敏测试等。

选择测试内容与方法,要根据测试对象的情况而定。以运动员体能测试为例,主要依据运动员从事的运动项目的竞技需要来选择测试内容。

当确定力量、速度、爆发力等评价内容后，就要确定测试的信度、效度、专项性，同时还要展开评价工作。如果没有涉及以上内容，那么测试内容就可能存在问题，从而影响测试的作用和意义。

下面以运动员体能测评为例来分析设计测试方法要考虑的要点。

1. 测试的专项性和相关性

体能测试是评价运动员专项能力的重要方法，通过测试运动员的体能素质，科学制订体能训练计划。例如，在力量训练和力量测试中采用相似的训练模式，测试结果能够准确反映运动员力量提高的幅度。但是，如果在力量训练和力量测试中采用不同的训练模式，则很难从测试结果中反映运动员力量的提高幅度。

有关人员做了一项对 2 组受试者进行 10 周测试的训练研究，A 组在变阻力量训练机械上进行训练（如下肢蹬伸练习），B 组采用自由力量（如下蹲）进行训练。经过 10 周的测试后，A 组受试者的下肢蹬伸力量、下蹲力量分别提高了 27%与 7.5%。相反，B 组受试者的下蹲力量、下肢蹬伸力量则分别提高了 28.9%与 7.5%。从测试结果来看，在力量测试中如果采用的测试方法与训练手段不同，那么力量的提高幅度就小。所以，在对运动员进行体能测试的过程中，应当采用与专项相关的测试方法。此外，在选择评价指标时，所选指标要能保证体能专家可以准确掌握运动员的专项竞技能力变化情况。

2. 测试的效度和信度

效度和信度是体能测试的重要特征。效度是测量结果反映测试内容属性的程度。例如，通过 1RM 深蹲练习，可以有效评估运动员的下肢力量，这是因为在深蹲练习中主要是下肢肌群发力。

测试的信度是指测验结果的一致性、稳定性及可靠性。在评估体能训练计划时，可信的测试选择能反映出运动员体能的轻微变化。如果体能测试的可信度不高，那么通过测试结果只能看出测试的变化，而无法准确判断训练计划是否有效。[①]

二、体能评价基本理论

体能评价是对体能测试结果的价值进行判断和确定，并将某种意义

① 王志苹．现代体能训练科学设计与实用方法研究[M]．北京：中国商务出版社，2017.

赋予其中的一个过程。具体来说,就是对测试数据进行整理,以一定的标准为参照进行对比分析,从而对测试结果的价值大小进行判断和确定的过程。

体能评价和体能测试密不可分,完整的体能测试与评价流程如图2-1所示。

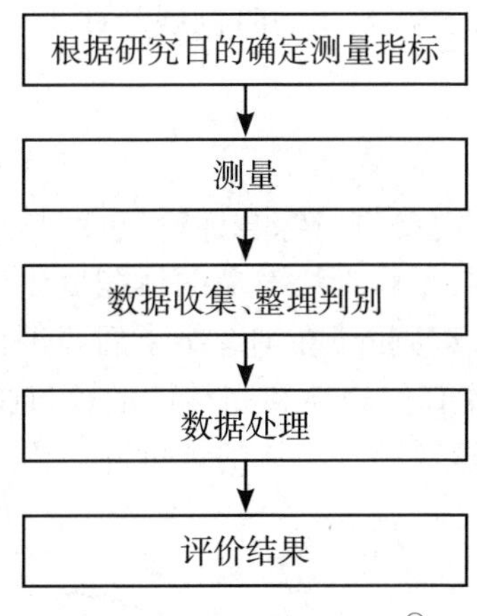

图2-1 体能测评过程[①]

（一）评价类型

在体能发展中,运动现象的发生过程包括三个阶段,分别是开始阶段、进行阶段和结束阶段,根据这个过程,可以将体能评价划分为诊断评价、形成性评价和综合评价三种类型。

1.诊断评价

在体能训练前,为了解训练对象的体能基础水平和现状而进行的评价就是诊断评价。通过评价而对训练对象的原始情况有所了解,发现其问题,清楚其优势,挖掘其潜能,从而依据诊断结果设计训练计划,提高体能训练实践的科学性和有效性,并在最后与初始水平进行对比,了解训练对象的训练效果,即体能改善与提升的效果。

2.形成性评价

在体能训练的整个过程中都要进行形成性评价。开展体能训练工作,要先确定总体训练目标,然后根据总体目标进行单元目标分解与细化,再分阶段一步步完成每个单元目标,最终完成总体目标。只有先很好地实

① 史兵.体育测量评价学[M].西安:陕西人民教育出版社,2006.

现各个单元目标，总目标才能在预期中成功实现，而在为实现单元目标、总目标努力的过程中，要坚持进行动态评价。以体能发展变化原理为依据，对体能训练过程中各个单元目标的达成情况进行检查，为改进后续训练工作提供可靠的依据，及时对训练内容进行调整与补充，对训练方法进行改进与完善，从而使训练过程向着预期目标而运作，为训练目标而服务。整个训练过程中都要在合适的时机展开评价工作，随时发现问题，及时处理问题。

3. 综合评价

结束一个训练周期时要进行综合评价，也就是总结性评价，即对实际训练效果进行价值判断，了解训练对象的体能变化情况，对训练计划是否科学、合理、有效作出最终判断。在训练结束后要进行全面化的综合评价，要在评价体系中纳入具有代表性和完整性的评价指标，要理清不同评价指标之间的相互关系，这对评价主体的评价能力提出了较高的要求。

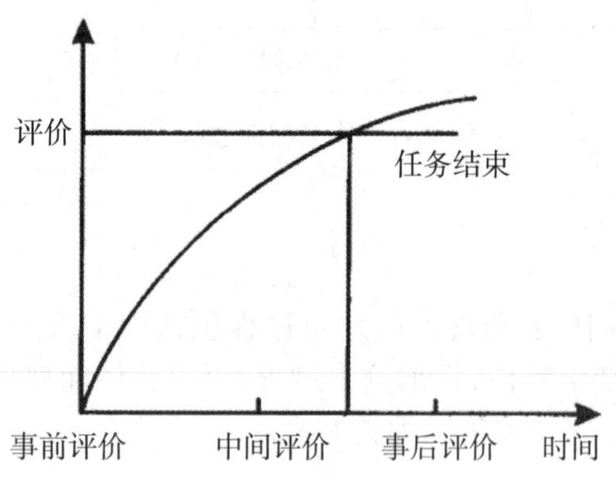

图 2-2　评价基本形式[①]

上述三类评价方式是前后衔接的，分别对应事前评价、中间评价和事后评价，如图 2-2 所示。它们之间紧密联系，相辅相成。在体能训练中，体能评价是长期性的工作，每次评价都要建立在上一次评价的基础上，所以每一次的综合评价能够为下一次的诊断评价提供参考，而中间的每次评价都可以理解为某个训练阶段的总结性评价，能够为最终的综合评价提供参考。因此，需要以评价目的为依据来判断评价类型，采取相应的评价方式。上述三种评价方式的评价目的和侧重点是有区别的，而且在不同阶段进行不同类型的评价也要满足不同的要求。事前评价要求要有很

① 陈佩杰，王人卫，胡琪琛，等．体适能评定理论与方法[M]．哈尔滨：黑龙江科学技术出版社，2005.

强的针对性，采用多元化的评价指标和方式。事中评价要达到针对性、简易性、可操作性、实用性等要求，不适合采用过于烦琐的方式。事后评价要求做到系统、全面，要采用多样化的方法进行评价。

(二)评价标准

1. 常见评价标准

在体能测试与评价中，对测试对象的属性进行价值判断的尺度就是所谓的评价标准。常见的评价标准有以下几类。

(1)现状标准(比较标准)

现状标准是一种非常规范的评价标准，对这种评价标准进行制订，要采用标准化的测量统计方法，测量统计程序要规范，而且要对相关评价量表予以借助。在同一个总体重进行群体之间或个体之间的比较时常常采用现状标准。参考现状标准进行比较的不同个体或群体之间具有同质性，也就是在性别、年龄、职业等方面具有相同特征。参照现状标准进行个体或群体对比，能够对个体或群体的水平及其在同一个总体中所处的地位进行客观而准确的描述，从而不仅能了解个体或群体的实际水平，还能了解其在特定环境中处于什么位置。①

需要注意的是，只有在同一个总体中进行个体之间或群体之间的对比评价才能使用比较标准，评价对象都属于同一总体，具有相同特征。例如，不同高校根据本校学生体质状况而制订的体能锻炼评价标准只适用于本校，不适合其他学校。高校不能随意借鉴其他学校的标准来评价本校学生的体能状况。

此外，参照现状标准进行评价，评价结果是相对的，而不是绝对的，如评价某名学生体能素质水平达到“优秀”，倘若本校学生整体体能素质水平不高，那么制订的标准就不高，即使是“优秀”的标准也不高，那么评价结果为“优秀”的学生可能并没有想象中那么好的体能素质，只是和其所在群体中其他学生的体能素质相比较好一些。因此，要将参照现状标准得出的评价结果放到评价对象所属的总体的实际水平中去分析。

(2)理想标准

人们通过努力而可能达到的标准就是所谓的理想标准，理想标准反映的是人们的潜能和努力程度，而非现实水平。一般情况下，要先预测事物的发展趋势，然后根据科学理论，结合预测结果而制订理想标准。或者，

① 史兵.体育测量评价学[M].西安：陕西人民教育出版社，2006.

可以直接依据水平较高的群体的实际情况而对理想标准进行制订,如在运动素质评价中,以力量、速度等各项素质水平高的群体的实际情况为依据而完成理想标准的制订。通常理想标准应该是一般人通过努力也能达到的标准,而且应该是大部分人都能通过努力达到的标准。

2. 制订和使用评价标准的考虑因素

制订和使用体能评价标准,需要综合考虑多方面的因素,下面具体分析应主要考虑的因素。

(1)样本数量

评价标准应该具有规范性,制订评价标准时,为保证标准的规范化,要基于大规模调查研究而进行制订。抽样调查是大规模调查研究中采用的主要方法,这种调查方式不可避免地会出现误差,误差的大小与样本数量有关,数量越大,误差越小。因此,为了将抽样误差控制在很小的范围内,在抽样调查中要抽取较多数量的样本。但增加样本数量也会带来工作量的增加和成本的提升,因此也不能过多增加样本数量,要根据需要而控制在一定范围内。通常,对全国性评价标准进行制订时,不同性别、年龄组的样本人数应多一些;对地区性标准进行制订,样本数量比全国性标准中样本数量少,但也不能太少,一般至少 200 人。在评价标准的制订中若要用百分位数法,则要选择更多一些的样本数量,从而将总体水平更好地反映出来。如果评价标准与运动选材和运动训练有关,那么要根据总体数量和实际需要来确定样本数量。

(2)年龄特点

年龄的增长会带来身体机能能力和运动素质的变化,处于生长发育阶段的青少年其体能状况随年龄增长而发生的变化更明显。不同年龄阶段的人在身体形态、身体机能、运动素质等多个方面都存在明显的不同,所以,要基于对年龄因素的考虑而对不同的标准进行制订。

根据年龄分组制订评价标准时,要清楚关于年龄分组的三种不同方法,分别是按生物年龄、日历年龄及运动年龄分组。一般要以评价目的、评价任务、评价指标的特点等为依据而决定参照哪种年龄分组方法。人生不同阶段年龄分组的情况有何不同,在少年儿童阶段,年龄分组的时间区间小,可按实际年龄而分组,如 6 岁组、9 岁组、12 岁组等。成年人年龄分组的时间跨越比较大,一般笼统分为青年组、中年组、老年组,或直接将这些组别都归入成年组。

(3)形态特征差异

人的运动能力与其身体形态和身体机能息息相关,所以在运动素质评价中,要考虑评价对象的身体形态差异,将因体型差异造成的影响尽可能排除掉。此外,在体能评价标准的制订中可采用身体指数法。

(4)评价标准的适用范围

不同的评价标准有其专门的使用环境,根据样本资料制订的评价标准只能运用于该样本所属总体中所有个体的评价中。对该总体以外的个体不能参照此评价标准进行价值判断。例如,从一所高校抽样制订的大学生体能评价标准只能用于这所高校学生的体能评价中。

三、体能测试与评价的意义

(一)了解真实情况,为制订训练计划提供依据

在体能训练中,教练员对训练计划进行制订与实施,首先要了解训练对象的真实体能状况,清楚训练对象的原始状态。所以,要先对训练对象进行体能测试,掌握原始数据,获得诊断信息。从测试结果中对训练对象的基础体能素质、个体差异、运动潜能等情况有全面的把握,从而更有目的性地制订训练计划。

在体能训练计划的实施过程中,应将形成性评价贯穿其中,在各个训练阶段都要进行体能测评,从而对训练对象的体能变化情况及训练中存在的问题有所认识,以便根据实际情况及时调整训练计划,补充训练内容,完善训练方案,提高训练效率和质量。在各个阶段进行体能测试与评价时,要善于总结经验教训,避免下一个训练阶段出现之前出现过的问题,对于新发生的问题要及时纠正,不要拖到最后。要善于从反馈信息入手而对训练方案进行修订,加强对训练计划实施过程的监控和管理,从而保障训练的顺利进行和保证最后的训练成效。

(二)便于训练对象了解自身情况

体能训练主体如果能够掌握个人的运动信息,将能有效提高训练效率,增长运动知识,提高运动能力。通过对相关指标进行测量与评价,训练对象可以了解自身的能力界限,综合诸多信息认识到自己与他人的差异,明确个人努力方向,激发训练热情,调动主观训练积极性,主动配合教练进行训练,提高训练的针对性和实效性。

（三）为政府部门提供决策的理论依据

在科学理论指导下所获得的各种测量数据及价值判断结论，可以为政府职能部门制订政策提供科学依据。职能部门参考这些科学依据更容易把握方向，提高决策的正确性和科学性。例如，大面积体能测量评价可了解大众体能状况，测量评价结果又可以与其他地区进行横向比较，并可作为标准供各地比较，从而得出更加科学的结论，发现问题，检查体育政策实施情况，在此基础上修改政策，使其与社会发展情况相适应，不断确立新的目标。

（四）提高科学研究水平

体育科学研究的目的是探寻体育运动的内在规律性，并将研究成果运用于体育实践活动中，使之沿科学轨道顺利前进。体能测量评价的基础理论为体育研究课题的设计提供了科学依据。在科学理论指导下所用的测量手段则为体育科研提供了获取数据资料收集信息的方法；信息处理、评价分析的方法则可直接应用于对测试结果的研究，科学应用体能测量评价知识对于提高体育科学研究水平具有重要意义。①

第二节　基础体能测试方法

一、心肺机能测试

（一）循环机能测试

循环系统是指由心脏和血管组成的闭锁管道。循环机能测试中常用的测评指标是心率和血压。下面仅分析心率的测试方法。

1. 安静时心率

安静时心率是测量心血管机能的一个重要指标，为确保测量的准确性，建议连续一周重复测量基础心率，记录测量结果，最后计算平均值和

① 孙庆祝，郝文亭，洪峰．体育测量与评价（第二版）[M].北京：高等教育出版社，2010.

波动差值来评价心脏机能。

（1）测量工具

秒表计时器。

（2）测量方法

每天清晨测量静卧、空腹、清醒等不同状态下的晨脉，连续测量一周，每天做好记录。

（3）评价标准

平均基础心率 = 一周心率之和 /7，得出计算结果，对应表 2-1 所示的基础心率均值评价表来评价受试者的循环机能。

表 2-1　基础心率均值评价表[①]

心率	一	二	三	四	五	六	日	均值评价
95								基础心率太快，心脏功能很差，应及时检查 评价等级：差
94								
93								
92								
91								
90								
89								
88								
87								
86								基础心率很快，心脏功能较差，缺乏锻炼 评价等级：下
85								
84								
83								
82								
81								
80								
79								

① 杨瑞鹏．行为学理论干预下的大学生体育锻炼行为与体质健康促进研究[M]．长春：吉林人民出版社，2017．

续表

<table>
<tr><th>心率</th><th>一</th><th>二</th><th>三</th><th>四</th><th>五</th><th>六</th><th>日</th><th>均值评价</th></tr>
<tr><td>78</td><td></td><td></td><td></td><td></td><td></td><td></td><td></td><td rowspan="9">基础心率较快,心脏功能一般,可承受的运动强度较小
评价等级:中</td></tr>
<tr><td>77</td><td></td><td></td><td></td><td></td><td></td><td></td><td></td></tr>
<tr><td>76</td><td></td><td></td><td></td><td></td><td></td><td></td><td></td></tr>
<tr><td>75</td><td></td><td></td><td></td><td></td><td></td><td></td><td></td></tr>
<tr><td>74</td><td></td><td></td><td></td><td></td><td></td><td></td><td></td></tr>
<tr><td>73</td><td></td><td></td><td></td><td></td><td></td><td></td><td></td></tr>
<tr><td>72</td><td></td><td></td><td></td><td></td><td></td><td></td><td></td></tr>
<tr><td>71</td><td></td><td></td><td></td><td></td><td></td><td></td><td></td></tr>
<tr><td>70</td><td></td><td></td><td></td><td></td><td></td><td></td><td></td></tr>
<tr><td>69</td><td></td><td></td><td></td><td></td><td></td><td></td><td></td><td rowspan="7">基础心率正常,心脏功能较好,保持锻炼
评价等级:良</td></tr>
<tr><td>68</td><td></td><td></td><td></td><td></td><td></td><td></td><td></td></tr>
<tr><td>67</td><td></td><td></td><td></td><td></td><td></td><td></td><td></td></tr>
<tr><td>66</td><td></td><td></td><td></td><td></td><td></td><td></td><td></td></tr>
<tr><td>65</td><td></td><td></td><td></td><td></td><td></td><td></td><td></td></tr>
<tr><td>64</td><td></td><td></td><td></td><td></td><td></td><td></td><td></td></tr>
<tr><td>63</td><td></td><td></td><td></td><td></td><td></td><td></td><td></td></tr>
<tr><td>62</td><td></td><td></td><td></td><td></td><td></td><td></td><td></td><td rowspan="8">基础心率较慢,心脏功能好
评价等级:优秀</td></tr>
<tr><td>61</td><td></td><td></td><td></td><td></td><td></td><td></td><td></td></tr>
<tr><td>60</td><td></td><td></td><td></td><td></td><td></td><td></td><td></td></tr>
<tr><td>59</td><td></td><td></td><td></td><td></td><td></td><td></td><td></td></tr>
<tr><td>58</td><td></td><td></td><td></td><td></td><td></td><td></td><td></td></tr>
<tr><td>57</td><td></td><td></td><td></td><td></td><td></td><td></td><td></td></tr>
<tr><td>56</td><td></td><td></td><td></td><td></td><td></td><td></td><td></td></tr>
<tr><td>55</td><td></td><td></td><td></td><td></td><td></td><td></td><td></td></tr>
</table>

心率波动差值 = 一周基础心率中的最大值 - 最小值,对照表 2-2 所示的基础心率波动差值进行评价。

表 2-2　基础心率波动差值评价表[①]

等级	周基础心率均值	周基础心率波动值
优	55	1 ~ 3
良	65	4 ~ 6
中	75	7 ~ 9
下	85	10 ~ 12
差	90	13 以上

2. 立卧位脉搏差

受试者仰卧至脉搏安定后，测量 1 分钟脉搏为卧位脉搏；站立后待脉搏安定测 1 分钟脉搏为立位脉搏。立卧位脉搏差 = 立位脉搏数 – 卧位脉搏数。差值越小表明心血管机能越好。

（二）呼吸机能测试

1. 肺活量

运动中最直观的体会就是呼吸急促，肺活量反映了呼吸机能的潜力。人们常用肺活量作为运动员或其他训练对象的体能测试指标。测量安静状态肺活量可了解受试者的呼吸机能。

（1）测量工具

单浮筒式肺活量计（0 ~ 7000 毫升）。

（2）测量方法

测量前备好水，严格掌握标准水线，水温和室温一致。校正仪器使浮筒刻度在 0 位，仪器误差不超过 200 毫升。受试者面对肺活量计站立，预先做 1 ~ 2 次扩胸或深呼吸，然后手握吹气嘴，做最大吸气、尽量补吸气后，对准口嘴做最大呼气。呼气均匀直至不能再呼气为止。待浮筒平稳后，读数并记录。每人测量 3 次，取最佳值。

（3）评定

正常值成年男性为 6 升 ~ 9 升，女性为 4 升 ~ 6 升。有人认为，运动员安静状态的肺活量与一般健康人没有明显差别。也有人指出，运动员安静状态下的肺活量数值较低。

---

① 杨瑞鹏．行为学理论干预下的大学生体育锻炼行为与体质健康促进研究 [M]．长春：吉林人民出版社，2017.

2. 最大摄氧量

最大摄氧量是评价呼吸机能及人体有氧代谢能力的指标，普遍用于运动员选才、体能评价以及人体运动能力评价中。

（1）直接测量法

测量工具：跑台或功率自行车、自动气体分析仪等。

测量方法：通过对运动速度与跑台坡度进行测量，按 Bruce 方案程序控制调节步行的坡度和速度，分 7 个负荷等级，每级复合阶段运动时间 3 分钟。测试前受试者做适应性练习，以消除紧张心理并适应跑台运动规律。贴准电极，带好呼吸口罩，检查是否漏气，准备好后，按运动方案开始运动，要求受试者双手不扶扶手，直至力竭而终止测试。

评定：每级最后 30 秒钟自动记录心率及气体分析数据并打印、绘图。可以参照最大摄氧量的评定标准（表 2-3）来判断受试者是否达到最大摄氧量的标准。

表 2-3　最大摄氧量的评定标准[①]

评价等级	性别	年龄（岁）			
		13~19	20~29	30~39	40~49
最佳	男	>56.0	>52.5	>49.5	>48.1
	女	>42.0	>41.0	>40.1	>37.0
佳	男	51.0 ~ 55.9	46.5 ~ 52.4	45.0 ~ 49.4	43.8 ~ 48.0
	女	39.0 ~ 41.9	37.0 ~ 40.9	35.7 ~ 40.0	32.9 ~ 36.9
良	男	45.2 ~ 50.9	42.5 ~ 46.4	41.0 ~ 44.9	39.0 ~ 43.7
	女	35.0 ~ 38.9	33.0 ~ 36.9	31.5 ~ 35.6	29.0 ~ 32.8
及格	男	38.4 ~ 45.1	36.5 ~ 42.4	35.5 ~ 40.9	33.6 ~ 38.9
	女	31.0 ~ 34.9	29.0 ~ 32.9	27.0 ~ 31.4	24.5 ~ 28.9
差	男	35.0 ~ 38.3	33.0 ~ 36.4	31.5 ~ 35.4	30.2 ~ 33.5
	女	25.0 ~ 30.9	23.6 ~ 28.9	22.8 ~ 26.9	21.0 ~ 24.4
极差	男	<35.0	<33.0	<31.5	<30.2
	女	<25.0	<23.6	<22.8	<21.0

① 陈佩杰，王人卫，胡琪琛，等．体适能评定理论与方法 [M]. 哈尔滨：黑龙江科学技术出版社，2005.

（2）间接推算

采用直接测定法对最大摄氧量进行测定能够获得可靠的数据，但这对测试设备仪器等硬件设施有很高的要求，而且测试仪器对部分体弱者不适用，这时可采用间接法来推算最大摄氧量。

图 2-3 所示的是瑞典学者 Astrand-Ryhmin 列线图法，这是现阶段国内外比较普及的间接推算法。这一列线图主要是以亚极量负荷时测得的摄氧量与心率的线性关系为依据绘制而成的。

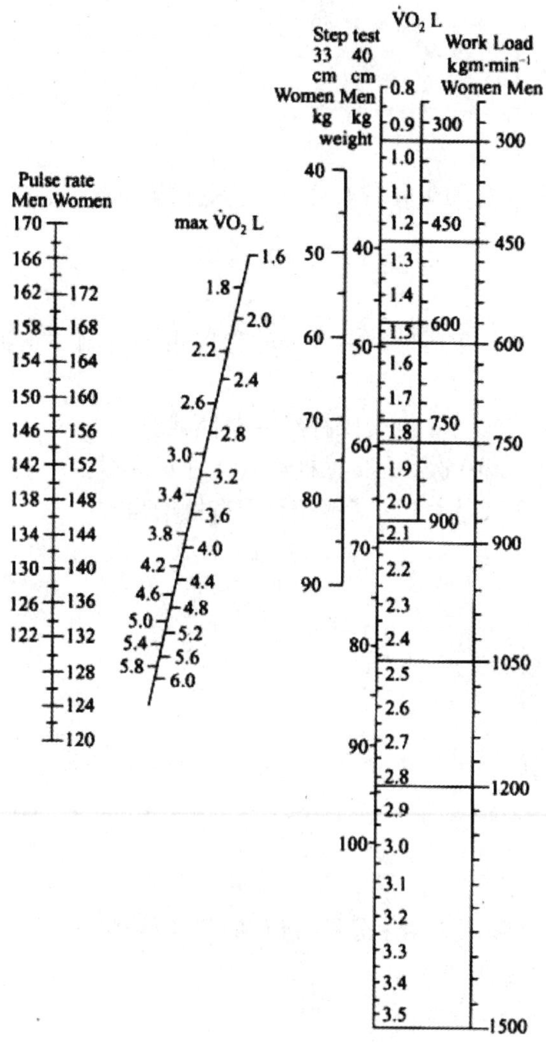

图 2-3 Astrand-Ryhmin 列线图法[①]

① 张全成，陆雯．高级体适能与运动处方［M］．北京：国防工业出版社，2013.

二、神经机能测试

（一）直立—卧位试验

1. 测量目的

反映交感神经和副交感神经迅速转换协调的能力。

2. 测量工具

秒表。

3. 测量方法

受试者直立时，测 1 分钟心率；然后受试者仰卧，隔 15 秒后，测 1 分钟心率。

4. 评价

根据卧位时比直立时心率减少的程度来评价副交感神经兴奋性的变化。

（1）减少 6 次以下：副交感神经兴奋性减弱。
（2）减少 6 ~ 10 次：副交感神经兴奋性正常。
（3）减少 10 次以上：副交感神经兴奋性增强。

（二）卧位—直立试验

1. 测量目的

同上。

2. 测量工具

秒表。

3. 测量方法

受试者安静卧床 2 ~ 3 分钟，卧位时测 1 分钟心率；受试者站立，立即测 1 分钟心率。

4. 评价

按直立时比卧位时心率增加的情况来进行评价。

增加 12 ~ 18 次：交感神经兴奋性正常。

增加 18 次以上：交感神经兴奋性增强。

增加 12 次以下：交感神经兴奋性减弱。

体能水平高的运动员由卧位转直立位时，脉搏增加不明显。

三、运动感觉机能测试

（一）感知滑木盘距离测验

1. 测量工具

皮尺、滑木盘、蒙眼布。

2. 测量方法

测验前，先熟悉推木盘的动作，了解木盘的滑行性能，试推几次木盘。测验时，用蒙眼布把受试者眼睛蒙起来，受试者在第一起推线上推 10 次木盘。测试人员记录每次木盘停留处的分值。受试者再在第二、三起推线上推木盘，各推 10 次，测试者说出每次木盘落点的得分区，给受试者提供反馈信息，以便受试者调整推盘力度。最后计算 3 条起推线上 30 次推木盘分数的总和。

3. 评价

分数总和越高，运动感觉机能越强。

（二）动觉性运动障碍测验

1. 测量工具

12 把椅子、皮尺、蒙眼布。场地如图 2-4 所示。

2. 测量方法

测验前，受试者不蒙眼试验一次，然后再蒙眼测试。受试者由起点起，边前进边躲避障碍物，直至通过 12 把椅子。顺利通过一个站（没有踩边线和碰到障碍物），得 10 分。受试者如果碰到椅子，每次减 10 分，然后工作人员将受试者引到中心线，在碰到椅子的地方退一步重新开始。受试者若踩边线，每次减 5 分，然后仍引到中心线处重新开始。

3. 评价

分数越高，运动感觉机能越强。

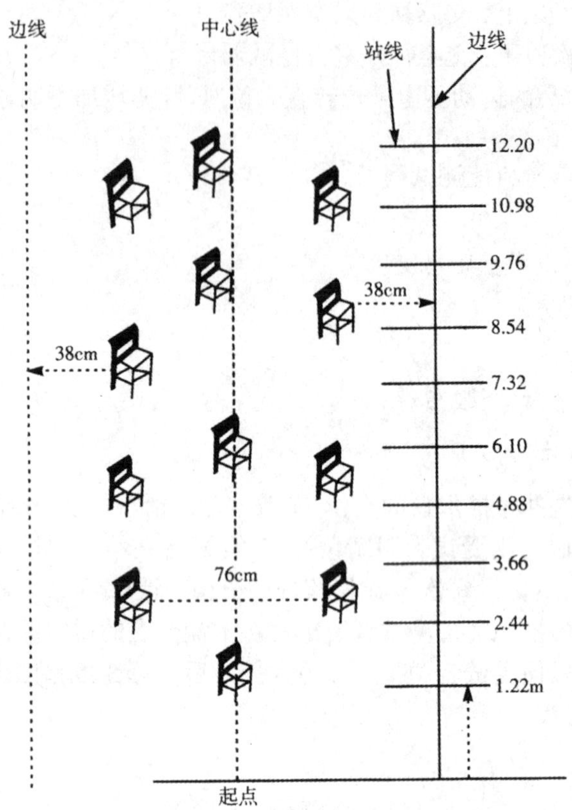

图 2-4　动觉性运动障碍测验[①]

第三节　运动体能测试方法

一、力量测试

（一）肩臂力量测试

1. 测试工具

弹簧秤、磅秤。

① 孙庆祝，郝文亭，洪峰．体育测量与评价（第二版）[M]．北京：高等教育出版社，2010.

2. 测试方法

受试者两脚开立，重心置于两脚上。对握杠高度进行调节，使杠上缘与受试者的肚脐保持同一高度。受试者两手握杠，手臂尽最大的力向下压。不能屈体，两脚始终在地面。测 2 次，将读数（千克）记录下来。

（二）腰腹肌力量测试

1. 测试工具

杠铃。

2. 测试方法

（1）从受试者的实际情况和测试需要出发对重量适宜的杠铃片进行选择。

（2）受试者仰卧，将杠铃片置于其颈部下，受试者双手将杠铃片紧握住，膝关节弯曲至大小腿垂直，腹部发力从仰卧变为坐姿。将负荷记录下来。

（3）增加杠铃片重量（增加负荷），再次测量，记录负荷。反复如此，直至受试者无法顺利完成测试动作。

（4）受试者腰腹肌力 = 最大记录值 ÷ 体重。

（三）综合测试

要综合评价受试者的肌肉力量，需将能够反映不同部位肌肉力量的测试指标整合起来进行综合测试。综合测试必须包含不同动作来反映身体不同部位的肌肉力量，如直腿仰卧起坐（检查腰、腹肌力量）、屈腿仰卧起坐（检查腹肌力）、仰卧举腿（检查腰肌与下腹肌力）、俯卧背伸（检查上背肌力量）、俯卧举腿（检查下背肌力量）、立位体前屈（检查背肌与腓肠肌伸展性）。在个体评价中，只要一个动作不合格，最终成绩不合格。

二、速度测试

（一）位移速度测量

常采用的测量方法是短时间快跑和短距离快跑，前者如 4 秒跑、6 秒跑，后者如 50 米跑、100 米跑等。

（二）动作速度测量

采用两手快速敲击方法进行测试，操作如下。

1. 测试工具

金属敲击棒、动作频率计数器。

2. 测试方法

（1）将金属触板调到适宜高度。

（2）受试者左手和右手分别拿一根金属棒，两手食指分别将两根金属棒的前端按着，避免棒杆弹动的现象发生。

（3）受试者听口令两手快速敲击（同时敲击或交替敲击）。

（4）到规定时间后将计数器上的数值记录下来。

测 3 次，取最好的成绩。

（三）反应速度测试

采用简易足反应尺的方法进行测试。

1. 测试工具

反应尺。

2. 测试方法

（1）在与墙面相距 2.5 厘米的位置放一张桌子，受试者坐在桌上，有利腿置于桌面，足跟与墙的距离为 5 厘米，前脚掌与墙的距离同桌子与墙的距离。

（2）受试者大脚趾上缘与尺子零端保持平齐，尺身与墙贴紧。受试者目视尺身，测试者松手，尺子下落，受试者快速将尺子压在墙上防止继续下落。

（3）将大脚趾上缘的读数记录下来。

（4）重复测 20 次，将任意 10 次的成绩相加，用总和除以 10，得出平均值，即为最后成绩。

三、耐力测试

（一）定量计时测试

对一般耐力进行测试时，定量计时测试方法有 800 米 /1000 米 /1500

米/3000米跑等，对速度耐力进行测试时，采用400米跑这项指标。

（二）定时计量测试

对一般耐力进行测试时，定时计量测试方法有6分钟/9分钟/12分钟/15分钟跑等。对力量耐力进行测试时，采用1分钟仰卧起坐这一测试方法。

（三）极限式测评

俯卧撑、极限立卧撑、极限仰卧起坐、屈臂悬垂、引体向上等都是对耐力素质进行测试的极限式方法。下面仅分析极限立卧撑的测试方法。

1. 场地器材

平地。

2. 测试方法

受试者两脚并立，屈膝，重心降低成蹲撑姿势，两脚同时向后撤使两腿伸直成俯撑姿势，再屈膝回到蹲撑姿势，然后起身直立还原。反复如此，直至不能再继续。对标准动作次数进行记录。

如果动作不标准，则不计入成绩，不管是蹲撑姿势、俯撑姿势还是动作变化等都必须准确无误。

四、柔韧性测试

（一）肩关节柔韧性测试——转肩

1. 测量工具

长皮尺。

2. 测量方法

受试者自然站立，测量其肩宽。受试者双手握皮尺向上抬，经过头顶绕到身体后侧，再从体后绕到体前。记录两虎口之间的距离。共测3次，取最好成绩。

3. 评价

测试成绩 = 握距成绩 − 肩宽，差值越小，说明肩关节柔韧性越好。

（二）脊柱柔韧性测试——后屈体造桥

1. 测量工具

测量尺。

2. 测量方法

先测量受试者肚脐离地面的距离（脐高）。受试者仰卧，两手分开，双手呈反掌置于颈部两侧，两脚分开，屈膝。四肢同时用力将身体支撑起，身体呈桥状，撑至最高点时，测量背弓内侧最高点与地面的距离（桥高），记录结果。测 2 次，取最佳成绩。

3. 评价

桥高与脐高越接近，说明脊柱柔韧性越好。

需要注意的是，单一的柔韧测试指标和方法很难将整个身体的柔韧性反映出来。所以，有关专家通过关节活动范围和幅度对身体各部位的柔韧性进行量化，量化单位为度数（°）。传统量角器、液体量角器、重力量角器、电子量角器等是直接测量关节活动范围和幅度的主要仪器。通过观察、测量关节活动范围能够了解人的柔韧性，因此采用相应的仪器进行直接测试也是评价受试者身体各部位柔韧性的一个主要方式，可用于评价人体颈部、肩部、躯干、髋部及四肢的柔韧性。采用直接测试方法时，要对合适的量角器进行选择，严格按照正确的方法进行规范测量操作，从而对身体解剖学关节的活动范围有一定的了解。身体各关节活动幅度的正常值见表 2-4。测量方法不同，得出的关节活动幅度值也不同，要参考正常值来评价人的柔韧性。

表 2-4 身体关节活动范围①

躯干关节正常活动幅度	颈部	屈	0° ~ 60° /70°
		伸	0° ~ 35° /45°
		侧屈	0° ~ 45° /55°
		旋转	0° ~ 80° /90°
	脊柱	屈	0° ~ 80° /90°
		伸	0° ~ 30° /35°
		侧屈	0° ~ 35° /45°
		体转	0° ~ 24° /30°

① 张全成，陆雯．高级体适能与运动处方［M］．北京：国防工业出版社，2013.

续表

上肢关节正常活动幅度	肩	屈	0° ~ 160° /180°
		伸	0° ~ 35° /45°
		内收	0° ~ 170° /180°
		外展	0° ~ 80° /90°
		内旋	0° ~ 80° /90°
		外旋	0° ~ 80° /90°
	肘	屈	0° ~ 80° /90°
		伸	0° ~ 5° /15°
	前臂	内旋	0° ~ 80° /90°
		外旋	0° ~ 90° /90°
	腕	屈	0° ~ 80° /90°
		伸	0° ~ 60° /70°
		内收	0° ~ 35° /45°（尺侧）
		外展	0° ~ 15° /20°（桡侧）
下肢关节正常活动幅度	髋	屈	0° ~ 120° /125°
		伸	0° ~ 5° /10°
		内收	0° ~ 5° /10°
		外展	0° ~ 35° /45°
		内旋	0° ~ 35° /45°
		外旋	0° ~ 35° /45°
	膝	屈	0° ~ 130° /140°
		伸	0° ~ 10°
	踝	屈	0° ~ 35° /45°
		伸	0° ~ 15° /20°
		内翻	0° ~ 35° /45°
		外翻	0° ~ 15° /20°

五、协调性测试

（一）双手动作协调性

1. 测试工具

双手调节器、计时器、花纹图案板。

2. 测试方法

（1）把双手调节器上的笔尖调到花纹图案一端，以此为起点。

（2）受试者双手将调节器的摇柄握住，听口令使调节器上的笔尖在花纹图案上从一端向另一端快速移动。若指针在移动过程中发生偏移，与两边金属片碰撞，此时指示灯闪烁，这表示失误。

（3）出现失误后返回重新开始，对失误的次数进行记录。

测 3 次，取平均值。

（二）手脚动作协调性

1. 测试工具

秒表、4 块木板。

2. 测试方法

（1）桌上和地上各放两块木板，桌上的木板间隔 30 厘米，地上的木板间隔同样的距离。

（2）受试者面对桌子坐立，双手和双脚分别与四块木板靠近。

（3）受试者听口令按“左手—右脚—右手—左脚”的顺序快速反复触碰木板，时间为 1 分钟。用手触碰木板时主要是用食指部位，用脚触碰木板时主要是用脚掌部位。

（4）分别记录正确的动作和错误的动作。

测完一次后，间歇 1 分钟后再测一次，共测 3 次。对比每次测试中受试者失误的次数是否减少。

在第二次和第三次测试中，测试人员让受试者在按顺序触碰木板的同时把顺序读出来，边读边触碰，通过语言刺激来增加测试难度。

（三）全身动作协调性

1. 测试工具

厚纸板、饮料罐、桌椅、秒表等。

2. 测试方法

（1）在厚纸板中间画一条线，将纸板分成两个面积相同的区域，在厚纸板上画六个面积相同的圆形，直径比饮料罐稍大。

（2）从右边的圆形开始标记数字，从右至左分别标记 1、2、3、4、5、6。在桌上放好厚纸板，受测者面对桌子坐着。在厚纸板上放三个标记 1、2、3 的饮料罐，受试者用自己习惯的那只手完成测试（以右手为例）。

（3）测试者发出“开始”口令，用启动秒表正式计时，受试者先将 1 号罐、2 号罐、3 号罐分别放在 1 号圆形中间、3 号圆形中间和 5 号圆形中间，然后再迅速将 1 号罐、2 号罐、3 号罐分别放在 2 号圆形中间、4 号圆形中间和 6 号圆形中间。然后再轮转一次使三个饮料罐还原到开始位置，再继续调整到第二次放的位置，最终分别在 2、4、6 号圆内，如图 2–5 所示。受试者必须将饮料罐放到每个圆形的中间，不能盖住边线，也不能落在圆形外，否则不计入测量结果中。出现失误就重新开始，直至完全没有错误才算测试成功。

3. 评价

用时最短，说明受试者身体动作协调性越好。

4. 注意事项

让受试者在测试前先熟悉测试工具和测试程序。

如果受测者平时习惯用左手，那么用左手完成测试，先将 1 号罐、2 号罐、3 号罐分别放在 6 号圆形中间、4 号圆形中间和 2 号圆形中间，然后分别移动到 5 号圆形中间、3 号圆形中间和 1 号圆形中间，如此轮转两次。

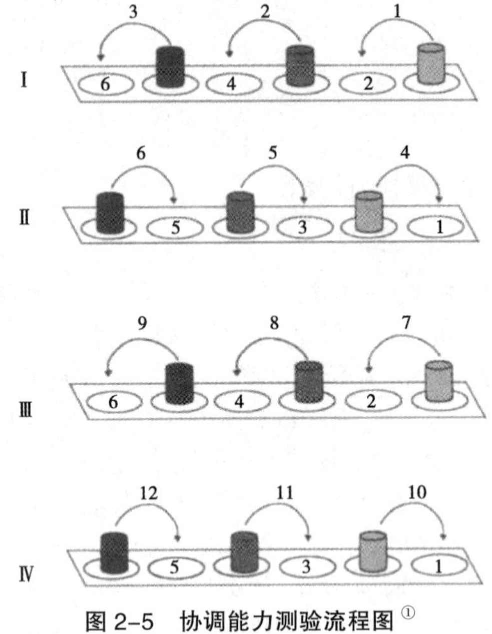

图 2-5　协调能力测验流程图[①]

六、平衡性测试

（一）鹤立测验

1. 测试目的

对受试者的静态平衡能力进行测试。

2. 测试工具

秒表。

3. 测试方法

有利脚支撑身体重心，另一脚屈膝向内侧抬起使脚掌位于支撑腿膝关节内侧，双手扶在腰两侧。测试开始，支撑脚脚跟提起，用前脚掌的力支撑身体重心。保持平衡，脚跟不着地，直至身体失去平衡则测试结束。测3次，取最好的一次成绩。

4. 评价

保持平衡的时间越长，说明受试者的静态平衡能力越强。

① 徐玉明．体适能评定与发展[M]．北京：北京体育大学出版社，2013.

(二)直线行走试验

1. 测量目的

对受试者运动后的平衡能力进行测试。

2. 测试工具

转椅。

3. 测试方法

受试者在转椅上静坐,闭上眼睛,头稍低并向前倾。测试者将转椅逆时针匀速转 10 周(转一周大约用时 2 秒钟),转椅停止转动后,受试者睁开眼睛并站起来,直线前行,测试者对其偏离直线的距离进行观察与测量。

4. 评价

偏离直线的距离越短,说明运动后平衡能力越好。

5. 注意事项

(1)匀速转动转椅,不可突然加速。

(2)受试者离开转椅后要立即向前以正常速度直线行走,不能有明显的停顿。

七、灵敏性测试

(一)六边形跳

1. 测试工具

卷尺、秒表、胶带。

2. 测试方法

在地板上用胶带粘一个边长 60 厘米、夹角 120° 的正六边形。受试者做准备活动,然后站在六边形正中心,听口令从六边形中心向边线外跳,再跳回中心,按顺时针方向跳完六条边,连续 3 次,最后回到起点。测 2 次,取最好成绩,时间精确到 0.01 秒。

3. 评价

用时越短，灵敏性越好。

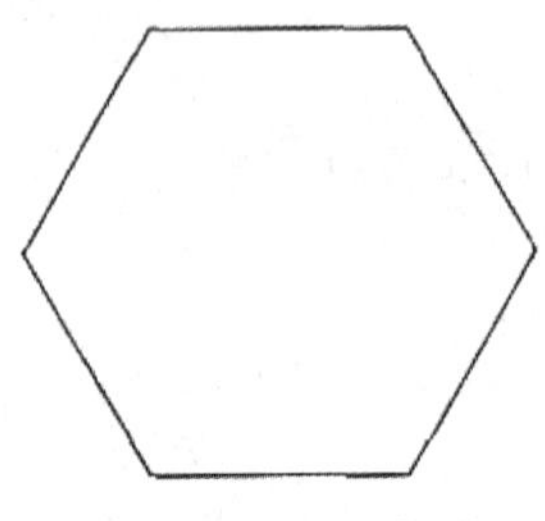

图 2-6　正六边形

（二）象限跳

1. 测试工具

秒表。

2. 测试方法

受试者在起点线后两脚并立，按起点→ 1 → 2 → 3 → 4 → 1 的顺序反复跳跃（图 2-7），持续 10 秒，跳入 1 个象限计 1 分，如果踏线或跳错象限，每次减 0.5 分。测 2 次，取其中最佳一次成绩。

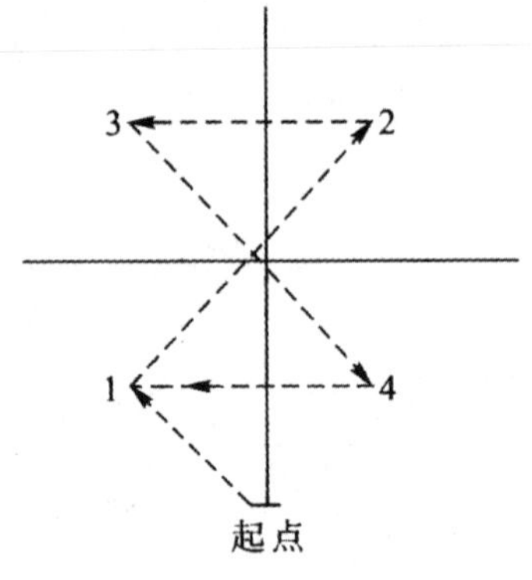

图 2-7　象限跳[①]

3. 评价

分数越高，说明受试者支配肌肉运动和克服身体惯性的能力越好。

① 孙庆祝，郝文亭，洪峰 . 体育测量与评价（第二版）[M]. 北京：高等教育出版社，2010.

第三章　现代体能训练理论指导

体能是运动员的基本运动素质之一，是运动员发展运动技、战术，提高运动能力的必要条件。体能训练离不开科学理论的指导，只有遵循科学的方法论才能取得理想的体能训练效果。本章将从现代体能训练的理论基础、现代体能训练的原则与方法、现代体能训练的计划与实施三个方面，具体阐述现代体能训练理论指导的内容。

第一节　现代体能训练的理论基础

一、神经肌肉募集理论

人体运动的实质是神经系统支配之下，肌肉牵拉骨骼克服阻力的运动。其中，神经元与肌纤维之间的控制关系能够影响到肌肉控制的精细程度，神经元控制的肌纤维的数量越少，则肌肉能够控制的动作的精细程度越高。比如，眼部对肌肉控制的动作的精细程度要求非常高，则眼部的每根神经元只支配一根肌纤维；而一些对动作的精细程度要求较低的大肌肉运动中，神经元支配的肌纤维能够达到数百条之多。

神经肌肉募集理论认为，肌肉包含慢肌和快肌两种，这两种分类之下又包含多种更加细致的分类。而不同的肌纤维具有不同的特性，在神经系统的精细控制之下，遵循“大小原则”进行募集，根据负荷的大小有先后层次地动员慢肌和快肌参加。当运动的负重较小、速度较慢时，一般只有慢肌参加，因为慢肌具有力量较小、兴奋阈值比较低的特点；当运动的负重逐渐加大、速度逐渐加快时，兴奋阈值较高、力量较大的快肌逐渐参加到收缩运动中来；在需要极限负重或者极快爆发性的运动中，无论是快肌还是慢肌都需要参加到收缩运动中。

表 3-1 列举了快肌和慢肌两大分类之下更加具体的肌纤维的类型以及它们的主要特性。

表 3–1　不同类型的肌纤维及各自的特性[①]

序号	特性	Ⅰ	Ⅱa	Ⅱx
1	运动单位大小	小	大	大
2	神经传导速度	慢	快	快
3	收缩速度	慢	快	快
4	放松速度	慢	快	快
5	耐疲劳性	高	中 / 低	低
6	力量产生	低	中等	高
7	功率输出	低	中 / 高	高
8	耐力	高	中 / 低	低
9	有氧酶含量	高	中 / 低	低
10	无氧酶含量	低	高	高
11	毛细血管密度	高	中等	低
12	肌红蛋白数量	高	低	低
13	线粒体大小 / 密度	高	中等	低
14	纤维直径	小	中等	大
15	颜色	红色	白 / 红色	白

根据神经肌肉募集理论，肌肉会因为力量抗阻训练而产生相应的生理性改变。新的理论将两类肌纤维分为Ⅰ、Ⅰc、Ⅱc、Ⅱac、Ⅱa、Ⅱax、Ⅱx，进行抗阻训练之后，亚型肌纤维的比例会发生变化，总体上表现为Ⅱx 向相邻亚型的依次转变。除了体积的变化之外，细胞质、肌浆网、T 管的密度、线粒体的数量、毛细血管密度以及 ATP 酶的活性也都会随着发生变化。因此，我们可以得知，机体所承受的负荷不同，则募集的肌纤维也不相同，负荷会通过重量或者速度的改变而调动不同的肌纤维，从而使机体中的快肌或者慢肌发生相应的改变。这也就意味着，在进行体能训练的时候，要根据自己想要发展的肌肉特性，严格控制训练时的负荷，以保证肌肉特性朝着预计的方向发展。

① 赵琦 . 体能训练理论与方法 [M]. 南京：东南大学出版社，2017.

二、核心力量与功能性训练理论

（一）核心力量与功能性训练的相关概念

1. 核心与核心区域的界定

核心主要是指人体的中间区域，包括骨盆、腰椎、髋关节及其周围的相应肌肉，而骨骼肌系统除了上述几个以外，还包括人体的腹部和下肢近端。核心为人体相互作用力的产生提供了保证，是人体肌肉发力、远端灵活和近端稳定的生理基础。

核心区域的说法来自解剖学，主要包括从膈肌到盆底肌之间的部位，也就是以骨盆髋关节—腰椎为轴的中心部位，包含附着在周围的肌肉、韧带、骨骼、肌腱等组织的联合体。

根据解剖发现，人体核心肌群包括 11 对大腿肌、9 对背肌、8 对骨盆肌、5 对腹肌和 1 块膈肌。这些肌肉中，有 15 块的起止点都在核心区，不仅能够起到固定核心区的作用，还能在人运动时起到稳定、传递力量、发动力量和减力等作用。加强对这些肌肉的锻炼，增强肌肉力量，对于维持机体运动时的稳定状态具有重要作用。

2. 核心稳定性与核心力量的定义

从康复领域对核心稳定性进行定义，核心稳定性是指在日常生活中，脊椎骨、脊柱之间的主动肌和神经控制单元共同结合起来，使脊椎间的运动维持在一个较为安全的范围之内。

从运动训练领域对核心稳定性进行定义，核心稳定性是指通过骨盆对躯干的姿势和运动进行控制，进而促使能量的产生、传递、控制以及身体终端的运动达到最优化的一种能力。

从康复领域对核心力量进行定义，核心力量是指腰椎周围的肌肉所需要维持功能性稳定的能力。

从运动训练领域对核心力量进行定义，核心力量是指由处于核心的某块肌肉或者肌肉群所发挥的最大力量来产生特定速度的能力。

从核心稳定性和核心力量的定义可以看出，这是两个不同的概念，以及每个概念在不同的领域的定义也有区别。

其中，核心稳定性主要强调支持身体的一般活动，以及维持身体处于一个稳定的状态。在康复领域时，主要被用于腰痛病人的治疗上，帮助腰痛病人恢复到能够正常进行日常活动的程度，比如正常步行、正常上楼梯等。在运动训练领域，主要被用于维持运动员身体状态的稳定性，并在此基础上对力量和能量的产生和传递提供最佳的支持。

而核心力量主要强调的是肌肉的用力。在康复领域时，主要用来恢复病人的肌肉力量，使肌肉重新具有牵拉能力。在运动训练领域时，主要用来发展运动员的肌肉力量，一般主要被用在发展运动员的肌肉用力速度和肌肉的爆发力上。

3. 功能性训练分析

功能性训练最初是来自康复与物理治疗领域的定义，指的是对失去基本运动功能的病患展开一系列训练，以使他们恢复日常行为能力。

第一个提出“功能性训练”理论的人是 Gary Cook，他认为功能性训练其实就是寻找各种不同的运动专项之间的共性。

美国国家运动医学会认为，“功能性训练”是指具有特定目标的连接性动作训练。

《动作—功能动作训练体系》书中认为，功能性训练是一种新的训练方法与理论体系，即通过动作模式、动作链、恢复与再生、核心力量等环节的系统优化，来提高运动员的整体运动能力。

王卫星、董德龙等人认为，功能性训练就是针对运动员整体运动能力的薄弱部分展开的训练，包括耐力素质训练、力量素质训练等。

《功能性训练：释义与应用》一书的作者——李丹阳认为，功能性训练是通过自身的体重进行的训练，重点在于提高运用身体姿势掌握身体平衡的能力。

根据上述的理论对功能性训练的定义进行总结，可以将其概括为：功能性训练是在生理学、生物力学、解剖学等多个学科知识和理论的支持之下，设计出来的全面性、多关节、系统性动作模式训练，注重本体感觉，通过专门的动作训练，完善运动过程中运动链的通畅、高效，注重从整体上来强化机体的运动能力，维持基本的运动素质。

功能性训练与传统意义上的大负荷力量、速度、耐力训练相对，在目的、要求、内容上都有较大的差异。

（二）核心力量与功能性训练的作用

1. 核心力量训练的作用

（1）增强核心部位的稳定性

增强核心部位的稳定性是进行核心力量训练的重要作用之一，其实现过程为：核心部位肌肉群稳定发力，骨盆和躯干部位的肌肉保持稳定的姿势，上下肢以稳定的核心部位为支点，协调发力。在这种稳定的状态下，力量的产生、传递和控制都达到最佳的状态。

（2）促进力量的有效传递

根据“运动链”的观点，人们在运动时，身体的各个部位都有可能是力量传递的一个环节，起到进行力量传递的作用。而身体的核心部位具有强大的肌肉群，能够在力量传递中起到中心环节的作用，对于促进力量在运动链中的有效传递具有重要意义。

（3）支撑运动技术的提高

运动专项能力是运动员能否在专项运动比赛中取得良好成绩的关键因素，而核心力量对运动专项能力的发展起到基础性的作用，只有两者协调发展，才能保证运动员发展出高超的运动技能。以我国跨栏运动员刘翔为例，他之所以能够发展出高超的跨栏技术，和他突出的核心肌群力量是分不开的。

（4）有效预防运动损伤

运动打破了身体的稳定状态，在核心力量不足的情况下，会出现一种能量补偿的现象，即四肢的部分肌肉参与到维持身体稳定的工作中，这种现象很容易导致四肢的肌肉因为承担的负荷过大而产生运动损伤。

而核心力量训练中最常采用的训练方式为静力性的等长训练方式，其优势在于能够使肌肉承担更大的负重，不仅不会造成运动损伤，还能够有效发展该部位的肌肉力量。此外，在等长训练中，肌肉因为承担的负重较大，会对血管产生显著的挤压，进而对血液的回流和氧气的运输产生阻碍影响，有助于增强肌肉无氧代谢的能力。

2. 功能性训练的作用

（1）注重矫正性训练，有效预防运动损伤

功能性训练最开始源于康复领域，具有重视矫正性训练的特点。功能性训练会从整体角度出发，对人体的肌肉、关节以及其他部位进行审视，从中找出身体的薄弱环节，并展开具有针对性的矫正训练，从而使人体的系统功能、神经支配、运动素质达到一种和谐、稳定的状态。功能性训练能够有效防止因为运动素质或者运动链的某一环节之间的不平衡而导致的代偿性反应，从而防止运动损伤的出现。

（2）挖掘运动潜能，保证运动状态

运动潜能是决定运动员运动技能水平上限的主要因素之一，充分发掘运动潜能对于增强运动员的运动能力，提高运动成绩具有重要的意义。

功能性训练注重通过大量不同支撑条件下的动态平衡训练，提升运动员维持平衡的能力，加强人体本体感受的敏感性和核心稳定性，协调上下肢运动，可以有效挖掘身体潜力，使动作的完成处于最佳状态。

（3）优化运动表现

运动表现是指运动员对各个技术动作的完成状况，能够直接影响比赛成绩。功能性训练注重训练神经对肌肉的精细控制，神经对肌肉控制的精细程度越高，运动员完成技术动作的准确性和稳定性就越高，关节的转动也会更加灵活，关节周围的肌肉、肌腱和韧带的稳定性也会增强，从而保证运动员在激烈的比赛中具有稳定、优越的表现。

三、应激与适应理论

一般情况下，人体由于受到神经系统和内分泌系统的调节，体内环境总是处于相对稳定的状态，各项生命活动也基本上保持平衡。而运动负荷能够打破这种稳定，当身体承受较大的运动负荷时，各个系统会随之发生应激反应，进而通过调节机制调节各系统的机体活动，人体的心血管系统、呼吸系统、能量供应系统等，都会发生相应的变化，以使体内的环境和外界的变化保持相应的平衡，这个过程就是应激适应过程。

机体对运动负荷的适应具有选择性的特点，运动负荷的强度和形式不同，身体发生的应激也会随之不同，重点发生适应的系统、部位也会存在很大的差异。一般情况下，应激适应会通过心血管系统、神经系统、肌肉与关节系统、物质与能量代谢系统、内分泌系统等表现出来，同样的，机体对负荷的选择适应性特点也会通过这些系统以及一些部位的变化表现出来。

长期的运动训练，使运动员机体发生持续性的适应变化，从而使身体机能系统、器官、组织甚至细胞发生结构性、功能性改变，以更好地适应专项运动的需要。值得注意的是，运动适应是以特异性刺激为基础的变化过程。依照功能性负荷原理，蛋白质循环是主动适应的基础，细胞要维持自身的结构和稳定性，细胞质通过蛋白质合成与分解过程达到动态平衡，负荷的刺激使蛋白质循环发生变化，表现为酶的活性改变，利用氨基酸的能力增加，蛋白质结构和机能适应运动的需要，能量利用效率的提高，免疫力改善。

图 3-1 为应激适应原理的结构图。

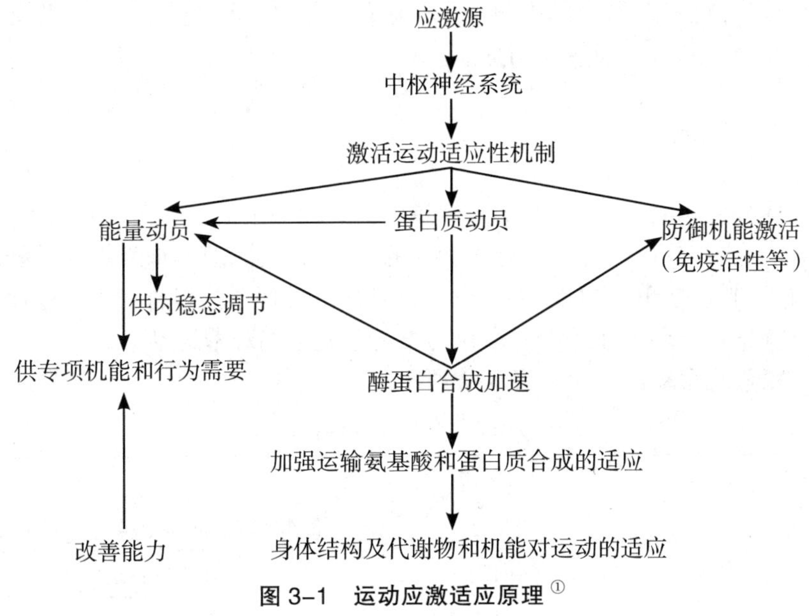

图 3-1　运动应激适应原理①

四、预康复与再生训练理论

运动伤病是运动员的常见困扰之一，会阻碍运动员运动能力的发展，影响运动员的运动表现，严重的情况下还会断送运动员的职业生涯。根据调查发现，70%的运动伤病都是因为不科学、不合理的运动训练造成的，因此想要解决运动伤病的困扰，必须要以运动训练为入手点，降低造成运动伤病的可能性。

预康复理论是指，根据运动员的体能评估结果和运动专项的特性，推算出运动员可能会发生的运动伤病，并制订有效措施，有针对性地进行预防。以网球运动员为例，网球运动员最有可能发生的运动伤病为网球肘以及各种腰部、膝关节疾病，因此在对网球运动员进行运动训练时，要针对这些可能出现的运动伤病，展开各种功能性训练以及采用各种保护、放松措施以进行预防。

再生训练是指，在运动开始之前或者运动结束之后，利用各种工具以及各种手段，对肌肉、筋膜进行唤醒或者放松，及时修复肌纤维的超微结构，促进血液、淋巴回流。以促进人体神经、肌肉系统及时恢复的方式，预防各种运动伤病的发生。

① 赵琦．体能训练理论与方法[M]．南京：东南大学出版社，2017.

目前，运动领域对运动伤病的重视程度不断提升，预康复和再生训练已经被广泛运用到对运动员的运动训练之中，对于防止运动员发生运动伤病起到了非常积极的作用。

五、运动链理论

从解剖学的角度看，整个人体是由一个又一个的“环节”组成的。这里的“环节”是指人身体上可以活动的每一段肢体、节段或者绕关节转动的骨头，既包括单一的骨环节，也可以是几个骨环节的组合。人体运动实际上就是各个环节在肌肉的牵拉力量之下发生的环节运动。

完整的运动链体系如表 3-2 所示。

表 3-2　人体的运动链体系[①]

运动链	次级结构	功能
动力链	关节链	维持身体姿态，提供运动支点
	肌肉链	产生肌力并传递
	神经肌肉链	动作控制与协调
神经链	植物性神经链	内脏器官运作与机能协调
	运动性神经链	运动器官运作与机能协调
内外泌链	肾上腺轴	内分泌功能实现
	甲状腺轴	内外泌系统协调
	性腺轴	机体应激与适应调节
能量链	磷酸原供能链	高效供能
	糖酵解供能链	高效供能
	有氧氧化供能链	持续供能，储备能源物质

运动链理论认为，人体的运动链体系具有完整性的特点，也就是说，运动的各个环节是作为一个整体存在的，一个环节的变化会对其他环节产生影响，使其他环节也随之变化，并最终对运动员的运动能力产生影响。比如，某个环节的肌肉发生损伤，则整个运动链上的其他环节的肌肉也会受到影响，产生肌肉力量减弱等状况；人体的核心区域作为力量、能量传输的中心环节，如果产生损伤，则会导致力量、能量在传输的过程中发生大量的损耗，从而降低传输的效率，影响运动表现；某个环节的神经

① 赵琦．体能训练理论与方法[M]．南京：东南大学出版社，2017.

受损，则会导致相关肌纤维力的传导、神经通路被阻断，等等。因此，在运动训练的过程中，必须要意识到人体运动链的完整性，保证各个运动环节不受到损害。

第二节　现代体能训练的原则与方法

一、现代体能训练的原则

（一）阶段性原则

阶段性原则是指在体能训练的过程中，要以运动员的发展阶段为依据，根据运动员在该发展阶段的生长发育特点、发展与衰退的规律等，制订合理的体能训练计划。

表3-3列举了人体发展的几个阶段以及各个阶段呈现出来的不同特点。

表 3-3　人体的不同发展阶段以及各个阶段的特点①

年龄	发展阶段	特点
25 岁之前	生长发育期	体能持续发展，且发展速度比较快
25~40 岁	成熟期	体能基本停止发展，体能素质较高
40 岁以后	衰退期	体能不再发展，并且逐渐走向衰退

（二）系统性原则

系统性原则是指运动员在参加体能训练的过程中，通过体能发展的内在规律对自己的训练过程作出一个科学合理的规划，并且长期不间断地进行训练。

系统性原则主要包括两个方面的具体要求，其一，要对整个体能训练的过程进行系统的规划；其二，要对整个体能训练的不同阶段的训练内容、训练方式、训练负荷等进行统筹规划。体能训练各个阶段中对系统性原则要求最为严格的阶段为青少年时期以及体能达到高水平时期的这两个阶段。其中，青少年时期是运动员各项运动素质发展的敏感时期，这个时期遵循系统性训练的原则，根据运动员的运动素质发展状况制订训练

① 罗华平．现代体能理论阐析与科学化训练研究［M］．北京：中国书籍出版社，2015.

计划,有助于充分发掘运动员的运动天赋,为运动员发展更高水平的运动技能提供运动素质基础。而当运动员成绩达到较高水平后,运动员的有机体形态、机能的改造各方面都已经得到完善,运动素质也就处于相对稳定的状态,那么此时就应该考虑进一步发展的可能性。

(三)全面性原则

全面性原则是指运动员在发展专项运动技能的基础上,也要重视各项运动素质的发展,通过体能训练促进身体形态、机能、身体素质和心理素质等运动素质全面发展,为运动技能的发展奠定基础。全面性原则主要通过以下三个方面表现出来:

(1)包括体能在内的运动素质和机体能力是运动员发展运动技能的基础条件,运动员想要促进运动技能的提高,就必须要全面、协调地发展各项运动素质以及机体机能。

(2)人体器官机能之间是相互联系、相互影响的关系,也就是说,一项器官机能水平的提高有助于促进其他器官机能的发展。不同的训练方法和训练内容,能够对身体机能的发展起到不同的促进作用,也会有一定的局限性。因此,为了促进身体机能的全面发展,一定要根据需要发展的运动机能的不同,采取科学、合理的运动方法,在发展单项运动机能的同时促进身体机能的整体发展。

(3)运动素质的发展是相互影响、相互制约的。因此,在运动训练的早期阶段,必须要采取各种方式促进运动素质的全面提升。运动素质是发展运动技能的基础条件,只有拥有高水平的运动素质才能发展出高水平的运动技能。

(四)个性化原则

个性化原则是指在制订各项训练计划时,要充分考虑运动员个人的具体情况与现实的客观条件,尊重个性化特征,制订具有个性化特点的训练内容、训练时间、训练负荷等。

个性化原则是人们进行体能训练的基本原则,只有从个人实际状况出发,制订具有针对性的体能训练计划,才能充分发掘每个人的优势,最大限度地促进每个人体能素质的提升,为发展适合个人的技、战术,提高个人运动技能奠定基础。在体能训练中贯彻个性化原则,需要做到以下几点:

（1）以发展运动技能、提高运动专项成绩为根本目标。

（2）要将运动员的主观需要和客观条件以及专项需要作为依据，对体能训练的内容和负荷进行合理的确定和安排。

（3）要促进运动员各项运动素质的全面、协调发展。

（五）自觉积极原则

自觉积极原则是指，对于已经设定的行为目标，运动员采取的一种主动性行为。

体能训练的过程实际上就是运动员不断克服惰性和困难，一步步适应更高的身体和心理负荷，从而促进自身体能素质提升的过程。这个过程是一个艰难、枯燥、漫长的过程，如果运动员没有坚定的信念和自觉的行为，很容易半途而废。而如果运动员能够认清自己的目标，自觉积极地朝着自己的目标前进，就能够在这个过程中体验到目标实现的成就感，获得良好的训练体验，进而为下一阶段的训练提供动力，从而一直将训练坚持下去。

（六）持之以恒原则

持之以恒原则是指运动员在运动训练的过程中，必须有坚定的意志，长期坚持训练，以不断提升自己的体能素质为根本目标。

体能训练是一个长期的过程，训练的成果也是长期积累而来的，只有坚持长期训练才能取得理想的训练成果。此外，体能还具有“用进废退”的特点，如果不能一直坚持训练，现有的训练成果也会不断衰退。

二、现代体能训练的方法

（一）完整训练法

完整训练法是指在体能训练的整个过程中，始终将技术动作和战术配合完整地结合在一起进行训练的一种训练方法。

完整训练法的适用范围十分广泛，包括单一动作的训练、多元动作的训练、个人成套动作的训练、集体配合动作的训练等。

完整训练法的优势在于，它在训练开始时就已经将技术动作和战术配合结合在了一起，能够锻炼运动员将两者顺畅、协调地结合在一起的能力，从而加深运动员对技术动作与战术配合的完整结构以及各个部分之间的内在联系的认识与掌握。

（二）间歇训练法

间歇训练法是指在机体没有恢复到工作前起始水平时即进行训练的一种严格控制训练间歇时间的训练方法。间歇训练法被广泛运用在运动训练中，也是体能训练的主要方法之一。间歇训练法主要包含三种形式，分别是高强性间歇训练法、强化性间歇训练法以及发展性间歇训练法，这三种间歇训练方法根据不同的训练需求被应用在不同的训练情景之中。

体能素质的提升是在运动间歇的过程中实现的，人们通过严格控制间歇时间使机体获得超量恢复，超量恢复是指机体在休息过程中恢复的水平超过运动之前的机体水平。超量恢复是体能素质提升的本质，体能素质是在一次次超量恢复的积累中不断获得提升的。

间歇训练法的优势在于，不仅能够起到增强运动员的肌肉力量的作用，还能够增强运动员各内脏器官的功能。因为在体能训练的过程中，肌肉能够在间歇中获得休息，但是呼吸系统和循环系统即使在间歇中也依旧维持着较高的工作强度。当间歇结束，继续进行下一次训练时，呼吸系统和循环系统要持续进行工作，也就是对它们提出了更高的要求，所以在合适的运动负荷范围之内，能够增强各内脏器官的功能。

根据不同的训练任务和训练目的，人们应该制订不同的间歇训练方案。比如，想要通过间歇训练法发展持久耐力，制订的间歇训练方案应该为：练习强度较小、练习距离较长、练习次数较多。想要通过间歇训练法发展力量耐力，制订的间歇训练方案应该为：负荷的重量较小、练习的强度在中小水平、练习的次数较多。想要通过间歇训练法发展绝对速度，制订的间歇方案应该为：练习的距离较短、重复的次数较少、练习的强度较大。

此外，在使用间歇训练法的过程中，还应该注意以下几点要求：

（1）间歇训练法中的间歇过程，运动员并不是静止不动的，而是要通过慢走、慢跑以及一些伸展、拉伸动作，使自己处于积极的小幅度运动中。这样做的好处是，运动员的血管能够受到肌肉的按摩，有助于运动员血液的补充和体内废物的排除。

（2）间歇训练法中，间歇时间的确定是重点。首先要保证运动和间歇交替进行；其次要保证运动员的机体完全恢复，即心率恢复到 120 ~ 140 次 / 分钟时才能继续进行下一次练习。

（3）每次练习的时间不应该过长，要以训练的具体要求来对强度做出选择，强度可小可大，甚至可以大于比赛所需的强度。

（三）重复训练法

重复训练法是指，保持训练负荷和动作结构不变，根据训练目的和训练任务，按照一定的要求进行反复训练，同时在多次反复训练的过程中，安排一定的间歇时间，以保证机体能够充分恢复的一种训练方法。

重复训练法中的三个变量分别是负荷量、负荷强度和间歇时间，改变这三者中的任意一个因素都会影响重复训练法的训练效果。重复训练法的适用范围也非常广，不仅可以用到体能训练中，也能够被用于技、战术训练，对于增强和巩固运动员的技、战术具有重要帮助。

按照练习时间的长短和间歇的方式对重复训练法进行分类，可以将其具体分成以下几种类型。

1. 按练习时间的长短分类

（1）短时间重复训练法

每次训练持续的时间在 30 秒以内，一般被用在速度素质训练、力量素质训练、基本技术或者高难度技术的组合训练中。

（2）中时间重复训练法

每次训练持续的时间在 0.5 ～ 2 分钟，一般被用在整套技术动作训练中。

（3）长时间重复训练法

每次训练持续的时间在 2 ～ 5 分钟。

2. 按间歇的方式进行分类

按照间歇的方式对重复训练法进行分类，可以将其分成连续重复训练法和间歇训练法两种，每种训练方式运用的场景不同，能够达到的训练效果也不相同。

（四）变换训练法

变换训练法是指，在体能训练的过程中，有意识地对运动负荷、动作组合以及训练的环境和条件进行改变，从而实现训练目的的训练方法。

1. 变换训练法的种类

（1）内容变换训练法

内容变换训练法是指以训练的内容作为变量的变换训练法。内容变换训练法主要针对的是运动专项,每个运动专项需要掌握的动作、技术、战术等都不相同,应该根据运动专项的要求和运动专项的特点确定训练的内容。

(2)负荷变换训练法

负荷变换训练法是指以训练的负荷作为变量的变换训练法。负荷变换训练法的变换通过训练负荷的量或者负荷的强度表现出来,能够有效促进运动员体能素质、机体水平和运动技能的提升。

(3)形式变换训练法

形式变换训练法是指以训练的形式作为变量的变换训练法。形式变换训练法主要表现为改变训练的形式、训练的时间、训练的环境、训练的场地、训练的路径等。

2. 变换训练法的主要作用

(1)增加训练的趣味性

体能训练是一个艰苦、枯燥的过程,很容易让运动员感受到乏味。而对训练的内容、负荷、形式等进行变换,能够对运动员的大脑皮层产生新的刺激,使运动员从体能训练中获得新鲜感,消减体能训练的枯燥和无聊。这有助于提升运动员的训练热情和训练积极性,使运动员在体能训练中保持良好的心态,更好地坚持体能训练。

(2)提升训练的效果

在实践训练中,训练的时间、内容、动作速率等不时地会发生变化,在这样多变的条件下,不断会有新的刺激作用于运动员的大脑,这有利于对运动员的生理负荷进行调节,使其训练情绪饱满高涨,兴奋性得到提高,训练积极性得到强化,而且不易出现疲劳感,使机体不断产生适应性变化,进而促使神经系统处于良好的准备状态,产生强烈的表现欲望,使球类运动体能训练的质量得到有效提高。运动员刚开始使用这一方法进行训练时,要多增加一些辅助性和诱导性的练习,在其自身的训练水平有所提高后,再将练习难度加大。

(五)分解训练法

分解训练法是指在体能训练的过程中,按照一定的依据,将整个体能训练的过程合理划分成无数个阶段或者部分,然后按照体能发展的规律,按顺序对这些阶段或者部分进行训练,通过各阶段或部分训练目的的实现最终促进整个体能训练目的实现的训练方法。

在实践中,人们一般会将体能训练分解成有氧训练部分、无氧训练部分；或者力量素质训练部分、耐力素质训练部分、速度素质训练部分等。然后根据不同的训练任务和训练要求，制订有针对性的训练计划，最终实现整个体能训练计划的实现。

此外，分解训练法还可以被运用到运动技术、战术的训练中。运动员在运动训练的过程中无法一次性掌握所有的运动技术和战术，这就需要教练按照一定的依据将整个运动专项的技术和战术划分成各个比较简单基础的部分，运动员先对这些基础、单一的技术进行训练，然后再将这些动作结合在一起，进行较大难度的组合动作的练习，最终掌握整个运动专项的技术和战术。分解训练法是运动技、战术训练的主要方法之一，具有理想的训练效果。

（六）连续训练法

连续训练法是指在较长的时间内，以稳定的运动强度，没有间歇地持续进行体能训练的训练方法。持续训练法一般被用在运动员的耐力素质训练中，一些运动负荷强度不大、动作技巧又十分细腻的运动技术的训练也能够通过持续训练法获得较好的训练效果。

1. 影响连续训练法持续时间长短的因素

（1）运动专项本身的特点和规律。

（2）运动员的个人情况，包括运动基础水平、运动天赋、参加运动训练时候的状态等。

（3）负荷价值的有效范围。

2. 连续训练法的作用

（1）使机体机能和人的内脏器官在一段持续时间的稳定运动负荷的刺激之下，产生稳定的适应，从而实现运动机能的提升和巩固。

（2）能够增强有氧供能系统的供能能力。

（3）进一步增强有机体的无氧代谢能力。

3. 连续训练法的注意事项

在使用连续训练法的过程中，一定要非常注意训练强度和练习时间之间的关系。当训练的强度比较大的时候，应该适当缩短训练持续的时间；当训练持续的时间比较长的时候，应该适当地减小运动训练的强度。只有正确处理好运动强度和训练时间之间的关系，才能取得理想的训练效果。

（七）比赛训练法

比赛训练法是指在真实、近似或者模拟的比赛条件之下，严格按照比赛的规则和比赛的方式进行训练的一种训练方法。

比赛训练法是在多种依据的基础上提出来的，比如运动员本身的竞争意识和竞争精神、运动能力形成的原理和规律、体育运动的竞赛规则等。按照性质对比赛训练法进行分类，可以将其分成教学比赛训练法、模拟比赛训练法、检查比赛训练法和适应性比赛训练法四种。

比赛训练法的作用主要包含以下几个方面：

（1）有助于营造紧张的氛围，对运动员的大脑皮层产生刺激，提高运动员大脑皮层的兴奋度，从而激发运动员的训练自觉性和训练热情。

（2）有利于加大体能训练的强度。

（3）通过接近真实的比赛环境、严格的比赛规则和比赛方式对运动员进行训练，能够让运动员提前感受比赛的氛围，有利于增加运动员对比赛的了解和适应，提升运动员的心理承受能力。

（4）实现体能训练与实战紧密相结合，有助于运动员更好地掌握和改进运动技术，提高运动者的运动实战能力。

（八）负重训练法

负重训练法是指在体能训练的过程中，利用重物增加身体负荷的重量，从而增强训练的效果，达到增强体质的目的。负重训练法中使用的重物，一般包括沙袋、哑铃、杠铃等。

负重训练法是一种非常实用、简便的训练方法，除了运动员在专业的运动训练中可以使用这种训练方法，普通人也可以通过这种方式来增强体质，一些病人也可以运用这种方式促进身体恢复。

在使用负重训练法时，要十分注意机体承受的负荷的合理性，应该以最大摄氧量和最大心输出量以下的负荷作为训练负荷，负荷过大会影响心血管系统和呼吸系统的功能。

（九）循环训练法

循环训练法是体能训练的重要方法之一。它是指根据训练的具体任务，建立若干练习站或练习点，运动员按规定顺序、路线，依次循环完成每站所规定的练习内容和要求的训练方法。循环训练法是一种综合形式的练习方法,比较生动活泼,能提高运动员的练习情绪和积极性。

在训练刚开始时,先进行一个循环的训练,训练持续 2 ~ 3 周之后,再加入一个循环,按照这种速度持续增加循环的数量。一般同时进行的循环数量在 3 ~ 4 个最合适,最多不能超过 5 个。一个循环中包含的练习数量应该在 6 ~ 14 个,每 2 个练习之间的间歇一般为 45 ~ 60 秒,每 2 个循环之间的间歇为 2 ~ 3 分钟。

循环训练法的作用主要体现在以下几个方面上:

(1)增强运动员的肌肉力量,提升运动员的体能素质。

(2)各项训练内容循环进行,能够在一定程度上消除体能训练的枯燥感,激发运动员进行体能训练的热情和积极性,使运动员处于良好的运动情绪之中,有助于取得理想的训练效果。

(3)可因人而异地区别对待和解决负荷量问题,避免运动者过度紧张状况的出现。

第三节　现代体能训练的计划与实施

一、体能训练计划概述

(一)体能训练计划的分类

根据不同的分类标准,可以将体能训练计划分成不同的类型,其中在实践中应用最为普遍的分类方式是按照体能训练的时间跨度进行的分类。按照时间跨度可以将体能训练计划分成:多年体能训练计划、全年体能训练计划、阶段体能训练计划、周体能训练计划、课体能训练计划五种形式。

不同类型的体能训练计划承担着不同的训练任务,其训练方法和手段、训练负荷和节奏、训练活动的组织和实施等方面都存在着相应的差异,都分别为各自的训练目的服务。

(二)制订体能训练计划的依据

1. 体能训练目标

训练目标是制订体能训练计划的主要依据之一,为了完成运动员从初始状态向目标状态转移这一运动训练的基本任务,必须选择和设计最适宜的通路,也就是制订合理的训练计划。

2. 起始状态

运动员的起始状态是制订体能训练计划的现实依据,制订训练计划必须要一方面符合运动员的实际体能状况,另一方面要促进运动员的体能在起始状态的基础上不断进步。

3. 体能训练的客观依据

体能训练的客观依据包括:运动训练过程的连续性和阶段性、运动员机体对运动负荷的适应性与劣变性、训练活动组织的集群性与个体性、训练过程的多变性与可控性等。必须要遵循体能训练的客观规律,才能制订出合理的体能训练计划,达到理想的训练效果。

4. 组织和实施体能训练活动的客观条件

客观条件是制订体能训练计划必须要考虑的因素之一,组织和实施体能训练活动的客观条件包括训练场地、训练器材、营养条件、恢复条件等,必须要在考虑这些客观条件的基础上制订体能训练计划,否则可能会导致制订的计划无法开展或者无法达到理想的实施效果。

二、多年体能训练计划

(一)多年体能训练计划的内容

(1)制订整个训练过程的训练目标、训练计划、训练内容、训练方式、比赛安排等。

(2)各个年度的训练目标、训练计划、训练任务等。

(3)对运动员运动技术、运动水平等的分析;对运动员的思想、意志、身体素质以及其他各项生理特点进行的分析。

(4)测定和评价训练水平,制订科学的考核和评价机制。

(二)多年体能训练计划的记录

多年体能训练计划的记录可以以表格或者文字的方式呈现,尽量多用各种图表、数据来增加记录的简明性和准确性。记录的内容应该包括详细的训练目的、训练任务、训练步骤、训练时间、考核和评价手段等。

三、全年体能训练计划

（一）全年体能训练计划的任务

全年体能训练的任务是在总结运动员上一年的训练状况的基础上提出来的，根据上一年运动素质、技术、战术等方面的发展状况，结合本年度的训练目标，制订出来的训练计划。

（二）全年体能训练计划的类型

1. 单周期计划

单周期计划是指按照一个完整的大周期制订的全年训练计划，完整的大周期包含一个准备期、一个比赛期、一个过渡期。

2. 双周期计划

双周期计划是指按照两个完整的大周期安排的全年训练计划，体能双周期计划一般是由两个较短的单周期计划组合在一起形成的。

体能双周期计划中，一个大周期的时间为 5 ~ 7 个月，其中包含准备期 2 ~ 3 个月，比赛期 1.5 ~ 2 个月，过渡期 0.5 ~ 1 个月。在准备期内，运动员进行一系列的体能训练，促进体能素质的全面提升或者促进体能某一部分薄弱环节的提升。在比赛期内，运动员将会参加一系列的比赛，使其竞技能力通过比赛充分表现出来。在过渡期内，运动员的训练量和训练强度会适当降低，以保证运动员能在此期间进行一定的休整，为下个阶段的训练做准备。

3. 多周期计划

体能多周期训练计划是指训练周期在 3 个以上的全年训练计划。多周期训练计划的目标为在 3 个月的时间内有效提高运动员的竞技能力，并能够在比赛中充分表现出来。其中，当训练周期的数量为 3 个时，为了保证充分显示运动员的训练成果，应该将最重要的比赛安排在第三个周期的比赛期内。

（三）全年训练计划的周期

1. 准备期

准备期包含两个阶段，分别是一般准备阶段和专项准备阶段，一般准备阶段一般是用来发展运动员的各项运动素质以及使运动员基本掌握运动专项的各项技术；而专项准备阶段一般是用来发展和提高运动专项所需的运动素质以及运动专项的各项技术、战术。

准备期的整体目标是促进运动员运动素质、心理素质、运动技能等方面的发展，使运动员基本进入竞技状态。

2. 比赛期

主要任务是发展专项素质，完善专项技术，提高比赛能力，形成和保持良好的竞技状态。

3. 过渡期

设置过渡期的目的是使运动员从激烈的比赛中抽离出来，进入休整状态，消除因比赛而造成的疲劳，促进机体恢复，以为下一阶段的训练做准备。但是过渡期并不是指运动员在此期间可以完全休息而停止训练，为了维持运动状态、防止运动技能退化，运动员在过渡期内仍旧需要进行训练，只是训练量和训练强度会适量降低。

准备期、比赛期、过渡期构成了一个完整的训练周期，形成了一个不可分割的整体。一个完整的训练周期必须包含这三个部分，只有经过这三个阶段的系统性训练才能取得理想的训练效果。

四、阶段体能训练计划

制订阶段训练计划的目的是保证各个训练时期的任务都能有条不紊地完成，阶段训练计划的内容应该包括训练任务、训练内容、训练负荷等。表 3-4 是具体的阶段训练计划表，以供参考。

五、周体能训练计划

（一）周训练计划的类型

体能周训练计划一共包含四种类型，分别是基本周训练、赛前诱导周训练、比赛周训练、恢复周训练，基本上包含了准备、比赛和过渡的作用。

表 3-4　阶段训练计划表[①]

<table>
<tr><td colspan="7">________队________阶段训练计划　　　　主教练：________</td></tr>
<tr><td colspan="3">上阶段训练的基本情况分析</td><td colspan="4"></td></tr>
<tr><td colspan="3">本阶段任务与训练重点</td><td colspan="4"></td></tr>
<tr><td rowspan="5">训练安排</td><td colspan="2">类别</td><td>训练内容</td><td>训练方法</td><td>训练单元</td><td>比重（%）</td></tr>
<tr><td rowspan="2">身体训练</td><td>一般</td><td></td><td></td><td></td><td></td></tr>
<tr><td>专业</td><td></td><td></td><td></td><td></td></tr>
<tr><td colspan="2">技术</td><td></td><td></td><td></td><td></td></tr>
<tr><td colspan="2">战术</td><td></td><td></td><td></td><td></td></tr>
<tr><td rowspan="2">比赛安排</td><td colspan="2">名称</td><td></td><td></td><td></td><td></td></tr>
<tr><td colspan="2">名次指标</td><td></td><td></td><td></td><td></td></tr>
<tr><td>训练负荷曲线</td><td colspan="6">大
中
小
周
——量
------强度</td></tr>
<tr><td>训练进度</td><td colspan="6"></td></tr>
<tr><td>备注</td><td colspan="6"></td></tr>
<tr><td colspan="7">________年________月________日制定</td></tr>
</table>

（二）周训练计划的任务

1. 基本周训练

基本周训练又可以分成加量周训练和加强度周训练两种，这里的"量"和"强度"针对的是负荷，基本周训练的任务就是通过改变负荷的量或者强度使运动员发生应激适应反应，进而促使运动员的运动素质和运动技能不断提升。

① 罗华平 . 现代体能理论阐析与科学化训练研究 [M]. 北京：中国书籍出版社，2015.

2. 赛前诱导周训练

赛前诱导周训练一般是在比赛前夕进行的，目的是使运动员的机体逐渐适应比赛的要求，保证能在比赛时发挥出正常的水平。

3. 比赛周训练

以比赛日当天为第一天，向前推算七天，这一周就是所谓的比赛周训练。比赛周训练的目的是对运动员进行赛前的最后调整，使运动员达到最佳的状态，以适应比赛的要求。

4. 恢复周训练

恢复周训练的目的是使运动员的身体和心理尽快从激烈的比赛环境中走出来，利用多种恢复手段使运动员在较短的时间内恢复到原先的水平。恢复周训练的强度一般都不大，主要作用是尽快实现运动员体内能量物质的再生。

（三）周训练计划的负荷安排

1. 基本周训练的负荷安排

基本周训练的计划安排主要包括以下三种形式：

（1）增加训练强度，训练量不变或者减少。

（2）增加训练量，训练强度不变或者降低。

（3）保持训练量和训练强度不变，通过训练负荷的不断累加对机体形成足够的刺激。

2. 赛前诱导周的负荷安排

赛前诱导周训练的重点在于增加训练的强度，使运动员提前感受比赛氛围，形成比赛状态。但是注意不能同时增加训练的强度和训练量，可以在原来训练的基础上适当减少训练量，但是如果原本的训练量就不算大的情况下也可以在保持训练量的同时增加训练强度。

3. 比赛周的负荷安排

比赛周的整个训练计划都是围绕竞赛进行的，训练的目的是使运动员能够在比赛的时候达到最佳的运动状态。比赛周训练计划的负荷强度和负荷量的组合一般是根据运动专项的特点安排的，通常情况下，比赛周的训练量和训练强度都会有所降低。

4. 恢复周的负荷安排

训练量和训练的强度都适当地降低，在平时的训练量就比较小的情况下可以保持原先的训练量。

（四）训练周计划的内容

1. 基本周训练的内容

基本周训练的内容主要是发展运动员的一般身体素质和专项运动素质、发展运动专项技术。针对前者进行训练的时候，一般会采用多种训练方法，进行持续的系统训练，全面提高运动员的竞技能力；针对后者进行训练的时候，一般采用分解和完整技术练习相结合的方法，促进运动员运动技能的不断改进。

2. 赛前诱导周训练的内容

和基本周训练的内容差别不大，但是更加呈现出专项化和比赛化的特点。在针对运动素质的训练上，一般身体训练的比例降低，专项身体训练的比例增加；在针对运动技术的训练上，完整练习的比例增加。

3. 比赛周训练的内容

比赛周训练包含两个阶段，每个阶段的训练任务不同。在比赛前 3 ~ 5 天进行的一般是强度较大的专项训练，在比赛前 1 ~ 3 天进行的包括一般训练或者专项训练。

4. 恢复周训练的内容

恢复周训练的主要内容为一般性的身体练习，训练的强度和训练量都不大，采用更加具有趣味性的游戏性练习方式，目的在于消除由于比赛带给运动员的身心疲劳，促进运动员机体的快速恢复。

六、课体能训练计划

（一）课体能训练计划的任务和内容

1. 综合体能课

综合体能训练课的任务和内容具有综合性，比如训练与发展力量和耐力素质的组合、训练与发展柔韧和灵活素质的组合等。在制订课训练计划的时候,要注意安排好训练任务的顺序。对于协调能力、灵敏素质等需要在比较充沛的精神状态下完成的训练任务,应该尽量安排在训练的开始时间;对于在疲劳状态下仍然可以进行的训练任务,比如耐力素质的训练等,可以将其安排在训练的后半部分。而对各项运动素质进行训练时,最为合适的训练顺序应该为柔韧性练习、速度或力量练习、耐力练习。

2. 单项体能课

单项体能课是指在一次训练中只集中时间和精力发展运动员的一项体能能力的训练。常见的单项体能训练包括对长跑运动员展开的耐力训练、对跳高运动员展开的跳跃力量训练等。

(二)课体能训练计划的基本结构

体能训练课由准备部分、基本部分和结束部分三个部分组成。

1. 准备部分

准备部分的任务是通过一定的准备活动唤醒运动员机体的各系统和各器官,使运动员的机体逐渐进入运动状态,做好承担运动负荷的生理和心理准备。准备部分又可以细分成一般性准备活动和专门性准备活动。

(1)准备活动的时间安排

①根据气温情况,气温较低时准备活动的时间应该加长,气温较高时准备活动的时间可以适当缩短。

②根据心理状态,心情比较低落时准备活动应该适当加长,心情比较激昂时准备活动的时间可以适当缩短。

③根据精神状态,刚睡醒精神还未恢复时,准备活动应该适当加长,精神比较充沛时准备活动的时间可以适当缩短。

(2)一般性准备活动的要求

①运动员的体温、肌温升高,毛细血管扩张,肌肉流血量增加。

②增强肌肉中的酶的活性,提高肌肉的收缩能力和代谢能力。

③提高运动员中枢神经系统的兴奋度。

④使运动员的呼吸系统和心血管系统做好运动准备。

⑤使运动员的心理处于适度的应激状态。

(3)专门性准备活动的要求

通过一系列专门性准备活动唤醒运动员的心理和生理,使运动员的机体做好运动准备。

2. 基本部分

基本部分是课体能训练计划的主要部分，占课体能训练计划总时间的 50% ~ 90%。

（1）单项体能训练课的基本部分

单项体能训练课具有时间和训练内容都比较集中的特点，一般被用在某项需要较长训练时间的体能素质训练之中，比如长跑运动员需要进行的耐力素质训练等。

（2）综合体能训练课的基本部分

综合体能训练课的训练内容具有多样性的特点，在安排这些训练内容的时候需要注意训练的顺序，一般合理的训练顺序为：柔韧性训练—速度或者力量训练—耐力训练。

（3）课体能训练计划基本部分训练示例

以速度素质训练为例，下面为课体能训练计划中速度素质训练基本部分的具体内容：

蹲踞式起跑练习，8 次；

30 米跑 ×6 次 ×2 组；

60 米跑 ×6 次 ×2 组；

300 米跑 ×3 次 ×3 组；

200 米跑 ×3 次 ×3 组；

100 米跑 ×3 次 ×3 组；

4000 米跑；

6000 米跑。

3. 结束部分

结束部分的时间通常为 15 分钟，运动员在这个时间内需要进行一些比较轻松愉快的活动，比如慢跑、慢走、集体游戏、放松体操等。结束部分的任务是，将运动员在运动过程中产生并积存在体内的乳酸尽快排除，补偿运动时产生的氧债，促进运动员的机体尽快从运动状态中退出。

（三）课体能训练计划实施性部分的制订

1. 训练手段的选择

首先，选择的训练手段一定要满足有效性的需求。训练手段是决定体能训练计划的目标能否顺利实现的决定性因素，因此一定要根据运动专项的特点、运动员的运动技能水平、体能运动的发展阶段等，选择合适有效的训练手段。在选择训练手段时，应该特别注意所选训练手段的动力学、解剖学以及生理、生化等方面的特点，以确定该训练手段能和当前的训练相匹配。运用合适的训练手段进行体能训练之后，应该达到的训练效果应该为：人体的各项生理系统能够适应更高的运动负荷，各部分的肌肉力量得到显著的提升，运动专项需要的力量素质水平突出。

下面以德国科学家制订的一份足球运动员力量训练设计方案为例（表 3-5），展示如何制订合适的训练手段。

表 3-5　足球运动员力量训练的手段体系①

肌肉	主要功能	力量练习			
		最大力量		快速力量	
		改善肌肉结构	改善肌肉协调	过渡的方法	不带负荷
腹直肌 腹斜肌	前屈肌	转体仰卧起坐侧举腿	转体仰卧起坐（带负荷）侧举腿		快速仰卧起坐 两头起 高抬腿
骶棘肌	伸上体	摆体（轻杠铃） 伸直上体（短杠铃）	（穿重鞋） 伸直躯干（杠铃）	后抛（3 公斤铅球）	高抬腿跑 半蹲跳
臀大肌	伸髋	后举腿（穿重鞋） 屈膝（短杠铃）	屈膝（杠铃）	半蹲跳（沙袋、杠铃）	半蹲跳
大腿前肌群	伸膝	伸小腿（练习四） 伸小腿（穿铁鞋）	屈膝（杠铃） 半蹲（杠铃） 跳深	半蹲跳（沙袋、杠铃）	半蹲跳
大腿后肌群	屈膝	屈小腿（练习四） 屈小腿（穿重鞋）	跪立慢倒成俯卧		快速提踵
大腿内侧肌群	内收大腿	分并腿（穿重鞋）	分并腿（穿很重的鞋）成俯卧		快速交叉 左右打腿
腓肠肌	伸足	伸足	跳深（脚跟不着地） 负重提踵	半蹲跳（沙袋、杠铃）	跑跳步 跨跳步

① 康利则，马海涛 . 体能训练理论与方法 [M]. 西安：陕西人民出版社，2010.

续表

肌肉	主要功能	力量练习			
		最大力量		快速力量	
		改善肌肉结构	改善肌肉协调	过渡的方法	不带负荷
肩肌(带胸肌、臂肌)	伸展肩肘关节展臂伸臂内旋	斜面卧推(短杠铃) 扩胸(短杠铃)	斜面卧推(杠铃) 颈后推(杠铃)		

其次,选择的训练手段一定要满足系统性和多样化的要求。系统性是指对运动员实施的各种体能训练之间必须具备有机合理的衔接,各种训练手段结合在一起要能够形成一个有机的系统。多样性是指要根据训练想要发展的体能素质内容、水平等方面的差别,选择不同的训练手段,增强训练的针对性,提升训练效果。

2. 课训练计划的组织实施

课训练计划的组织实施主要包括三个环节,其一是训练之前的准备,比如确定合适的训练场地、训练设施、训练器材,并进行功能和安全性检查等;其二是正式的训练过程,比如分组安排、队形队列等;其三是训练结束之后的总结评价,比如总结训练情况并进行记录等。

3. 课训练计划的恢复措施

恢复措施是运动训练中必不可少的一个部分,对于促进运动员机体的快速恢复、防止运动员产生运动疲劳和运动损伤具有非常重要的意义。因此,教练员在制订课体能训练计划时,一定不能忽视恢复措施的内容,而且应该注意恢复措施的时间不应该安排在运动员产生运动疲劳之后,而是要将其常态化,运动员每次训练结束之后都应该安排一定的训练措施,比如专业的恢复训练、各种按摩、理疗等,以帮助运动员的生理和心理放松,促进运动员机体的快速恢复。

第四章　力量素质训练理论与方法

力量素质是人体运动的基本素质，与其他素质之间关系密切，是练习者掌握运动技能、提高运动成绩的基础。力量素质训练是体能训练的基础，在体能训练中起着非常重要的作用。科学的力量素质训练理论与方法对于指导练习者开展实际的体能训练必不可少，能够极大地满足练习者的需求。本章从力量素质训练的基本理论出发，详细讲解多种具体的训练方法。例如，身体各部位肌群力量的训练方法、爆发力训练方法、核心稳定力量训练方法，旨在为练习者开展力量素质训练提供有效的帮助与科学的指导。

第一节　力量素质训练基本理论

一、力量素质的概念

力量素质指人体或人体某部位的肌肉在工作过程中采用收缩或舒张的方式克服内、外阻力的能力。外部阻力包括物品的重量、外部摩擦力、空气或水的阻力等。内部阻力包括机体内部肌肉的黏滞力、各肌肉之间的对抗力等。力量素质训练通常采用外部阻力发展力量素质，人体在努力克服外部阻力的过程中，不断提高、发展力量素质。

力量素质极大影响着人体运动，作为衡量运动员身体训练水平的一项重要指标，其重要性主要体现在以下方面。

（1）是一切体育活动的基础。完成任何体育活动都离不开肌肉以不同的强度、速度进行工作，从而带动骨骼的移动。若没有肌肉的收缩、舒张，就不可能产生牵拉力量，不可能从事任何体育活动，甚至无法站立、行走。

（2）促进其他身体素质的发展。肌肉的工作方式与任何一种身体素质都有密切的关系，良好的力量素质有助于提高速度素质、增长耐力素质、发挥柔韧素质、表现灵敏素质。与此同时,力量的提高能够增加肌肉弹性,促进灵敏素质、柔韧素质的快速发展。

二、力量素质的种类

不同的体育运动项目需要完成不同的动作,表现出不同的力量类型。球类运动员要有改变方向、急停急起、滞空及控制身体随意运动的力量;赛跑运动员要有快速向前推进的力量;跳跃运动员要有踏跳的腾空力;投掷运动员要有器械出手时的全身爆发力;摔跤、柔道运动员要有僵持力,能借力发力;游泳运动员要有手的快速划水和腿脚的快速打水、蹬水力;棋类运动员要有静坐力、脑的反应力;武术运动员要有快慢、动静结合的控制力;体操运动员要有翻转力、回环力、慢起用力等。①

在运动训练实践中,通常按照力量训练的特征对力量素质进行划分,常见的力量素质有四种。

(一)最大力量

最大力量指人体或人体某部位的肌肉在工作过程中克服最大内外阻力的能力,或肌肉群中数量最多的肌纤维在工作时发挥的最大能力。最大力量有如下具体特点。

(1)作为一个变量,最大力量因人而异,不仅受到个体遗传、年龄、性别、训练水平等多种因素的影响,还受到个体肌肉收缩的内协调力、关节角度、骨杠杆的机械效率等因素的影响。

(2)可以通过合理训练促进最大力量的增长。有两种具体方式实现最大力量的增长,一是改变参与工作的肌肉纤维的内部结构、机能,二是增加参与工作的肌肉纤维的数量。

(3)最大力量可用测力计、拉力器等工具进行测定,考察机体所能承受的最大重量。

(二)相对力量

相对力量指人体单位体重表现出来的最大力量值,反映最大力量与体重之间的关系。相对力量有如下具体特点。

① 杨海平.实用运动训练指南[M].广州:广东高等教育出版社,2013.

（1）其数值大小可用力量体重指数表示，即相对力量 = 最大力量 / 体重（单位：千克）。

（2）一些运动项目，例如，体操、举重、摔跤等，十分关注相对力量的大小。以举重比赛为例，举重比赛的实质就是考察运动员相对力量的大小，因此，运动员不仅需要提升最大力量，还需要控制自身体重。

（三）速度力量

速度力量指人体在短时间内爆发出的肌肉力量，或人体在特定负荷下表现出来的最大动作速度，包括起动力、爆发力和制动力。起动力指在 0.15 秒的时间内最快发挥肌肉力量的能力；爆发力指在 0.15 秒的时间内以最大加速度克服阻力的能力；制动力指以较高加速度向相反方向运动的能力。速度力量有如下具体特点。

（1）人体肌肉的收缩速度、最大力量水平决定了速度力量的大小。速度力量的大小与速度、力量两个因素相关。

（2）不同运动项目对速度力量的要求不同。短跑运动员需要具备较强的爆发力；网球运动员需要具备较强的下肢制动力。

（四）力量耐力

力量耐力指人体在克服外部阻力的过程中，能够长时间使肌肉保持紧张状态，不降低工作效率的能力。根据力量耐力的不同表现形式进行划分，力量耐力可分为两种：动力性力量耐力、静力性力量耐力。动力性力量耐力又可进一步细分为两种类型：最大力量耐力（即重复发挥最大力量的能力）、快速力量耐力（即重复发挥快速力量的能力）。力量耐力有如下具体特点。

（1）神经兴奋和抑制过程的强度、灵活性、延续性，肌肉供能的顺畅性决定了力量耐力的大小。

（2）不同运动项目力量耐力的表现形式不同。田径、游泳、体操等运动项目均需要较强的动力性力量耐力。射击、射箭、摔跤等运动项目则需要运动员有较强的静力性力量耐力。

三、力量素质的决定因素

一个人力量素质的大小受到生长发育水平，肌肉自身形态、结构、特征，受训者的心理素质，训练等多种因素的制约。了解力量素质的决定因素,探究不同因素对力量素质的不同影响,对提高力量素质的训练效果至关重要。

（一）性别

通常情况下,男性的力量素质要优于女性,这是由于男性和女性在生理上存在肌肉大小的差异。例如,成年男性的肌肉重量约占整体体重的40% ~ 45%,而女性的肌肉重量只占体重的35%。有相关科学研究表明,女性的力量通常仅仅是男性的2/3,但不同肌群具体的比例大小存在差异。若规定男性力量为100%,则女性的前臂屈、伸肌群力量约为男性的55%;手指内收肌、小腿伸肌力量约为男性的65%;髋关节屈、小腿屈肌、咀嚼肌力量约为男性的80%。与此同时,女性力量的增长和肌肉体积的增大要略慢于男性,这是由于有机体内的睾丸酮激素调节肌肉的体积,而正常男性体内的睾丸酮激素高于女性。因此,即使男性和女性的肌肉力量增加相同的单位,女性肌肉的体积大小仍不如男性。

（二）年龄

肌肉发育与个体的年龄大小密切相关,力量素质的发展具有明显的年龄特征。通常情况下,10岁以前的男孩或女孩,随着人体的生长发育,力量持续缓慢、平稳地增长,且男女之间差别不大。从11岁开始,男孩力量素质的增长速度开始快于女孩。到了青春期,男性、女性的力量仍处于增长的态势,但增长速率变低。男性在25岁左右达到最大力量,女性则在20岁左右就达到了。

13 ~ 17岁是力量素质发展的敏感期和关键期,此年龄段亦是最大力量进入快速增长的第一个高峰期。此时,力量、体重的增长速度保持一致,最大力量增长速度快,相对力量却增幅不明显。与此同时,肌肉长度的增长速度高于横度的增长速度,身高快速增长。从18岁开始,力量的增长开始变慢、力量逐渐下降,若随着年龄的增长,个体能养成良好的锻炼习惯,力量的增长期可适当延长,男性可延长至35岁左右。综上所述,青少年力量的增长有如下具体特点。

（1）速度力量的增长先于最大力量。

（2）最大力量的增长先于相对力量。

（3）长度肌肉力的增长先于横度肌肉力。

（4）躯干肌肉力的增长先于四肢肌肉力。

（三）肌肉的初长度

肌肉收缩、扩张前的初长度与人的肌力大小息息相关。通常来说，肌肉的初长度越长，肌肉的弹性越好，拉长后收缩时产生的张力越大。肌梭能感知肌纤维长度的变化，当肌肉拉长时，为了对抗拉力，肌梭会产生冲动，提高肌纤维的回缩力。肌肉拉长到一定程度时，会引起牵张反射，提高肌力的发挥效率。

有相关研究表明，肌肉长度（即肌肉两头肌腱之间的长度）与肌肉体积发展的潜力有关，而肌肉的体积决定着一个人力量的大小。举例来说明，现有两个人，其肱三头肌长度分别为 10 厘米、15 厘米，后者的长度是前者的 1.5 倍，那么，后者的肌肉横断面潜力等于前者的 $1.5 \times 1.5=2.25$ 倍，肌肉力量发展潜力等于前者的 $1.5 \times 1.5 \times 1.5=3.375$ 倍。运动训练前，即使两个人手臂的肌肉体积相当，在训练结束后，后者的肌肉体积和肌肉力量要远远高于前者。

（四）参与活动的肌纤维数量

每块肌肉中都存在着许多肌纤维，当人体在运动训练中进行肌肉收缩时，并非所有的肌纤维都能快速被动员，参与活动。但在同一时间参与活动的肌纤维越多，肌肉收缩时产生的力量就越大。运动生理学相关理论表明，人体肌肉中的肌纤维数目、红肌纤维和白肌纤维的比例受到遗传因素的影响，在出生 5 个月后就已经确定。之后，即使年龄逐渐增加，经常参加运动训练也无法改变肌肉中的肌纤维的数目、红肌纤维和白肌纤维的比例。只能在一定程度上改变肌纤维的形态、功能和参与活动的肌纤维数目。

在竞技体育赛场上，运动员新手在参与活动时一般只能动员 60% 左右的肌纤维，优秀运动员则可动员 90% 左右的肌纤维，短时间内参与活动的肌纤维数目的增加与训练后神经冲动强度、频率的增加有关。

（五）心理因素

人的心理因素会影响力量素质、运动能力的发展。一个人如果有过痛苦的运动经历、严重的运动损伤，或是缺乏信心、常常在训练过程中产生焦虑、紧张的情绪，不及时加以干预，极有可能引发一系列的心理障碍，使整个神经系统在运动过程中处于抑制状态，对肌肉调节的功能减弱，以致于不能充分发挥最大肌肉力量。因此，需要在开展运动训练的同时，有意识地培养自身对情绪的调节能力、注意力集中能力、顽强的意志品质等，具备发展力量素质的心理条件。运动员在比赛前可以通过多种方式锻炼自己的心理素质，例如，“意识集中法”“心理准备法”“自我暗示法”等多种方法，从而帮助人体各系统进入到高度紧张的工作状态，调动积极力量，解除抑制，充分发挥出肌肉力量，突破自身局限。

心理因素是影响力量发挥的一个重要因素，教练员、体育科研人员都十分重视运动员的心理素质。体育训练相关课题需要为运动员提供克服消极心理因素的方法、科学的心理调节方法，有效提升运动训练的效果。

四、力量素质训练的基本原则

（一）肌肉克服阻力做功原则

在选择具体的肌肉力量训练方法时，需要保证最终选择的动作使目标肌肉克服阻力（即肌拉力要与外力方向相反）做功。例如，双手握哑铃做双臂胸前弯举的动作，能够有效发展肱二头肌的力量，却无法提升肱三头肌的力量；双臂颈后弯举动作，能够通过肘关节伸屈提升肱三头肌的拉力。可以根据此原则和训练者的不同需求，制订出各种提升力量素质的有效方法。

（二）超负荷原则

超负荷指超过平常遇到的阻力，在训练过程中遵循超负荷原则，迫使肌肉、肌群对抗最大（或接近最大）阻力做功，能有效发展肌肉力量，使肌肉实现最大程度的收缩，进而刺激神经肌肉系统实现生理学适应，达到肌肉力量增长的目的。低负荷训练起不到明显的训练效果，只能使肌肉力量维持在原有水平。

科学研究表明，超负荷训练常常会引起肌蛋白的分解，产生超量恢复现象。在超量恢复的过程中，肌肉的成分会重新组合，肌蛋白的含量得到提高，从而让肌肉变得更加粗壮有力。综上所述，应该合理安排超负荷训练，以引起超量恢复，从而达到发展力量素质的目的。

（三）循序递增负荷原则

在开展力量素质训练时，必须遵循循序递增负荷原则，定期、逐渐增加训练负荷，使想要训练的肌肉依次对抗更强的阻力，保证肌肉在超负荷的条件下进行训练，不断产生新的生理适应。

（四）区别对待原则

开展力量素质训练应该遵循区别对待原则，充分考虑训练对象的年龄、性别、身体素质、训练水平等，为不同的受训者设计有较强针对性的训练方案。有实践研究表明，不宜对青少年采取超负荷力量训练；刚开始训练的人每周上3次课，训练效果最好；而对训练有素的运动员来说，训练课的次数可以尽量安排得紧凑一些。由此可见，不同运动员的恢复过程不同、适应性变化也不相同，力量素质训练应该重视运动员的个体差异。

五、力量素质训练的注意事项

（一）注意将全面发展与重点发展相结合

体育运动中各种动作的完成需要身体不同部位、不同肌肉群的协同工作，十分复杂。因此，在安排力量素质训练时，不仅需要使主要肌肉群（如四肢、腰、腹、背、臀部等部位的肌肉群）得到锻炼、提高，而且需要发展较为薄弱的小肌肉群的力量。但这并不意味着要做到面面俱到，各种类型的力量素质得到平均发展，而是应该将全面发展与重点发展相结合，在全面发展的基础上，针对具体的项目特点有所侧重。

（二）结合专项特点安排力量训练

不同的专项动作需要不同肌肉群的参与，对肌肉群力量的要求也不一样。例如，跑步项目要求运动员具备连续快速蹬地向前推进的力量；投掷项目要求运动员具备较强的爆发力等。因此，在开展具体的力量素质训练前，需要先分析专项技术的动作结构，选择合适的训练方法，有针对性地发展相关肌肉群力量。其次，通过详细了解主要肌群的用力特点、工作方式等具体内容，确定最终的训练方法。只有结合具体的专项特点，为运动员安排、实施训练活动，才能达到理想的效果。

（三）注重训练的系统性、科学性、连续性

力量素质训练应具有系统性、科学性、连续性的特点，做到因人而异、因项而异、因不同训练周期和训练任务而异，不能无故中断。与此同时，训练负荷的安排应呈现周期性、波浪式的变化特点。教练应综合考虑训练课的任务、训练周期、现阶段运动员的情况（年龄、性别、各力量素质的发展水平等）等多项因素，决定力量训练课的次数，设计科学的训练课程，采取有效的训练方法。

在一堂训练课中，教练可先安排针对最大力量、速度力量的练习，再安排针对力量耐力的练习。另外，应该做到使各肌肉群交替"工作"。例如，训练课开始时，依次开展发展下肢肌肉群、躯干肌肉群、上肢肌肉群、肩带肌肉群的综合练习，在确定针对不同肌肉群的练习顺序时，应先确保大量的肌肉群已经投入工作，再起动局部肌肉群投入工作，体现训练课程的系统性、科学性。

第二节　身体各部位肌群力量训练方法

目前，力量素质训练的爱好者采取多种方法发展身体各部位肌群力量，达到强身健体的目的。本节主要介绍发展上臂肌群、肩部肌群、腿部肌群、腹部肌群的训练方法。

一、上臂肌群力量训练方法

《运动解剖学》一书指出：肱骨分隔开上臂肌群，形成前后两群，前群为屈肌，主要有浅层的肱二头肌、深层的肱肌和喙肱肌等；后群为伸肌，主要有肱三头肌和肘肌。[①] 发展上臂肌群力量可采用不同的练习方法、练习动作，塑造上臂肌肉的线条，拥有强大的上臂力量。

（一）单臂屈伸

1. 方法

坐立于长凳上，双脚置于地面，双脚间距略宽于肩，一手低手直臂抓握杠铃片（或哑铃），肘部靠近大腿内侧，另一臂伸直撑于长凳上；吸气并屈臂举杠铃片（或哑铃），完成动作时呼气，反复练习。[②]

① 徐国栋，袁琼嘉．运动解剖学[M]．北京：人民体育出版社，2012．
② 谭成清．体能训练[M]．长沙：湖南师范大学出版社，2012．

2. 要求

上体稍稍向前倾斜,手臂的屈伸幅度要大。

（二）拉力器臂屈伸

1. 方法

双脚自然分开站立在拉力器前1米处,面向拉力器。双脚间距与肩同宽,两脚尖略向外,呈八字形。抬头,直背,目视前方。反手握住拉力器手柄,反复屈臂,连续快速提拉手柄。

2. 要求

始终伸直身体,提拉手柄时,尽可能地将手柄拉至胸前。

（三）杠铃臂屈伸

1. 方法

背部挺直,双脚、双手分开,略宽于肩,两手反手握杠,屈臂举杠铃直至胸前,后恢复到初始姿势,不断练习。

2. 要求

身体始终保持正直,吸气紧腰。

（四）坐姿臂屈伸

1. 方法

坐在训练机上,双脚自然放置于地面,略宽于肩,同时,双臂伸直,双手反手握住杠铃,两肘部抵在托垫的边缘。吸气用力,屈臂牵拉杠铃至额前,后恢复到初始姿势,不断练习。

2. 要求

禁止手腕弯曲,注意臂部用力,训练者可以根据自身的情况,适当增加杠铃重量以增加难度。

（五）仰卧臂屈伸

1. 方法

仰卧在长凳上，双脚放于地面，间距略宽于肩，与此同时，伸直双臂，正手抓住杠铃后屈肘，以肩为圆心、手臂为半径，沿半圆形轨迹缓慢下降，使杠铃缓缓下落于头部后侧，并尽量向远处延伸，后缓慢恢复至初始姿势，不断练习。

2. 要求

时刻保持身体的平衡、稳定，双手、双臂同时发力，切忌向两侧晃动。

二、肩部肌群力量训练方法

肩部是上肢的重要组成部分，肩部主要肌群包括胸大肌、三角肌、背阔肌、肩旋转肌群和大圆肌。拥有发达的肩部、强大的肩部力量会让人充满安全感，接下来介绍常见的肩部训练方法。由于肩部比较容易受伤，训练者需要严格遵守训练方法和训练要求展开日常的训练。

（一）颈后推举

1. 方法

坐在长凳上，双脚自然放置在地面，比肩略宽，同时抬头、伸直背部、双臂伸直，两手正手握住杠铃，并缓慢将杠铃举至头顶，之后两前臂向后弯曲至颈后。随后，缓慢恢复至初始姿势，不断练习。

2. 要求

始终伸直后背，禁止弓背。

（二）站姿单臂侧拉

1. 方法

身体侧对训练机，站立于距离训练机 1.5 米处，双腿分开，距离比肩略宽，右手紧紧握住拉力器的手柄，缓慢用力下拉手柄至体侧，后缓慢上举右臂呈侧举状态，再用力下拉至体侧，反复练习。

2. 要求

保持背部伸直，伸臂过程中保持上臂伸直。

（三）体前屈杠铃片侧举

1. 方法

双脚分开站立，两脚之间的间距略宽于肩，两膝盖微微弯曲，同时弯腰，保持上身与地面平行，双手持杠铃片（或者哑铃）自然下垂，与地面成直角，双臂伸直。双臂用力将杠铃片（或者哑铃）平举至与地面平行，待动作完成后，呼气并缓慢恢复到双臂自然下垂的状态，不断重复练习。

2. 要求

上体保持向前倾斜，始终挺直背部。

（四）握杠铃片前举

1. 方法

双脚分开站立，两脚之间的间距略宽于肩，双臂伸直放于腹前，双手重叠握住杠铃片（或哑铃）放置在大腿的前部，掌心向内。之后将杠铃片（或哑铃）前举至与地面平行，再缓慢恢复至初始姿势，不断练习。

2. 要求

抬头，挺直背部，同时挺胸收腹，前举杠铃片（或哑铃）时，动作要缓慢，注意均匀用力，保持动作的连贯性。

（五）体前屈侧拉

1. 方法

双脚分开，侧立于拉力器前方约 1.5 米处，双膝微微弯曲，上体保持前倾，同时双臀下垂。单臂伸直，单手握住拉力器的手柄，侧拉拉力器直至胸前下方，随后缓慢恢复至初始姿势，不断地反复练习。

2. 要求

双膝要保持微微弯曲，同时背部伸直，双手可采取交换练习。

三、腿部肌群力量训练方法

腿部肌群可以称得上是全身最大，力量最足的肌肉群，包括大腿肌群（包括大腿前部、后部、大腿内侧肌肉群等）、小腿肌群（包括小腿前侧、外侧、后侧肌群等）。科学的腿部训练能够促进睾酮激素分泌，从而帮助更快地修复肌肉，促进全身力量的增长。

（一）下蹲起立

1. 方法

身体正直，双脚分开站立，与肩同宽，双臂伸直放于体侧，两手各持一个杠铃片（或哑铃）。吸气用力，轻度挺胸收腹，缓慢下蹲直至大腿与地面保持平行，随后缓慢恢复至初始姿势，待动作完成后呼气，略微放松，不断进行练习。

2. 要求

身体保持平衡，不要向左右方倾斜，始终抬头，目视前方。

（二）负重深蹲

1. 方法

双脚自然分开，略宽于肩，肩负杠铃站立。双手握住杠铃，两手之间的距离宽于肩膀。身体缓慢下蹲，直至臀部接近脚后跟，维持此动作 3 秒后缓慢恢复至初始姿势，动作完成后呼气，反复练习。

2. 要求

脚尖始终朝外，下蹲时注意保持身体的平衡。

（三）仰卧小腿屈伸

1. 方法

仰卧在训练机的凳面上，双腿微微分开，与肩同宽，小腿发力向上踢出，待膝盖伸直后，缓缓下落，恢复至初始姿势，不断进行练习。

2. 要求

双臀紧紧贴在坐垫上，双臂可自然放置于身体两侧或交叉放于胸前。

（四）拉力器直腿内收

1. 方法

单腿站立，侧站于拉力器前1.5米处，将拉力器系在一条腿的脚踝处，另一条腿支撑在地面上，另一侧的手抓住训练机的扶手，起到支撑身体的作用。与拉力器相连的腿伸直用力，不断内收，向支撑腿靠近。

2. 要求

始终保持抬头、直背，臀部不可后撅。

四、腹部肌群力量训练方法

腹部肌群对于人的生理健康、体育运动至关重要，训练腹部肌群不仅能够提高人体的运动表现力，还具有保护脊柱、改善消化系统等诸多作用。

（一）斜板仰卧起坐

1. 方法

仰卧于斜板上，双脚紧紧钩住斜板上的套带（或固定物），双手抱头，腹部用力，缓慢上抬上体，直至身体与大腿垂直，随后还原至初始姿势，不断进行练习。

2. 要求

身体正直，时刻保持身体的平衡。

（二）跪立收腹下拉

1. 方法

双膝跪地，身体正直，抬头，双臂伸直，双手握住拉杆，举于头顶的正上方。腹部用力，保持双臂伸直，弯腰向下将拉杆拉动至所能到达的最低位置，动作进行时呼气。随后还原至初始姿势，重复练习。

2. 要求

下拉过程中靠腹部发力，手臂尽量不要用力。

（三）悬垂屈膝举腿

1. 方法

双臂悬垂于器械上，伸直，双手正握杠，与此同时，双腿并拢伸直。屈膝上举双腿，直到膝盖贴于胸部，后维持此动作 2 秒钟，再缓慢恢复至初始姿势，反复练习。

2. 要求

举腿过程中仅靠腹部发力，双臂不发力。

第三节　爆发力训练方法

跑步、跳远等运动项目需要具备较强的爆发力。在所有的抗阻训练中，爆发力训练最讲究技术、最需要集中注意力，也最容易受到疲劳的影响。爆发力训练需要动员大量的肌肉，极其消耗能量。因此，在训练课的开始常常安排爆发力训练。本节将详细介绍几种常见的爆发力训练方法。

一、杠铃、哑铃爆发力训练方法

（一）快速高拉

1. 方法步骤

（1）杠铃放在地面或距离身体两侧约 50 厘米高的支撑物上。

（2）双脚开立，与肩同宽，屈膝半蹲，背部挺直，双手正握住杠铃杆，双臂伸直，握距与肩同宽（起始动作类似于硬拉的动作）。

（3）由半蹲姿势开始，双脚用力踏地借地面反作用力，伸腿、伸髋挺直后背，腿、腰、臀、背依次自下而上爆发性发力，快速向上提拉杠铃至腰际，顺势紧接一个直立划船。发力时有将杠铃向上抛的感觉，当杠铃达到腰际高度时，可以依靠惯性踮脚或进行一次小跳。

（4）恢复至初始姿势，反复练习。

2. 要求

整个动作完成的速度快，所用时间短；腿、腰、臀、背依次发力，带动上拉，注意控制全身的协调力；尽可能高地提起杠杆。

（二）快速高翻

1. 方法步骤

（1）杠铃放置于地面，双手间距与肩同宽或略宽于肩，握住杠铃杆。与此同时，挺胸，抬头，腰背收紧，沉肩，手臂放松。

（2）由下蹲姿势开始，蹬腿、伸髋、提铃自下而上依次快速用力。

（3）当杠铃提至接近胸上部时，有控制地下蹲。与此同时，翻肩、屈臂、翻腕支撑，出肘接杠，掌握好时机快速将杠铃接到锁骨上。随后蹬直身体，使身体成直立姿势。

2. 要求

快速完成整个动作，且整个过程避免含胸，手拿杠铃，拉铃过早，甩铃；下蹲时，不能含胸，松腰，杠铃远离小腿；准确掌握翻肩、翻腕的时机；接杠时注意躯干略微前倾，重心的垂直线落在脚掌中间，一定要协调发力，掌握好发力和下蹲的节奏。

（三）快速抓举

1. 方法步骤

（1）确定抓握具体位置、保持正确的握姿。将杠铃靠到自己的髋部，屈膝的同时背部挺直，用身体将杠铃夹紧。然后手臂向外伸直，这个距离就是抓举时抓握的宽距。锁握是抓杠必须采用的姿势。握杠时，四指需要盖住大拇指。为了更加牢固，可以再让大拇指盖住无名指。

（2）做好上拉前的准备姿势。身体背部挺直、杠铃轻靠在大腿上，双膝向前向外弯曲，身体重心下降，并且臀部与杠铃保持同步。

（3）向上提杠。重心保持在脚后跟，蹬地发力、耸肩把杠铃上拉。杠铃紧贴身体，尽可能让脚后跟离开地面的时间拖后。

（4）翻杠。屁股向后坐，肩膀向前靠，收紧自己的背阔肌，让杠铃压在大腿上，重心在脚后跟前侧。杠铃贴着大腿向上拉，脚踝膝盖以及髋部全部拉伸，同时耸肩将杠铃提起、向上甩过头顶。控制好杠铃位置及身体重心平衡，身体向上顶起。

（5）练习。逐步降低杠铃的位置，练习上面全套的动作。并在学会标准抓举动作之后，根据自己的体重、技术掌握的熟练程度确认抓举重量，不断练习成套动作，提升爆发力。

2. 要求

整套动作连贯、快速；各身体肌群依次发力；掌握好翻肩、上推的时机。

（四）连续快挺

1. 方法

（1）双手持杠铃，翻肩、翻腕将杠铃放于颈前，双脚前后开立。

（2）降低身体重心，双腿快速蹬地，同时双臂顺势上拉，快速上举杠铃，双腿成弓箭步直臂支撑杠铃。

（3）做连续爆发式前推动作，同时双脚协调垫步交换。

（4）当负荷较重时，可以以单次形式完成；当负荷较轻时，可多次重复进行，一般重复进行 30 次。

2. 要求

动作快速、连贯，下肢动作与上举动作协调配合；各肌群从下到上依次发力。

二、实心球爆发力训练方法

（一）前抛实心球

1. 方法步骤

（1）双脚开立，与肩同宽，面对投掷方向，双手持实心球举过头顶。

（2）身体向前弯曲呈深蹲姿势，下摆实心球至小腿间。

（3）迅速蹬腿、挺身、挥臂，向身体前上方抛出实心球。

2. 要求

每次尽量用最大爆发力抛球；身体各个部位协调发力，避免仅背肌发力。

（二）上步双手推实心球

1. 方法步骤

（1）面向同伴，双脚开立，与肩同宽，身体正直，双手持实心球放于腹部前。

（2）双手将球引至胸前，当球接近胸部时，右脚向前跨一大步，与此同时，双臂同时用力，迅速将球推出。

（3）同伴接到球后，以同样动作将球推出，依次进行推球练习。

2. 要求

跨步和推球动作应该保持同步。

（三）侧抛实心球

1. 方法步骤

（1）两名练习者进行配合练习，首先面对面站立，相距约 10 米远。

（2）其中一名练习者双手持实心球，腰部扭紧、下蹲转体，随后脚迅速蹬地、转体将实心球抛出。

（3）对面的同伴接到球后，采用相同的动作将球抛回。

（4）每人完成 10 次练习之后，换另一侧进行练习。

2. 要求

转体时腰部需扭紧；避免仅腰部发力，腿部、双臂均需发力。

（四）后抛接转身加速跑

1. 方法步骤

（1）双脚开立，与肩同宽，背对投掷方向，双手持实心球放于身体正前方。

（2）身体向前弯曲呈深蹲姿势，下摆实心球至小腿间，紧接着迅速蹬腿、挺身、挥臂，向身体后上方抛出实心球。

（3）实心球抛出后，迅速转体，以最快速度追球。

2. 要求

尽量用最大爆发力抛球；避免只用背肌发力；抛球结束后，转体加速动作要连贯、迅速。

（五）侧滑步左右抛实心球

1. 方法步骤

（1）两名训练者之间相距 5 ～ 8 米，面对面站立，其中一位训练者屈膝、屈髋。另外一位训练者双脚开立，手持实心球。

（2）屈膝者向身侧滑步，对面的持球人员将实心球抛给滑步练习者。

（3）滑步练习者接到球后，迅速转体将实心球抛回同伴，随后向相反方向滑步，重复进行抛球滑步练习。

2. 要求

（1）抛球者抛球时要充分调动同伴的滑步动作。

（2）滑步练习者接球后要迅速将球抛出，使腰部肌群得到充分的发展。

（3）滑步时，保持重心的平稳，转体时需要保持躯干的正直。

三、跳跃下肢爆发力训练方法

（一）吸腿纵跳

1. 方法步骤

（1）双脚自然分开，与肩同宽，保持直立姿势。

（2）迅速下蹲、跳起，腹肌是主要的发力区，跳起的同时屈膝，膝盖向腹部上提。

（3）落地后，迅速重复动作，不断跳起。

2. 要求

起跳迅速；起跳后膝盖尽可能向上提。

（二）连续蛙跳

1. 方法步骤

（1）双脚同时起跳、同时落地。起跳时，双脚左右开立，与肩同宽，双臂尽可能上举以充分伸展身体。下蹲后，双脚迅速向后蹬地，朝前上方跳起，在腾空过程中收腹、屈髋，双脚迅速前引，完成落地。

（2）重复起跳、落地、起跳、落地的动作。

2. 要求

动作连贯，尽可能跳得远些；落地缓冲时要注意控制，切忌蹲死。

（三）跳深

1. 方法步骤

（1）运动员站于一个 60 ~ 80 厘米的跳箱上，从跳箱上跳下，落地后迅速转身上跳。

（2）不断重复从跳箱上跳下，再转身上跳。每次确保有 10 秒钟左右的间隔时间，维持神经肌肉的兴奋性。

2. 要求

快速完成动作，缩短与地面接触的时间。

第四节 核心稳定力量训练方法

核心稳定力量训练主要针对核心区域肌群（主要是腹部、下背部、骨盆部肌群）及其深层小肌肉进行的力量、稳定、平衡等能力的训练，核心稳定力量训练的目的是协调整个机体控制能力，促进核心区域肌群能在人体完成动作过程中有效地发挥稳定躯干、传输能量的作用。[①] 通过科学的核心稳定力量训练，核心区域的整体原动肌、局部稳定肌能够得到稳定的发展和提高。本节将详细介绍几种常见的核心稳定力量训练方法。

一、徒手静力训练方法

（一）跪地背部支撑

此训练方法主要锻炼背阔肌。

① 王谦．核心稳定力量训练在普通高校游泳教学中的应用研究 [D]. 大连：大连理工大学，2014.

1. 方法

两膝弯曲跪于地面，双手与肩同宽并保持撑地，同时抬头，保持背部挺直。

2. 要求

背部始终保持挺直；一次训练最好做3组练习，每组练习20秒。

（二）坐位体前屈

此训练方法主要锻炼肋间肌。

1. 方法

双腿伸直并拢坐于地面，背部用力，两手臂用力向前伸。

2. 要求

手臂向前伸的同时，感受背部用力，同时，双腿禁止弯曲；一次训练最好做3组练习，每组练习20秒。

（三）仰卧两头起

此训练方法主要锻炼髂腰肌。

1. 方法

双腿伸直并拢，仰卧于地面上，两臂伸直放置于头部两侧，两腿、两臂同时抬起。

2. 要求

在两腿、两臂抬起的过程中，始终保持腹部、背部、胸部呈收紧状态。

（四）坐立屈腿

此训练方法主要锻炼肱四头肌。

1. 方法

坐于地面上，双手撑地放于体后，指尖朝外，重心后仰，双腿屈膝收于腹前。

2. 要求

保持姿势的平衡，胸部、腹部、背部、大小腿始终收紧；一次训练最好做 3 组练习，每组练习 20 秒。

（五）俯卧内收腿伸臂

此训练方法主要锻炼短收肌、长收肌、大收肌、股薄肌。

1. 方法

一侧手臂与另一侧的腿支撑在地面上。另一侧手臂尽量前伸，腿部保持与上体平行，重复交叉练习。

2. 要求

抬起的腿与身体同一高度，争取与地面平行，胸部、腹部保持收紧状态。

二、哈他瑜伽训练方法

（一）上轮式

此训练方法主要锻炼斜方肌、横突棘肌。

1. 方法

（1）身体仰卧于地面上，掌心向下，两手放在身体的两侧。

（2）弯曲膝盖将双脚收回，脚跟贴于大腿背面，两脚底自然平放于地面之上，同时，双手翻掌，移至头部两侧，双肘抬起，掌心向下。

（3）深吸一口气，挺起背部，使腹部、髋部同时离开地面，双手、双腿向下使劲，可缓慢向内收，头部保持放松，向地面低垂。

（4）均匀呼吸，保持此姿势约 10 秒钟后，缓慢将双肘弯曲，头部轻轻接触地面，紧接着背部、整个身体依次着地，将双腿伸直，双手收回，恢复到仰卧状态。

2. 要求

背部用力；一次训练最好做 3 组练习，每组练习 20 秒。

（二）三角伸展式

此训练方法主要锻炼菱形肌、腰方肌、前锯肌、腹外斜肌。

1. 方法

两脚尽量开立至2倍肩宽处，双臂水平伸直，与地面保持平行，身体向左侧弯曲，左手触摸左脚脚踝，右手垂直上举。左右侧交替进行练习。

2. 要求

始终保持两腿伸直，背部收紧状态。

（三）反板式

此训练方法主要锻炼臀大肌。

1. 方法

双腿并拢，仰卧于地面，双臂伸直与肩同宽，反手支撑于地面，抬头的同时髋关节向上顶起。

2. 要求

臀部保持收紧。

（四）半月式

此训练方法主要锻炼阔筋膜张肌。

1. 方法

将同侧腿、同侧臂伸直，侧支撑于地面之上，另一侧腿平举，另一侧手臂伸直上举，与地面垂直。身体左右侧交替进行。

2. 要求

训练过程中始终收紧胸部、腹部、腰部。

三、瑞士球训练

本节内容主要涉及利用瑞士球进行练习的训练方法。瑞士球具有非固定性，对练习者身体的平衡性提出了较高的要求，因此，能够整体提升练习者的身体素质。

（一）侧支撑两腿夹球起

此训练方法主要锻炼腰方肌。

1. 方法

侧卧于地面上，一侧手臂弯曲，手肘支撑于地面，五指张开，掌心向下。另一侧手臂放于胸前支撑于地面。两腿伸直，两踝关节夹住瑞士球，身体略向前侧倾斜，背部、腰部用力，将球向上抬起。左右两侧交替进行。

2. 要求

两腿始终保持伸直收紧，切忌弯曲，体会背部、腰部发力。

（二）背撑球内踢腿

此训练方法主要锻炼缝匠肌。

1. 方法

两脚开立与肩同宽，背部挺直支撑于瑞士球上。膝关节弯曲，大腿、上体处于同一水平面，其中一侧腿的膝关节向内弯曲，做踢腿的动作。左右腿进行交替练习。

2. 要求

身体保持稳定，保持重心的稳定，不偏向左侧或右侧。

（三）瑞士球上侧弯起

此训练方法主要锻炼腹内斜肌、腹横肌。

1. 方法

一侧身体侧卧于瑞士球上，双手抱头，双腿伸直并拢的同时，使胸部、腹部、背部尽量收紧，上体做侧弯起。

2. 要求

双腿伸直；全身力量收紧；一次训练最好做 3 组练习，每组练习 20 次。

（四）仰卧拉哑铃体前交叉

此训练方法主要锻炼胸大肌、胸小肌。

1. 方法

仰卧于瑞士球上，双脚与肩同宽，背部压在球上，大腿与上身处在同一水平，双手各自握住一个哑铃，双臂伸直放于身体两侧，缓慢上举，在肘关节处交叉。

2. 要求

上体保持挺直，注意保持身体重心，髋部始终处于中立位，两臂伸直。

四、弹力带训练

弹力带一般由天然乳胶制成，能有效改善肌肉力量、身体的活动能力、灵活性，帮助运动员提高运动成绩，治疗慢性疾病。弹力带被广泛应用于健身领域、康复训练领域、体能训练中，能够起到修身、加强心肺功能、改善体态的作用。

（一）单腿俯身后拉

1. 方法

左腿单腿站立，身体向前弯曲，上体与地面保持平行，右腿高高抬起与地面平行，背部始终挺直，收紧腹部，双手紧紧抓住弹力带，用力将弹力带经体侧拉至髋关节处。左右两侧进行交替练习。

2. 要求

收紧腹部、背部；脚尽量抬高；髋关节保持中立。

（二）双手弓步提拉

1. 方法

呈弓步姿势，通常右腿在前，左腿在后，在左髋部位握紧弹力带，双臂始终伸直，向右肩斜上方用力提拉拉力带。左右腿交替进行。

2. 要求

保持髋部中立；收紧腰部、腹部。

（三）单腿俯身内拉

1. 方法

两臂侧平举，与地面保持平行，俯身单腿站立，另一侧腿高高抬起，与上体处于同一水平面,右手握紧弹力带,用力将其拉至体前。左右两侧交叉重复练习。

2. 要求

支撑腿不可弯曲;收紧胸部、腹部;保持重心的稳定。

第五章　速度素质训练理论与方法

速度素质是整体运动素质的重要组成部分，和其他运动素质相互联系、相互制约，共同影响总体运动素质的发展。速度素质训练是体能训练中必不可少的内容，尤其是在当今竞技运动逐渐呈现出更加明显的高对抗性和快速性特点的状况下，速度素质训练的重要性进一步提升。本章将对速度素质训练的理论和方法进行研究，先总体阐述速度素质训练的理论，再分别阐述反应速度、动作速度、移动速度三种速度各自的训练方法。

第一节　速度素质训练理论

一、速度素质概述

速度是指人的身体或者身体的某一个部位快速改变原有运动状态的能力。

速度素质是三种能力的统称，分别是快速完成动作的能力、快速经过规定某种距离的能力、对外界刺激或者各种应激反应的快速判断能力。

速度素质是运动员必需的运动素质之一。一方面，在某些运动专项中，运动素质是考察的主要素质，是决定比赛成绩的关键因素，比如100米田径赛跑运动，就是一项典型的考察运动员速度素质的竞赛项目。另一方面，在一些运动专项中，速度素质虽然不是被考察的主要素质，但是能够促进其他运动素质的发展或者对比赛成绩同样有着重要的影响。比如著名运动员刘易斯，当他跳远成绩为8.91米时，他的100米跑成绩已经达到了9秒86。还有铅球运动，铅球运动的成绩由扔铅球时的直接力量和助跑时产生的间接力量共同决定，较高的速度素质水平有助于铅球运动员取得更好的比赛成绩。

二、速度素质的分类

（一）动作速度

动作速度，是指人体或者人体的某一部分在单位时间内完成某种动作的次数或者人体或人体的某一部分完成某种动作所用的时间。根据表现形式对动作速度进行分类，可以将其分成三种，分别是单一动作速度、组合动作速度和动作速率。其中，羽毛球运动员挥拍动作的速度就属于单一动作速度；铅球运动员助跑、扔铅球、收回手臂这一整套动作的速度就属于组合动作速度；田径比赛运动员的跑步步幅的快慢就属于动作速率。

很多因素都能对动作速度造成影响，其中影响最为显著的三个因素分别是神经系统的兴奋度和敏感度、人体各个器官系统的准备状态以及技术动作的熟练程度。

动作速度的快慢和神经系统的兴奋度、敏感度具有非常密切的关系。当大脑受到比较明显的内外刺激时，人的神经系统会处于比较兴奋的状态，传递信号的速度也会随之加快。此时，人们表现出来的特征为，身体的协调性增强，反应速度加快，动作速度加快。相反，当神经系统的兴奋度和敏感度较低时，人的反应速度和动作速度也会随之减慢。

人体各个器官系统的状态也会对动作速度产生一定的影响。当人体器官系统处于充足的准备状态时，人的动作速度就会比较快；当人体器官系统没有进入运动准备状态，状态比较差的时候，人的动作速度就会减慢。这也是人们选择在运动之前进行一段时间的热身运动的原因。

技能的娴熟程度也是影响动作速度的因素之一，动作越娴熟，动作速度越快，反之动作速度会减慢。

（二）移动速度

移动速度，是指在单位时间内人体快速移动的能力，包括平均速度、加速度和最高速度三种形式。

和动作速度相同的是，移动速度也会受到神经系统的兴奋度和敏感度的影响，并且神经系统敏感度越高，移动速度越快，反之移动速度则会减慢。除了神经系统的兴奋程度，移动速度还受到其他众多生物学因素的影响。图 5-1 以跑步运动为例，列举了跑步运动中影响运动员移动速度的各种生物学因素。

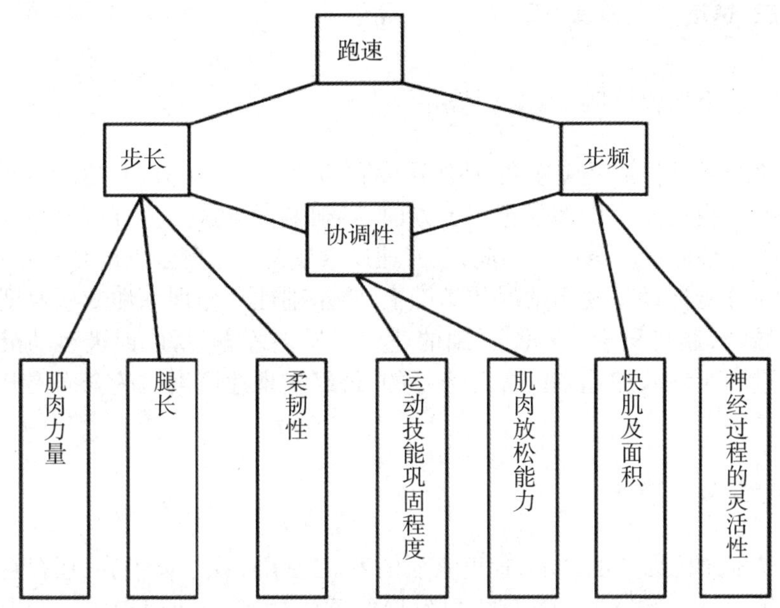

图 5-1　影响跑步运动中运动员移动速度的生物学因素[①]

（三）反应速度

反应速度，是指人体对外界各种刺激信息的回应能力。反应速度由刺激信息传递所需的时间决定，刺激信息的传递是在一瞬间完成的，这段短暂的时间被称为“反应时”。反应时和反应速度之间是反比例的关系，反应时越长，则反应速度越慢。

神经过程的感觉时间和思维判别时间是反应速度的基础，这也就意味着会有很多因素直接影响神经过程，进而间接影响反应速度。根据科学研究表明，遗传因素是影响反应速度的最主要的因素，对反应速度的影响程度可以达到 75%以上。

动作速度、移动速度、反应速度是速度素质的三个方面，共同构成速度素质的评价标准。三者之间是相互联系、相互制约的关系，其中，反应速度是移动速度的前提条件，动作速度是移动速度的基础。在进行速度素质训练时，首先应该注重三者之间的整体性，其次应该理清三者之间的关系，协调发展速度素质的这三个方面。

① 康利则，马海涛．体能训练理论与方法[M]．西安：陕西人民出版社，2010.

三、速度素质训练原则

（一）全面性原则

速度素质包括反应速度、动作速度和移动速度三个方面，速度素质训练不能忽视这三个中的任意一个方面，必须要促进这三个方面全面发展才能提升整体速度素质。因此，发展速度素质是一个复杂的综合过程，必须要在分析运动员现实情况的基础上，将基础性动作训练和专项速度训练相结合，制订科学、全面、详细的速度素质训练方案，以促进运动员肌肉力量和肌肉收缩速率的提升为目的，最终实现速度素质的全面提升和发展。

（二）敏感期原则

受到遗传因素的影响，速度素质的发展除了存在个体差异，还存在发展的敏感期。敏感期是速度素质发展的重要时期，这个时期内进行速度素质训练能够达到事半功倍的效果。一般来说，速度素质发展的敏感时期为一个人的儿童时期或者青少年时期，男性的12~13岁、女性的13~14岁都是速度素质发展的敏感时期。

想要达到速度素质训练的理想效果，必须要遵循敏感期原则，抓住运动员速度素质发展的敏感期，针对该时期的生长发育特点，制订合理的训练方案，促进运动员速度素质的快速发展。

表5-1列举了一份在青少年的不同年龄阶段展开的速度素质训练计划表，以供参考。

表5-1　速度素质训练计划表[①]

训练手段	年龄/岁			
	10 ~ 12	13 ~ 15	16 ~ 17	18 ~ 19
以96% ~ 100%的速度跑80米以内的段落	—	2.0	10	40
以95%以下的速度跑80米以上的段落	5	10 ~ 15	25	10
以90% ~ 91%的速度跑80米以上的段落	—	2 ~ 3	10	40

① 梁智恒，孙丽波，鞠复金．运动训练原理与实践[M].哈尔滨：东北林业大学出版社，2008.

续表

训练手段	年龄 / 岁			
	10 ~ 12	13 ~ 15	16 ~ 17	18 ~ 19
以 81% ~ 90%的速度跑 80 米以上的段落	—	10 ~ 20	40	40
以 80%以下的速度跑 80 米以上的段落	—	20 ~ 30	55	80
负重练习 / 吨	—	50 ~ 100	150	200
跑的练习 / 千米	20	40 ~ 50	60	80
跳跃（次数）/ 次	1200	1000 ~ 4000	7000	10000
起跑（次数）/ 次	200	400 ~ 500	800	1000
球类活动 / 游戏 / 小时	50/150	150/50	120/0	100/0
越野跑 / 千米	50	160	180	120
其他田径项目练习 / 小时	30	80	50	25
比赛（次数）	8 ~ 10	15 ~ 20	30 ~ 35	40 ~ 45

（三）专项性原则

速度素质训练需要在基础性训练的基础上，结合运动专项的特点，制订出专项速度训练方案，发展专项运动需要的速度素质。专项动作在关节角度、关节的活动幅度、速度、局部与整体速度以及肢体链的形式等方面都具有鲜明的力学特征，这些都是定量分析与设计速度专项训练手段的主要依据。

遵循专项性原则，结合专项技术特点，从现实状况出发，进行针对性训练，才能真正增强速度素质，为运动技术的发展奠定基础。

四、速度素质训练的影响因素

（一）反应速度的影响因素

1. 感官的敏感程度

人体感觉器官的作用是搜集和传递外界信息，感官的敏感程度越高，则搜集和传递信息的速度越快，即人的反应速度越快；反之，则搜集和传递信息的速度越慢，反应的速度也就越慢。

人体感觉器官的敏感程度主要受到注意力集中程度和人体疲劳程度

这两个因素的影响。就注意力集中程度来说，百米冲刺运动是一项重点考察运动员的各项速度的运动项目，运动员在听裁判发令声的时候必须要集中全部的注意力，只有这样才能快速反应，在起跑时不落人后，从中我们可以看出注意力集中程度对反应速度的影响。就人体疲劳程度来说，当人们处于疲劳状态时，身体各项器官的功能都会衰退，感觉器官的敏感程度同样会受到影响，进而会导致人的反应速度随之减慢。

2. 肌纤维的兴奋性

肌纤维的兴奋程度也会对人的反应速度产生影响。在适度的范围之内，肌纤维的兴奋程度越高，则人的反应速度越快。有研究表明，肌肉适度紧张状况下人的反应速度比在肌肉放松状况下快7%左右。但是要注意的是，肌肉的兴奋程度必须要在一定的范围之内，过度紧张容易导致肌肉疲劳，同样会对人的反应速度产生不利的影响。

3. 中枢神经系统机能

中枢神经系统的作用是接收刺激信号，对刺激信号进行分析处理，然后做出相应的反应。中枢神经系统机能主要受到反应时间和技术熟练程度的影响。其中，中枢神经系统对刺激信号的反应时间主要与神经兴奋性以及条件反射建立的巩固程度有关。技术熟练程度对中枢神经系统机能有着积极的影响，技术熟练程度越高，则中枢神经系统的机能表现越出色，人的反应速度越快；反之则中枢神经系统的机能表现不佳，人的反应速度越慢。

（二）动作速度和移动速度的影响因素

1. 人体体形

人体体形是影响人的速度素质的重要因素之一，其中对速度素质影响最明显的是人的身高、人的四肢长度等。有研究表明，在其他条件不变的情况下，四肢的长度和其运动速度成正比，即腿部或者手臂越长的人，其腿部或者手臂的运动速度一般来说也会相应更快。

以田径运动员为例，在田径运动中，运动员的下肢长度基本上就决定了运动成绩。因为下肢较长的运动员每迈出一步的步伐长度都会更大一些，而大家的跑步频率相差不大，所以每个步伐多出来的小差距在激烈的竞争情况下就显得至关重要。

2. 生理影响

（1）肌肉类型

人的速度素质是通过肌肉收缩运动体现出来的，因此肌肉的类型会对速度素质产生影响。

就肌肉类型来说，肌肉类型主要由构成肌肉的肌纤维类型以及各自的比例决定。对人体运动影响最大的骨骼肌是由快肌纤维、慢肌纤维和中间型纤维这三种肌纤维构成的，其中快肌纤维是影响速度素质的最主要的肌纤维因素。肌肉构成中快肌纤维的比例越高，则人的运动速度越快。但是，快肌纤维的比例过多也会产生一定的不利影响，比如人们经过一定程度的运动之后，身体会产生比较明显的疲惫感。

（2）神经活动过程

神经活动过程是指神经中枢兴奋和抑制转换的过程，神经活动过程的时间越短，则神经活动的灵活性越高，表现出来就是人的运动速度越快。

神经中枢除了是人体运动快速反应和保持协调的“指挥器”，还能有效地抑制对抗肌的影响。人体运动中，并不是肌肉一直保持紧张状态就是有益的，肌肉需要通过适当的放松来积蓄力量，比如运动员在做移动速度训练的时候，如果能做一些放松与紧张的肌肉转换练习，对于提升训练效率是十分有效的。而神经系统活动恰恰能起到控制肌肉在放松和紧张状态之间转换的作用，对于人们运动速度的训练具有非常重要的意义。

表 5-2 以短跑运动为例，揭示了短跑运动的成绩和肌肉放松能力之间的关系。

表 5-2　短跑成绩提高与肌肉放松能力之间的关系[①]

因素	60 米赛跑	100 米赛跑	200 米赛跑
成绩提高幅度	从 7 秒提高到 6.4 秒	从 10.9 秒提高到 10 秒	从 21.5 秒提高到 20 秒
爆发力 /%	34.13	20.59	11.37
最大肌力 /%	20.64	12.34	6.86
肌肉放松能力 /%	19.58	21.26	46.32

① 梁智恒，孙丽波，鞠复金．运动训练原理与实践[M]．哈尔滨：东北林业大学出版社，2008.

3. 心理影响

注意力集中程度是影响动作速度和移动速度的最主要的心理因素。一方面,它能够影响中枢神经的兴奋程度以及中枢神经转换的灵活性,另一方面,它还会影响肌纤维的收缩效果和紧张程度。在适度的范围内,注意力的集中程度越高,则运动速度越快,但是如果专注力过于膨胀,很有可能导致人进入紧张状态,这种状况对于运动速度的提升是不利的。

4. 力量发展方式

首先,力量能够帮人体产生加速度,并且力量的大小和其能够产生的加速度的大小是正比例的关系。其次,人体的力量是由绝对力量和相对力量组成的,绝对力量无法改变,但是相对力量可以通过运动训练增强。相对力量较大的人,其肌肉在运动中克服各种内外阻力的能力更强,从而使肌肉收缩的速度更快。

五、速度素质训练的重要性

(一)速度素质训练是取得良好成绩的重要保证

速度素质是整体运动素质的重要组成部分,和其他各项运动素质之间是相互联系、相互影响的关系。速度素质的重要性在于,一方面它是某些运动项目运动成绩的决定性因素,另一方面它在一些不是运动成绩决定性因素的运动项目中,也起着促进其他运动素质和整体运动素质发展的重要作用。

速度素质是影响各项田径运动项目运动成绩的最主要的因素,几乎所有的田径项目都会考察运动员的速度素质。比如,跳远、跳高、撑杆跳等项目发力之前的助跑,就是对运动员运动素质的一种考察,这些运动项目的本质是依托在速度素质上的技巧竞赛;而各种跑步竞赛对速度素质的考察就更加明显,短跑运动中速度素质就是运动成绩的决定性因素,长跑运动则是对耐力素质和速度素质的综合考察。

球类运动也是如此,参与球类运动的双方球员始终处在攻防转换之中,急起急停、快速变向、防守卡位等动作都需要以速度为基础,在速度的保证下力争先人一步,只有这样才能在比赛中处于主动的地位。

综上,速度素质训练是取得良好的运动比赛成绩的重要保证,只有通过科学合理的训练不断提升运动素质,才能保证一般运动素质和专项运动素质的共同发展,为运动技能的提高创造条件。

（二）速度素质是衡量运动水平的重要依据

一方面，速度素质相较于力量素质、耐力素质等，具有表现更加明显的特点，即运动员在竞赛中表现出来的速度素质能够由场内外的人员直观地观察到，成为人们评价运动员运动水平的重要依据之一。速度素质这种特质的优势在于，能够帮助发现运动员在运动能力上的欠缺，以便对症下药，通过有针对性的训练弥补运动员的短板。

另一方面，当今的运动竞赛项目都呈现出竞争更加激烈和速度更快的特点，这也就意味着对速度素质的考察更加严格。在运动员水平普遍较高的运动竞赛中，能够用更短的时间完成技术动作的一方，往往能够更占优势。因此，人们可以根据运动员的速度素质衡量运动员的运动水平。

六、速度素质训练的注意事项

（一）以运动员的实际状况为训练依据

速度素质训练计划的制订必须要以运动员的实际情况为依据。

首先，在制订速度素质训练计划之前必须要对运动员的现实状况进行分析，了解运动员的真实训练水平和身体状态，以此为依据制订合理的训练内容和训练强度。

其次，在训练的过程中要对训练状况进行密切关注，及时发现并纠正运动员的不规范动作，对于没有起到理想的训练效果或者适得其反的训练计划的内容进行分析和修改。

再者，要合理安排训练的进度，在结合运动员身体条件和训练状况的基础上，遵循循序渐进的原则，稳步推进训练计划。

最后，要保证合理的运动休息时间，速度练习组与组之间、阶段和阶段之间都要制订合理的休息时间，防止运动员出现运动疲劳或者运动损伤。

速度素质训练需要在人体适应性的基础上开展，这种适应性包含三个方面的内容，分别是神经系统适应性、内脏系统适应性、肌肉系统适应性。在速度素质训练的过程中要时刻关注这三方面的状态，以防出现不理想的训练效果。

(二)速度素质训练和专项技术相结合

据有关研究部门的研究成果发现,速度练习对本身练习之外动作速度发展的迁移效果较低。也就是说,速度练习只是对诱发练习动作本身的速度能力有提高帮助,而对与这项练习无关的运动则帮助较少,如拳击运动由于其运动特点,使得拳击运动员对上肢力量和速度的训练量很高,但与散打运动员相比,其腿上的速度就显得非常缓慢了。因此,速度练习具有较高的专门性,需要结合专项技术动作要求进行。让运动员在速度训练中能感觉到躯干等各部位的协调配合,发展专项技术所需要的动作速度的能力。

(三)速度能力与其他能力协同发展

速度素质的发展并不是孤立的,它的发展还受到其他运动素质发展的影响,其中对其影响最为明显的因素是快速力量和柔韧性。因此,想要促进速度素质的发展,除了速度素质本身之外,还要发展快速力量和柔韧性。

第二节　反应速度训练方法

一、简单反应速度训练方法

(一)完整练习

完整练习是指通过突然对运动员施加信号或者突然改变信号,要求运动员利用自己已掌握的完整单个动作或者组合动作及时做出反应,以锻炼运动员的反应能力。比如要求运动员在已经知道对手动作的情况下做出不同的应对反应;要求运动员根据听到的信号改变自己的运动方向;要求运动员进行蹲踞式起跑练习,等等。完整练习一般被用在运动员处于初级水平的阶段,这个时期完整练习的训练效果比较明显。

(二)分解练习

分解练习是相对于完整练习而言的,就是将完整的动作进行分解,使之处于较容易或者更为简单的条件,通过提高分解动作速度来提高简单反应速度。比如,跑步运动员利用蹲踞式低姿起跑这种起跑姿势跑步时,其反应速度要慢于利用站立式高姿起跑这种姿势时的反应速度。之所以会产生这种差别,是因为当采用蹲踞式低姿起跑方式时,运动员的手臂需要承担着较大的体重,这就会导致运动员的手臂一时难以离开支撑点。针对这种状况,可以进行分解式练习,先用高姿起跑或手扶其他物体的形式,单独练习对起跑信号的反应速度,然后再逐步过渡到低姿起跑练习,这样将会取得好的练习效果。

(三)变换练习

变换练习是指通过不断改变训练形式来锻炼运动员的反应能力。练习形式的改变主要可以从两个方面入手,其一为改变运动员接受刺激信号的形式,比如从利用听觉器官接收信号,转变为利用视觉或者触觉等来接受刺激信号等;其二为改变对刺激信号的应答方式,比如改变技术动作的种类或者改变技术动作的方向等。

变换练习的优势在于,一方面能够有效提升运动员的反应速度,另一方面能够通过不断的变换练习,增加训练的趣味性,提高运动员的神经兴奋程度,使运动员有一个较为积极的训练状态。

(四)运动感觉练习

运动感觉练习是一种通过训练运动员对微小时间的辨别能力进而提高运动员的反应速度的训练方式,它将身体训练和心理训练结合在了一起。运动感觉训练一般包括三个步骤,分别是:

第一个步骤是要求运动员在接收到刺激信号后立刻做出相应的反应,记录下运动员需要的反应时间。

第二个步骤是要求运动员对自己此次需要的反应时间进行预估,然后重复发出信号并做出反应的步骤,得出运动员的实际反应时间,与预估的反应时间进行对比。

第三个步骤是当运动员能够比较精确地判断时间差的时候,其反应速度也会随之加快,判断时间差的能力越强,就越能够自由地控制自己的反应速度。

需要注意的是,运动员的注意力集中水平是影响反应速度的重要因素,在进行运动感觉练习的过程中,必须要求运动员高度集中注意力,并且在每个步骤中都要集中注意力,这样才能测试出真实的反应速度,实现较好的练习效果。

二、复杂反应速度训练方法

（一）移动目标练习

移动目标练习是指，设定一个移动目标，要求运动员对该目标发生反应并做出一定的行为。以“将球作为移动目标”为例，练习一共包括四个步骤，分别是：第一看到这个移动的球；第二对球的运动速度和运动方向做出判断；第三制订自己的行为方案；第四实施该方案。

这个复杂反应过程的时间大概为 0.25 ~ 1 秒，但是对这段短暂的时间进行合理的分配却是移动目标练习中的重点。一般来说，合理的分配方式为前两个步骤所用的时间占据总时间的一半以上，第一个步骤占据的时间又要占据前两个步骤所用时间的绝大部分，第二个步骤所用的时间大概只为 0.05 秒。

因此，在移动目标训练的过程中，要特别注意时间的分配。

首先，要将对移动物体观察能力的训练放在重点部分。在练习的过程中要特别注意训练观察力的指向和分配，可以通过在练习中不断改变球的位置、运动方向、运动速度等，训练该项能力。

其次，要注意培养运动员的预判能力，这种能力是技、战术运用中的重点能力，运动员需要在观察和分析球的运动的基础上，判断球接下来的运动方向、运动速度等。

最后，在训练中还要有意识地引入和增加外部刺激因素。比如，可以在练习中使用乒乓球发动机、移动射击靶等，还可以增加球的数量，采用一对二、游戏练习法等。

（二）选择动作练习

选择动作是指根据对手的动作变化做出相应的动作反应的练习，是将人体反应能力训练和专项运动结合在一起的一种练习方法。选择动作的练习包含两个方面：其一，增加干扰因素，增加需要进行动作选择的场景的复杂程度。比如，可以将留给运动员的反应时间缩短，练习运动员在较短的时间范围内进行动作选择的能力；其二，培养运动员观察、利用“预先信息”的能力，预先信息是指从对手的姿态、面部表情、眼神、准备动作等释放出来的信息，能够在一定程度上反映出来对手接下来可能进行的动作。这种能力是竞技比赛中必不可少的能力，只有能够敏锐捕捉到对手释放出来的信息并做出判断和反应的运动员，才能在比赛中占据优势。

选择动作练习是一项重要的复杂反应速度练习方法，培养的是运动员观察信息、判断信息的能力，是运动员在比赛中使用技术和战术的基础。运动员必须要重视该项能力的培养，不断提升自己的复杂速度反应速度。

三、反应速度具体练习方法举例

（一）绳梯 180° 转体跳

1. 训练方法

（1）身体成半蹲姿势，双脚分开，每只脚放在一个格子中，将身体重心落在前脚掌。

（2）双脚跳起的同时身体在空中旋转 180°，落下的时候双脚落在格子里。

（3）身体跳起向反方向在空中转体 180°，双脚各落在前面的格子中。

（4）重复进行练习。

2. 训练目的

（1）要求运动员在地面时的脚一直放在格子中，培养运动员的周边视觉能力，提高运动员的视觉观察能力。

（2）发展运动员骨盆、髋部和双脚的动作速度、灵活性。

3. 训练要求

（1）要求运动员身体始终向绳梯的同一方向移动，尽量用骨盆和下肢快速完成动作。

（2）要求运动员不断提升跳跃的速度和准确性。

（二）跳起转体接实心球

1. 训练方法

（1）背对接球方向，双脚左右开立紧紧夹住轻实心球。

（2）迅速跳起，用双腿将实心球抛向空中。

（3）身体落地迅速接住实心球。

（4）重复练习。

2. 训练目的

（1）培养运动员的反应能力，提高运动员的反应速度。

（2）发展运动员下肢、骨盆、躯干和上肢的跳跃、转体动作速度及爆发力。

3. 训练要求

（1）训练过程中运动员身体各个环节必须要协调配合，迅猛、连贯地完成动作。

（2）将反应能力培养作为训练重点。

（三）弓箭步快速接实心球

1. 训练方法

（1）两人一组，相对站立，中间大概相隔 3 ~ 4 步的距离。

（2）一人双手持实心球，一条腿屈膝、屈髋前迈并缓缓落地。

（3）前面腿的大腿与地面平行，膝关节弯曲 90°，并且不能超过脚尖的垂线。

（4）在脚落地之前将手中的球传给同伴，接球时前面的脚蹬地恢复开始时的姿势。

（5）重复进行练习。

2. 训练目的

（1）培养运动员的反应能力。

（2）发展运动员的上下肢力量和爆发力。

3. 训练要求

要求运动员在训练时保持弓箭步姿势，尽力维持身体平衡。

（四）快速传接实心球

1. 训练方法

（1）两人一组，相对站立，膝盖微微弯曲，中间的距离大约为 3 ~ 4 步。

（2）双手持实心球于胸前，进行连续传接练习。

（3）可以通过改变两人之间的距离或者加快传球的速度来增加游戏的难度。

（4）重复进行练习。

2. 训练目的

（1）发展运动员的快速反应能力。

（2）发展运动员胸部、肩部、臂部肌肉群速度力量和爆发力。

3. 训练要求

练习时，运动员必须要始终保持双臂伸直的状态进行接球动作。

第三节　动作速度训练方法

一、动作速度训练方法概述

（一）完善技术练习

动作技术的熟练程度是影响动作速度的重要因素，动作幅度的大小、动作的方向、动作伸展的距离、动作的角度和部位等，都会影响到动作速度。只有通过练习不断提升动作的熟练程度，才能掌握更多施展技术的技巧，不断提高动作速度。

此外，技术练习还可以有效发展运动员的协调能力，而协调能力对于提高动作速度具有重要帮助。运动员能够在技术练习中逐渐发生应激适应反应，不断提高肌群之间、肌肉和内脏之间的协调程度，进而减少动作阻力，提高动作速度。

（二）利用助力练习

助力练习，是指在动作速度的练习过程中，借助自然条件或者人为因素进行练习，发展运动员动作速度的练习方式。

其中，能够利用的自然助力条件包括水的流向或者风向等。比如，游泳运动员顺着水流的方向游泳，就能够在水流的助力之下提高自己的游泳速度；而速滑运动员借助风力练习，也能发展自己的速滑速度。

能够利用的人为助力条件包含两个方面,分别是机械助力和人为助力。机械助力是指在速度训练中利用专门的机械设备为运动员助力,比如摩托车助力、自行车助力等;而人为助力是指在速度训练的过程中,由教练员等人直接或者间接地给运动员提供和运动方向一致的力,帮助运动员进行速度训练,比如各种速度的牵引跑、带跑等。

开展助力练习时,需要注意提供的助力的力度的大小。当开展的是针对提高动作速率进行的练习的时候,提供的助力力度应该更大;而当进行的是单个动作速度练习的时候,应该提供较小的助力力度。此外,在进行助力练习的时候,要遵循循序渐进的原则,逐步提高助力的力度。

(三)利用后效作用练习

后效动作练习是指利用动作加速和器械重量的变化而获得的后效作用来提高动作速度的练习方法。比较典型的利用后效作用进行的练习包括:跑步运动员进行的下坡跑,能够获得加速的后效作用;铅球运动员选择高于标准铅球重量的铅球进行练习,能够获得重量减轻的后效作用。利用后效作用练习的原理是,神经中枢的兴奋并不会在运动员结束发生后效作用的动作之后就立刻结束,剩余的神经中枢兴奋依旧能够支配动作,高水平的兴奋有助于加快动作速度。

影响后效作用的因素众多,发生后效作用动作的负荷大小、后续动作的减轻状况、练习重复的次数、两种练习动作之间的交换次数和比例等,都会对后效作用造成影响。因此,在进行后效作用训练时,要注意把控这些影响因素,提高训练效率。

(四)加大难度练习

加大难度练习主要是通过缩小练习完成的空间与时间界限,用特定的要求来促使动作速度的发展,如球类小场地快速完成练习。因为,运动活动中动作速度表现的平均水平和快速动作的完成,在相当程度上受专项活动持续时间和活动场地等影响。因此,在动作速度的练习中,限制练习的时间、空间条件,迫使运动员以最大速度完成动作,从而提高训练效果。

二、动作速度具体练习方法举例

(一)摆臂练习

1. 训练方法

(1)双腿并拢站立。

(2)上肢做短跑姿势,肘关节成直角,不断做前后摆臂动作。

(3)摆手时,当手臂摆到身体正面时,手臂的高度大约和肩部持平;当手臂摆到身体后面时,手臂的位置大约和臀部持平。

(4)重复练习。

2. 训练目的

(1)提高运动员做摆臂动作的速度。

(2)帮助运动员形成正确的短跑上身姿势。

3. 训练要求

(1)进行摆臂练习时,要求运动员将每一次的摆臂动作都做到标准。

(2)在保证动作准确性的基础上不断提高动作速度。

(二)俯卧撑撑起鼓掌练习

1. 训练方法

(1)身体呈一条直线,做俯卧姿势,依靠双脚和双手支撑起身体的重量。

(2)做俯卧撑动作:双臂屈肘使身体下落,双臂快速伸直,使身体上升,这个过程的用时要短,速度要快。

(3)身体上升的同时快速起身并做击掌动作,然后迅速恢复开始时的姿势。

(4)重复练习。

2. 训练目的

(1)锻炼运动员上臂后部和肩部的肌肉,增强肌肉力量和肌肉爆发力。

(2)发展运动员的动作速度。

3. 训练要求

（1）训练开始时的动作要求运动员全身伸展成一条直线，并保持平衡。

（2）训练过程中要坚持利用肘部发力，锻炼肩部和手臂上半部分的肌肉。

（3）运动员必须要以较快的速度完成动作。

（三）快速滑动俯卧撑练习

1. 训练方法

（1）运动员趴在球上，用髋部压住球。

（2）双手代替双脚，交替发力，使身体向前移动，注意身体依旧压在球上，只是压球的部位发生变化。

（3）身体移动到双脚压在球上时停止继续向前滑动，然后保持姿势不变，做俯卧撑动作。

（4）身体压在球上向后滑动，恢复开始时的姿势。

（5）重复练习。

2. 训练目的

（1）锻炼运动员胸部和肩部的肌肉，增强肌肉力量。

（2）发展运动员的协调能力和平衡能力。

（3）发展运动员的速度力量，加快运动员的动作速度。

3. 训练要求

（1）整个训练过程中，运动员的身体必须处于伸直的状态。

（2）还可以通过提起一条腿或者以双手和一条腿在球上支撑完成俯卧撑的方式来增加训练的难度。

（四）脚回环练习

1. 训练方法

（1）一只脚抬起，单脚支撑身体的重量，同时用手扶住物体帮助身体保持平衡。

（2）抬起的那只脚以短跑动作进行回环练习。

2. 训练目的

(1)锻炼运动员腿部的前摆能力和快速折叠能力。
(2)提高运动员的动作速度。

3. 训练要求

(1)要求运动员在动作过程中回环拍击臀部,以扒地动作结束。
(2)脚的回环动作路线在身体前面完成。

第四节　移动速度训练方法

一、移动速度训练方法概述

移动速度是一种人体综合运动能力,它和力量、柔韧、速度耐力、协调性、动作技术水平等都有着非常密切的联系。因此,进行移动速度训练需要从多方面入手,以其他素质的提升促进移动速度的发展。

(一)力量练习

力量练习是一种常用的发展移动速度能力的训练方法,因为力量水平和移动速度相互联系、相互影响,力量水平尤其是爆发力水平对于移动速度的发展具有非常重要的意义。因此想要提升移动速度,首先就要通过力量练习提高力量水平。进行力量练习时,有以下几点需要特别注意:

(1)以提高速度力量练习为练习的主要内容。

(2)超等长练习对于提高肌肉收缩时的快速力量具有重要作用,因此可以在训练中增加一些类如多级跳的超等长训练内容。

(3)要注重发展快肌纤维的功能,将训练强度设置为极限和次极限,但是注意控制练习的组数和次数,防止运动疲劳和运动损伤。

(4)有意识地通过训练发展肌肉和韧带的坚韧性,降低发生运动损伤的可能性。

(5)力量练习结束后应该设置一个 2 ~ 6 周的减量练习阶段,以便通过“延缓转化”将提高的力量能力转移到速度能力上去。

（二）重复练习

重复练习能够有效发展运动员的速度耐力，帮助提高运动员的移动速度。进行重复练习训练应该注意以下几点。

1. 练习强度

移动速度属于极限强度，因此在进行移动速度练习的时候，应该设置较大的练习强度，一般在90%～95%。但是练习要遵循循序渐进的原则，还要重视热身活动，在正式练习开始之前可以安排一些强度为中等的练习作为适应。

2. 练习量

想要发展移动速度必须保持一定的练习量，但是练习量也不能过大。一般来说，当练习强度较大的时候，练习的时间应该保持在20秒以内。

次数和组数的确定应根据运动员高速度出现与保持的时间，以及克服疲劳和机体恢复能力来决定。一般说，极限负荷时间短，一组6～7次，重复5～6组。非极限负荷时间长，重复次数与组数相应减少。

3. 间歇安排

间歇安排的依据应该是运动员的机体恢复状况，合理的间歇时间应该为：运动员的神经中枢兴奋程度恢复到符合运动的水平；运动员机体内各系统和各器官的功能恢复；运动员体内的能量恢复到能够供应下次练习的水平。

根据练习持续时间安排间歇时间，合理的安排为：当每次练习持续的时间为5～10秒时，两次练习之间应该安排的间歇时间为1～2分钟，两组练习之间的间歇时间应该为2～5分钟；当每次练习持续的时间为10～15秒时，两次练习之间的间歇时间应该为3～5分钟，两组练习之间的间歇时间应该为5～8分钟。

4. 肌肉的放松能力

肌肉的放松能力是影响训练效果的重要因素，如果在训练之后肌肉没有得到有效放松，不仅无法达到理想的训练效果，还有可能会适得其反。首先，要针对肌肉能力展开专门的训练，增强肌肉收缩能力，减少肌肉疲劳；其次，在练习结束之后，可以对肌肉进行按摩、理疗等，帮助肌肉放松。

(三)步频、步幅练习

步频和步幅是影响位移速度的两个主要因素。尤其是步频受肌纤维类型和神经活动灵活性的制约,步幅受腿的长度、柔韧性、后蹬技术力量的制约。这五个因素中,只有柔韧性和后蹬技术可通过训练得到改善,其他三个因素受遗传的影响后天改善的程度有限。因此,对有一定训练水平的运动员,主要是通过提高步幅来提高移动速度。目前,通过人为条件发展步频、步幅的手段很多,如牵引机、加吊架的领先装置、转动跑道、惯性跑道等。

二、移动速度具体练习方法举例

(一)后踢脚练习

1. 训练方法

(1)做慢跑动作。

(2)腿向后摆时,摆动的幅度要大,高度要高,需要达到能用摆动腿的脚跟拍击臀部的高度。

(3)膝盖在腿向后摆动时用力向前上方摆动。

(4)持续进行重复练习。

2. 训练目的

(1)锻炼运动员的腿部肌肉,发展运动员的腿部力量。

(2)锻炼运动员的摆腿速度,进而提高运动员的移动能力。

3. 训练要求

(1)在运动员自身现实状况的基础上,要求运动员尽量加快步频。

(2)要求运动员的上身在训练的过程中始终保持挺直的状态。

(二)跑步动作平衡练习

1. 训练方法

(1)身体做最高时速时的跑步动作,左腿为支撑腿,并且左腿肘关节弯屈成直角,做微蹲姿势。

(2)右腿抬起,抬起的高度为脚踝基本和臀部持平。

（3）左手上抬，高度和肩部持平，右手下伸，高度和髋部持平。

（4）重复练习。

2. 训练目的

（1）对运动员踝关节处的肌肉进行锻炼，提高踝关节肌肉的紧张程度。

（2）锻炼运动员的平衡能力。

3. 训练要求

（1）运动员每次练习至少保持该姿势 20 ~ 60 秒。

（2）还可以通过要求运动员站在重心不稳的海绵垫上或者要求运动员负重练习等方式来增加训练的难度。

（三）折叠腿大步走练习

1. 训练方法

（1）身体保持短跑时的姿势。

（2）做摆步动作大步走。

（3）抬腿的幅度要大，高度要高，充分屈膝，将脚抬高到接近臀部的位置，并且将脚尖翘起。

（4）重复练习。

2. 训练目的

（1）提高运动员脚的动作速度。

（2）促进运动员移动速度的提高。

3. 训练要求

（1）在练习过程中，要求运动员每次都将腿摆到最高的位置。

（2）要求支撑腿快速蹬地，为大步走发力，加快脚步的频率。

（四）踮步折叠腿大步走拉胶带

1. 训练方法

（1）在双脚的脚踝上粘上胶带，胶带一头在脚踝上，一头固定在地面上。

（2）与折叠腿大步走相同，但后蹬腿需加上踮步。

(3)身体腾空时摆动腿充分折叠。

2. 训练目的

(1)加快运动员迈步的频率。

(2)锻炼运动员快速伸髋和折叠膝关节的能力。

3. 训练要求

注意调动腿部的爆发力完成伸髋和下落扒地动作,髋部向前推进的速度要快。

第六章　耐力素质训练理论与方法

良好的耐力素质是运动员坚持完成训练或比赛任务的重要身体条件。从事任何运动项目的运动员都应该具备良好的耐力素质,从而在训练或比赛中持久发挥竞技能力,准确完成各项技术与战术,取得良好的运动成果。运动员耐力素质的提升是在长期系统而科学的训练中实现的,耐力素质训练的实施要建立在科学理论指导的基础上,依据科学理论指导而在训练过程中设计与选用恰当的方法来提升训练效果,改善耐力素质,提升耐力水平。本章主要对耐力素质训练理论、有氧耐力和无氧耐力的训练方法与手段展开研究。

第一节　耐力素质训练理论

一、耐力训练计划

(一)耐力训练计划设计步骤

设计耐力训练计划,需要考虑运动员在结束上一次训练后身体机能是否已充分恢复到正常状态,如果没有充分恢复,就不能开启新的训练计划,否则很难保证训练的顺利进行,也无法成功实现预期训练目的,同时运动员机体的潜在机能也得不到充分的挖掘。需要注意的是,并非一定要通过安排休息日来促进恢复,可以采用很多种方式来达到恢复的目的,如充足的睡眠、运动按摩、补充营养、休闲放松、恢复训练等。在耐力训练计划的制订中,也应将训练后的恢复方式纳入计划中,为运动员机体恢复正常提供指导。

耐力训练计划的设计包括下列几个步骤。

1. 搜集相关信息

在这一阶段,要对长期训练目标、短期训练目标、阶段训练目标、赛季训练目标等各种训练目标予以确定。教练员要对运动员正在参照的训练计划资料进行搜集,要了解运动员喜欢的训练方式,还要准备好训练设备,对训练场地及所在地区的自然与社会环境予以考察和确认。

教练员还要对运动员的运动背景、比赛经验、专项优势和体能技能缺陷、损伤疾病史等情况予以了解,要从运动生理学、运动生物力学及运动生物化学等学科视角出发而确定初步诊断运动员耐力素质的指标。运动员每天的实际训练时间和一定周期内的训练总时间也要确定下来。运动员刚开始进行训练时往往热情高涨,训练时间较多,甚至处于不可控状态,对此,要使运动员充分认识到实现目标的训练时间和现实训练中的可控时间之间是存在差距的,要把握好训练时间,把训练时间和学习时间、生活时间调整好,达到一种恰到好处的平衡状态。

2. 考虑计划构成要素

耐力训练计划的构成要素包括训练课的类型、相邻课程之间的间隔时间、训练频率、恢复课的安排等。要注意训练课和恢复课之间的比例要适宜,要根据训练周期的划分适当调整,随着训练实际的变化而不断优化二者的比例。另外,心理训练、运动营养、运动伤病康复、训练反馈等也是计划制订中应该考虑的一些因素。

3. 检查训练方案

耐力训练方案中既要有一般耐力训练的具体安排,也要有专项耐力训练的详细安排,而且对有氧耐力训练、无氧耐力训练、混合耐力训练要有恰当比例的安排,要突出重点,有所侧重,根据专项需要而侧重于某种耐力的训练。专项耐力训练要与运动专项的技术、战术密切结合。明确每次训练课的目标,即预期达到的效果,思考每次训练课的目标与训练总目标的关系,清楚通过实施每次训练课所达到的效果在实现总体目标训练层面达到多少比例,以了解训练进度,并以此为依据而对后面的训练进行调整。将耐力训练与其他身体素质训练有机结合起来。运动员的体能本身就是一个统一体,要完全将各项体能素质割裂开来进行封闭独立的训练是不可能的,各项体能素质之间联系非常密切,因此在着重安排耐力训练的同时要设计一些综合训练方式,以全面训练身体各个部位的体能和各种体能素质,全面提升运动员的一般体能和专项体能水平。教练员要判断训练课是否为高质量训练课,对没有太大意义的训练课可直接取消,一定不能忽视恢复课,要合理规划恢复课的结构,使之在整个训练方案中发挥重要作用。

4. 根据训练周期调整方案

一般来说，训练计划是按训练周期划分的，耐力训练通常安排在准备期，以提升运动员的肌肉耐力、有氧代谢能力，从而为之后的训练打好基础。在竞赛期，耐力训练要结合比赛需要而安排，要注意在提升耐力的同时节约体力消耗，要强调恢复的重要性。临近比赛时，训练量减少，以充分休息为主，使身心都处于积极应战状态。耐力训练的负荷强度、负荷量也是根据训练周期而调整的，采用不同的运动量和运动强度，能够达到不同的训练效果。根据训练周期安排耐力训练的运动负荷时可参考表 6–1。

表 6–1　不同训练周期的运动负荷①

周期	负荷量	负荷强度	超长距离	耐力	节奏	乳酸阈值	最大摄氧量
准备期	中～高	低	60%	30%	5%	5%	0%
竞赛前期	中	中～高	55%	25%	5%～10%	10%～15%	0%～10%
赛前减量阶段	低～中	中～高	55%	25%	5%～10%	10%～15%	2%～5%
竞赛时期	低～中	高	55%	20%	5%～10%	5%～10%	0%～5%
过渡时期	低	低	85%	5%～10%	0%～5%	0%	0%

在耐力训练计划的制订中，还需要对以下问题予以考虑。

（1）对训练周期组织结构及持续时间的确定。

（2）将其他素质练习融入耐力训练计划中以及进行综合训练的时机。

（3）将耐力训练与专项技战术结合起来的时机。

（4）训练课与恢复课在一个训练周期中的比例。

（5）如何区分高质量训练课和非高质量训练课，如何提升训练课质量等。

（二）耐力训练计划示例

1. 有氧耐力训练计划示例

（1）短距离项目——赛艇

赛艇项目对运动员的有氧耐力水平有较高的要求，赛艇有氧耐力训

① 美国体能协会著，石宏杰译．耐力训练[M]．北京：北京体育大学出版社，2015.

练计划示例见表 6-2,其可以为其他有氧耐力项目运动员进行交叉训练提供参考。

表 6-2　赛艇运动有氧耐力训练计划[①]

比赛训练		
持续时间	45 分钟	
难度	中	
动作	时间	强度
热身		
10 次快速划桨	5 分钟	增加
内容		
5 次划船间隔	1 分钟高难度,30 秒轻松	中
5 次划船间隔	1 分钟高难度,30 秒轻松	快速
5 次划船间隔	1 分钟高难度,30 秒轻松	中
5 次划船间隔	1 分钟高难度,30 秒轻松	极快
放松		
主动性恢复	10 分钟	轻松
一般体能		
持续时间	45 分钟(包括热身、放松)	
难度	初级	
划水速度	时间	速度
22	划 16 分钟,休息 3 分钟	容易,非正式
26	划 16 分钟	稍微加快

(2)中距离项目——铁人三项

铁人三项包括游泳、自行车和跑步三个项目。连续两周的铁人三项有氧耐力训练计划示例见表 6-3。

① 李芳成.运动生理生化及相关理论分析与应用[M].北京:中国水利水电出版社,2016.

表 6–3　铁人三项两周训练计划[①]

周一	周二	周三	周四	周五	周六	周日
第 1 周						
休息日	游泳：速度耐力 100 秒； 自行车：速度赛 90 分钟（现场 60 分钟）	跑步：60 分钟（30 分钟速度赛）	游泳： 有氧耐力（基本）——间歇训练； 自行车：山地重复 60 ~ 75 分钟（5×3 分钟，重复 6 次）	跑步：30 分钟轻松跑	自行车： 有氧耐力 90 ~ 120 分钟 跑步：15 分钟； 自行车后立即变换为跑	游泳： 30 ~ 45 分钟技术训练； 跑步：有氧耐力跑 80 分钟
第 2 周						
休息日	游泳：速度耐力 25 秒 /50 秒； 自行车：速度赛 90 分钟（现场 60 分钟）	跑步： 60 分钟（40 分钟速度赛）	游泳： 有氧耐力（基本）400 秒 /200 秒 /100 秒； 自行车：山地重复 75 分钟（5×3 分钟，重复 6 次）	休息日	游泳： 1500 米计时赛； 自行车：有氧耐力 120 分钟； 跑步：20 分钟； 自行车后立即变换为跑	跑步：有氧耐力 90 分钟； 自行车： 30 分钟轻松骑

（3）长距离项目——马拉松

马拉松是挑战性极强的长距离项目，对业余参与者和专业运动员的耐力素质都提出了很高的要求。马拉松运动员主要通过速度与山地练习来提升自己的耐力。要根据运动员的能力水平来设计马拉松训练计划，初级和中级马拉松运动员的训练计划分别参考表 6–4 和表 6–5。

表 6–4　马拉松初级训练计划[②]

周一	周二	周三	周四	周五	周六	周日
第 1 ~ 7 周						
休息时间	3 英里	4 英里	休息时间	3 英里 2 ~ 3 次山地跑	休息时间	5 英里

① 李芳成．运动生理生化及相关理论分析与应用 [M]．北京：中国水利水电出版社，2016.

② 美国体能协会著，周志雄译．体能训练设计指南 [M]．北京：北京体育大学出版社，2015.

续表

周一	周二	周三	周四	周五	周六	周日
第 8 ~ 11 周						
休息时间	6 英里	4 英里	5 英里	4 英里 5 ~ 6 次山地跑	休息时间	12 英里
第 12 ~ 15 周						
休息时间	6 英里	7 英里	5 英里	4×1 英里 @10000 米节奏跑	休息时间	20 英里
第 16 周						
休息时间	4 英里	休息时间	3 英里	休息时间	轻松跑或休息	赛跑

表 6–5　马拉松中级训练计划

周一	周二	周三	周四	周五	周六	周日
第 1 ~ 7 周						
休息或轻松跑	3 英里	5 英里	休息或轻松跑	4 英里 2 ~ 3 次山地跑	3 英里	8 英里
第 8 ~ 11 周						
休息时间	5 英里	4×1 英里 @10000 米慢跑	8 英里	6 英里 5 ~ 6 次山地跑	8 英里	16 英里
第 12 ~ 15 周						
休息时间	8 英里	10 英里	6 英里	10 英里 @3000/5000 米慢跑	休息时间	20 英里
第 16 周						
休息时间	6 英里	休息或轻松跑	5 英里	休息时间	2 ~ 3 英里轻松跑	赛跑

半程马拉松运动员在有氧耐力训练中，应适当减少长距离慢跑的持续训练，适度增加速度训练，通过提高速度来增加强度，从而提升速度耐力。

2. 无氧耐力训练计划

篮球项目无氧耐力训练计划示例见表 6–6。

表 6-6　篮球无氧训练计划[①]

	第一天	第二天	第三天	第四天
第 1 ~ 2 周	间隔 3 ~ 4 圈	快速跑(距离 × 重复次数) 400 米 ×1 100 米 ×2 30 米 ×8 练习与休息之比：1 : 4	间隔 3 ~ 4 圈	快速跑(距离 × 重复次数) 200 米 ×4 练习与休息之比：1 : 4
第 3 ~ 4 周	间隔 4 ~ 5 圈	快速跑(距离 × 重复次数) 400 米 ×1 100 米 ×（3 ~ 4） 30 米 ×（8 ~ 10） 练习与休息之比：1 : 4	间隔 4 ~ 5 圈	快速跑(距离 × 重复次数) 200 米 ×（5 ~ 6） 练习与休息之比：1 : 4
第 5 ~ 6 周	间隔 5 ~ 6 圈	快速跑(距离 × 重复次数) 400 米 ×2 100 米 ×（4 ~ 5） 30 米 ×（10 ~ 12） 练习与休息之比：1 : 3	间隔 5 ~ 6 圈	快速跑(距离 × 重复次数) 200 米 ×（6 ~ 7） 练习与休息之比：1 : 3

上述无氧训练计划每周需要 4 天的时间来完成，时间越往后，训练强度和训练量越大。可采取改变练习与休息之比的方法来调整训练强度。篮球运动比赛变化莫测，为了提高运动员的比赛水平，在无氧训练中可采用接近比赛强度的模拟训练方法来进行训练。

二、耐力训练监控

（一）耐力训练监控的基本内容

耐力训练监控就是在耐力训练中，运用多元学科理论与综合方法如运动生理学、运动生物化学、运动生物力学、运动生理学、运动医学、运动解剖学等对训练过程和效果进行研究，从而获取反馈信息，根据反馈对训练计划进行调整，以提高训练效果，使运动员体能、心理都处于良好状态，促进其耐力水平和运动能力的有效提升。

耐力训练监控是耐力训练中非常重要的组成部分之一，在监控中应将生理生化原理与技术方法运用起来，对运动员在耐力训练中的生理生

① 美国体能协会著，周志雄译．体能训练设计指南 [M]. 北京：北京体育大学出版社，2015.

化指标进行测定,从而对训练中的运动负荷、训练方法的科学性与合理性以及最终的训练效果进行评定,同时也可以对运动员的疲劳恢复效果和应激适应能力进行评定,通过评定而了解训练中的问题,从而对训练计划进行更有针对性、目的性的调整与完善。耐力训练监控贯穿于训练的整个过程中,在训练前、训练中以及训练后都要进行全方位监控,这体现了监控的系统性与动态性。耐力训练是运动训练的一部分,其监控内容可参考运动训练监控内容,如图 6-1 所示。

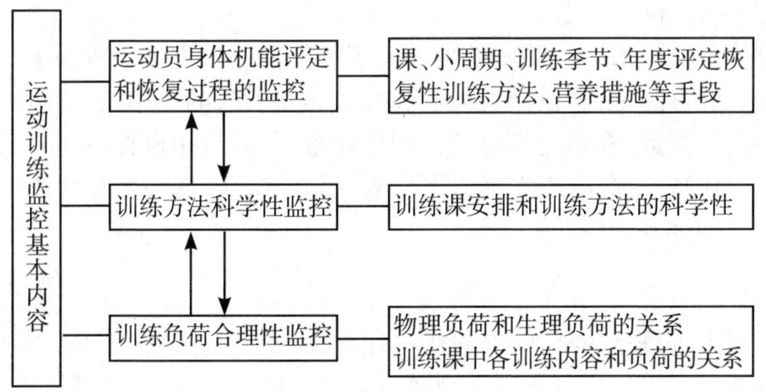

图 6-1　运动训练监控的内容[①]

（二）耐力训练监控指标

下面主要分析心率和血乳酸这两项生理指标在耐力训练监控中的运用。

1. 心率

在耐力训练监控和医务监督中,要重点对与运动员心血管系统结构、功能有关的指标进行监控。耐力项目对运动员的心脏功能提出了较高的要求,因此要做好对运动员心脏功能的监控,心率、心电图、血压等都是常见的监控指标,其中心率指标运用最为频繁。心脏周期性活动的频率就是心率,表现为“次 / 分”,也就是脉搏每分钟的跳动次数。由于心率与脉搏具有一致性,所以对脉搏的计算是心率测量中最为简易方便的操作方法,心率指标在训练监控中的运用不仅是指基础心率,还包括不同运动状态下的心率,如运动前心率、运动中心率和运动后心率。

测量运动状态下的心率,将之与基础心率、运动前安静心率作对比,再测量运动后恢复期的心率,将之与运动前安静心率、基础心率、运动中

① 杨霞,牟少华.运动训练监控的指标体系[M].北京：人民体育出版社，2007.

心率作对比，能够了解训练中运动负荷的安排是否恰当，采用的训练方法是否合理等。

（1）训练期晨起安静时心率

运动员在训练或比赛期间，训练后的身体恢复情况及比赛前的身心状态会影响其晨起安静心率。身体不适也会影响安静心率，如发热时心率提升。所以，对运动员的安静时心率进行测量，并依据测量结果而调整训练时，要分析心率发生变化或异常的具体原因。

（2）心率和无氧阈

有关专家在耐力训练监控中采用了无损伤测试方法来对心率转折点（HRdel）进行测量，测量结果与血乳酸 4mmol/L 时的心率相比而言，前者稍高一些。因此，在耐力训练监控中要注意，如果选用血乳酸 4mmol/L 时的心率（HR/V4）指标来监控训练强度，那么就要考虑心率在无氧阈状态下不一致的客观现象。

2. 血乳酸

在耐力训练中，不管是有氧训练还是无氧训练，不管是间歇训练还是持续训练，训练强度、间歇时间或持续训练时间等都与专项的特征及要求有关，要根据专项需要而调控这些因素。如果将血乳酸指标作为耐力训练的监控指标，那么就要以机体物质运动的次序和运动形式的不同来区分训练方法，并以血乳酸的实际值为依据而将训练方法分为最高血乳酸训练、耐乳酸训练、无氧低乳酸训练、乳酸阈训练等不同类型，然后根据专项需求而选择相应的训练方式。

第二节　有氧耐力训练方法

一、有氧耐力训练的主要方法

（一）长距离训练

长距离训练是有氧耐力训练的主要方法之一，更是耐力性项目运动员常规化训练的主要内容。从事耐力性项目的专业运动员在比赛准备阶段往往会通过参与长距离训练来调整状态，提升比赛能力。长距离训练耗费的时间较多，运动员也要付出大量的体力和精力，因此，每周安排的长距离训练不要超过 3 次，但至少要有一次长距离训练。长距离训练的强度和高水平比赛的强度相近，能够提升运动员的竞技能力，而且也能使运动员在长距离训练中获得更多的感悟和深刻的体会。运动员如果盲目参加训练，没有目的性，没有明确的方向，训练后也没有任何收获，那这样的训练无疑是无效的，而且也造成了时间和精力的浪费。而按照比赛强度设计的长距离训练既能培养运动员坚持不懈的精神，又能锻炼运动员的速度耐力和节奏调控能力，最关键的是促进了运动员参赛能力的提升，使其在比赛中充分发挥良好的体能素质，取得理想的成绩。

一般在运动员身心疲劳消除，状态良好的情况下安排长距离训练。所以，在长距离训练前所安排的训练内容应该是比较轻松的，或者可以直接让运动员休息一天再参加长距离训练。长距离训练场地应该接近真实的比赛场地，模拟比赛环境进行实战演练。运动员在训练过程中可以熟悉比赛环境，对比赛中的器材设备进行体验。长距离训练的距离长短应该根据运动员的实际情况而定，包括训练年限、竞技能力、身心状态、参赛项目等实际情况。一般来说，训练年限越长，长距离训练的距离就越长。半程马拉松运动员的长距离跑训练方案示例见表 6-7。这个长距离训练方案长达 11 周，安排在赛前减量训练阶段之前，这是运动员为高水平半程马拉松比赛备战的关键训练阶段。

表 6-7　半程马拉松运动员长距离跑训练方案[①]

周	总距离英里	英里距离：以有氧强度	英里距离：以比赛强度
1	7	6	1
2	7	5	2
3	9	7	2
4			
5	8	3	5
6	9	5	4
7	10	5	5
8			
9	11	7	5
10	13	5	8
11	13	3	10

① 美国体能协会著，石宏杰译．耐力训练[M]. 北京：北京体育大学出版社，2015.

从上表所示的半程马拉松运动员长距离跑的训练方案来看，训练强度包括两种类型，一是有氧强度，二是比赛强度。通常来说，先按有氧强度训练，再按比赛强度训练，有氧强度跑和比赛强度跑的距离之和要达到长距离跑训练的总距离。这里必须强调一点，一定要先以有氧强度跑一定距离，再以比赛强度跑完剩余的距离，如果顺序颠倒，即先以比赛强度跑一定的距离，那么运动员身心都会非常疲劳，剩余的距离很难再以有氧强度跑完，这样就影响了训练任务的顺利完成。而且在非常疲劳的状态下，运动员的跑步姿势也达不到要求，导致技术变形，进而可能引起伤病。这个问题常常出现在像马拉松这样的需要克服体重的耐力性项目中。长距离自行车和长距离游泳也是耐力项目，但这些项目不需要克服体重，所以这个问题很少出现。

在长距离跑训练中，为提高运动员的竞技能力，需要将训练难度逐步提升。提升的方式主要有两种，一种是增加训练距离，另一种是减少以有氧强度跑的路程，增加以比赛强度跑的路程。采用这两种增加难度的方式，能够提高运动员对比赛强度的适应能力，使运动员以良好的状态坚持跑完规定训练距离，提升竞技比赛能力。从上表来看，第四周和第八周没有对长距离跑的训练进行安排，运动员以休息和调整为主。坚持为期 11 周的训练后，进入减量训练阶段，从而向比赛阶段过渡。

马拉松运动员的长距离训练主要是长距离跑，其他耐力项目运动员的长距离训练也可以安排长距离跑，但训练距离比马拉松运动员的训练距离短，而且要结合专项安排其他长距离训练，从而形成长距离交替训练的方式，如铁人三项的长距离交替训练范例见表 6-8。

（二）间歇训练

培养运动员的耐力素质尤其是耐力性项目运动员的专项能力，也可采用间歇训练法进行训练，这种训练方法的特点是训练强度大，持续时间和间歇时间适中，以无氧强度完成高强度训练，以较小强度完成间歇时段的训练。专业运动员在间歇训练中持续时间约为 45 ~ 90 分钟。间歇时间根据运动员的实际情况而定。间歇训练方法包含下列几个构成要素。

表 6-8　铁人三项运动员交替训练[①]

周	总骑行英里距离	英里距离：以有氧强度自行车骑行	英里距离：以比赛强度自行车骑行	英里距离：以比赛强度跑步
1	60	30	30	3
2	75	30	45	4
3	100	30	70	5
4				
5	75	20	55	6
6	100	20	80	8
7	75	20	55	6
8				
9	80	15	65	8
10	90	15	75	8
11	100	15	85	8

1. 准备活动

运动员在每一次的训练中都要先做必要的准备活动，以调动身体组织器官的功能，激活身体各部位的功能，为后面的大强度训练打好基础。做好准备活动能够为基本部分的训练做好生理和心理上的双重准备。准备活动的强度是从低到高循序渐进增加的。在准备训练阶段，运动员的心率随着运动的进行而增加，肌肉组织中流入的血流量也不断增加，从而也提升了肌肉温度，对肌肉新陈代谢起到了促进作用。此外，在准备训练阶段也可以进行分解练习，结合专项技术而进行热身练习，将技术分解成单个的动作环节而练习，然后再进行完整练习。这种准备性的训练方式在很多项目的准备阶段都可以采用。

2. 短距离冲刺组合

训练年限长的运动员经常采用短距离冲刺组合的训练方式来使自身的竞技能力得到最大程度的提高。将短距离冲刺组合训练方式纳入间歇训练方案中，能够促进运动员神经肌肉功能的改善，使运动员对快速运动时的感觉有准确而深刻的体会。短距离冲刺组合是组合类练习方式，它的构成主要包括两个部分，一是高强度训练，二是短暂的间歇。但我们一

① 美国体能协会著，石宏杰译．耐力训练[M]．北京：北京体育大学出版社，2015.

般不倡导运动员用极限强度的组合练习方式去挑战极限,因为这容易引起过度疲劳。合理的组合练习方式应该是既能使运动员准确、熟练地完成高强度训练,又不会导致运动员出现过度疲劳症状。组合训练对运动员的精神专注力提出了很高的要求,所以运动员在组合训练中容易出现心理疲劳症状。对此,要合理控制短距离冲刺组合训练的强度,不要过分追求极限,如果导致身心严重疲劳,则得不偿失。

3. 耐力组合

长跑、长距离自行车等耐力性项目适合采用耐力组合训练方式,间歇训练时间为 20 ~ 40 分钟。运动员以完全无氧强度来完成这一练习,中间有几次适宜的休息时间。

4. 整理活动

在间歇训练的最后要进行必要的整理活动,目的是使肌肉新陈代谢的过程得到缓解,这是通过使肌肉组织中流入的血液减少而实现的。这就需要逐渐降低运动强度,以低强度训练为主,重新分配血液,使肌肉中的代谢物尽快排出,使运动员的身体和心理慢慢恢复到正常状态。通过整理活动来恢复身体机能的正常水平也是为下一次训练做准备的必然要求。

在间歇训练中对肌肉运动强度进行评估时,要对运动强度的等级予以划分和确定,通常包括四个级别的强度,由大到小分别是比赛强度、无氧强度、有氧强度和轻松强度。这种便捷的评估方式能够帮助教练员和运动员了解训练强度是否适宜及其与训练效果之间的关系,从而更好地调整训练强度以达到更好的耐力训练效果。

(三)有氧训练

中等强度且持续时间适中的有氧训练最容易操控,运动员可以通过简单运动形式在任何地方以有氧强度完成训练。准备活动和整理活动分别占 5 ~ 10 分钟和 15 分钟的时间。有氧训练是发展耐力的传统训练方法。刚开始从事耐力训练的初级运动员采用这种训练方法可以很好地提高耐力水平。一般来说,间歇训练与有氧训练结合是长距离训练的最好补充。

二、有氧耐力训练手段

（一）沙地负重走

在沙滩上肩负杠铃杆或背人做负重走，距离约200米。心率130～160次/分钟。

（二）负重连续跳

肩负杠铃杆等轻器械做连续原地轻跳或提踵练习，30～50次/组。

（三）连续跳推举

原地蹲立，双手握杠铃杆，提铃至胸后，连续做跳推举杠铃杆，重复20～30次。

（四）沙地竞走

在沙滩或沙地上竞走500～1000米。反复练习。

（五）双摇跳绳

原地正摇跳绳，跳一次摇两圈绳，连续跳30～40次。心率恢复到120次/分钟以下时继续练习。

（六）连续跳深

站在高60～80厘米的台阶上向下跳，落地后接着迅速跳上高30～50厘米的台阶。连续跳20～30次，重复练习。

（七）连续跳栏架

双脚起跳连续过20个高30～40厘米的栏架，往返一次为一组，8～10组。

（八）连续引体向上或屈臂伸

连续在单杠上做引体向上或在双杠上做屈臂伸，20～30次/组，

4 ~ 6组。

（九）划船练习

水中划小船(单桨和双桨交替)，每次10分钟，重复4 ~ 5次，间歇10分钟。

（十）拉胶皮带

结合专项练习或专门练习做连续拉胶皮带练习，如拉胶皮带扩胸、拉胶皮带做支撑高抬腿等。

（十一）双杠支撑连续摆动

双杠上直臂支撑，以肩为轴摆动，40次/组，4 ~ 5组。间歇3分钟。强度40% ~ 55%。

（十二）俯卧撑或俯卧撑移动

在垫上连续做俯卧撑，30次/组，4 ~ 6组，或呈屈臂俯卧撑姿势，双臂、双脚发力左右移动，20 ~ 30次/组，4 ~ 5组。

（十三）手倒立

独立完成手倒立或对墙做或在帮助下完成。每组倒立静止1 ~ 3分钟，3 ~ 4组，间歇5分钟。

（十四）登山游戏

在山脚下听口令起动，按自选路线或规定路线登山，途中安排游戏，规定完成游戏后才可到达终点。

（十五）循环练习

将8 ~ 10个练习组成一套循环练习，每组循环5分钟以上，3 ~ 5组，间歇5 ~ 10分钟。强度40% ~ 60%。每组训练结束后待心理恢复120次/分钟以下再进行下一组练习。

（十六）5分钟以上的跳舞

如健美操、迪斯科等，连续跳5分钟以上。间歇5 ~ 8分钟后继续练习。强度40% ~ 60%。

（十七）水中快走或大步走

在浅水池中快速走或大步走200 ~ 300米，间歇5分钟后继续练习，强度50% ~ 55%。

（十八）竞走追逐

两人在跑道上前后间隔10米，听口令竞走，后者追赶前者，距离400 ~ 600米，强度50% ~ 60%。每次结束放松慢跑2分钟再继续练习。

（十九）大步走、交叉步走或竞走

在公路、公园等场地大步快走，交叉步走或几种走交替进行。距离1000米左右，间歇3 ~ 4分钟后继续练习。强度40% ~ 50%。

第三节　无氧耐力训练方法

一、无氧耐力训练的主要方法

（一）缺氧训练

缺氧训练是提高无氧耐力水平的重要训练方法之一。缺氧训练可在特殊环境下进行，其中首选高原训练。此外，在平原也可进行高原模拟训练。只要训练方法得当，那么在特定平原环境下的模拟训练对运动员无氧耐力的提高效果无异于高原训练。

（二）最大乳酸训练

运动员在训练中机体血乳酸水平达到最高的训练方式就是最大乳酸训练，这是无氧耐力训练的主要方式之一，有助于提高机体糖酵解供能水平。

实践证明，糖最大无氧代谢训练敏感的范围是血乳酸 12 ~ 20mmol/L。在最大乳酸训练中采用间歇训练的方式能够使血乳酸浓度增加，如先以极限强度跑 1 分钟，再轻松跑或休息 4 分钟，重复 5 次，血乳酸浓度的变化如图 6–2 所示。

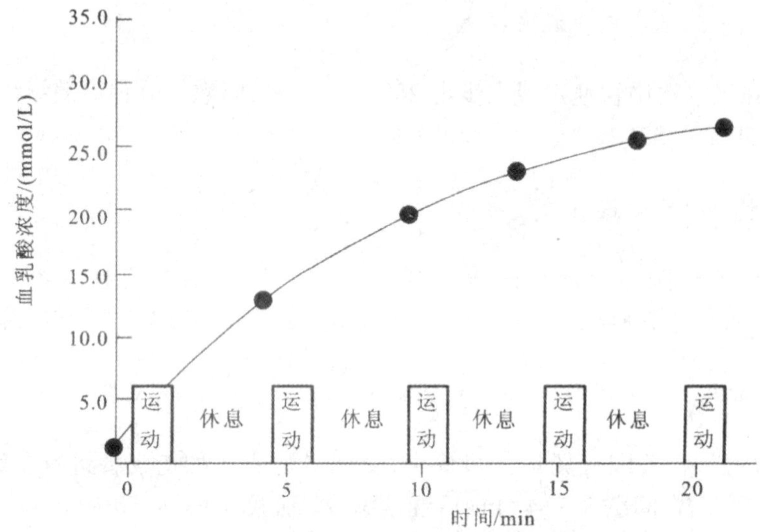

图 6–2　5 次间歇快跑后血乳酸浓度的变化[①]

采用该方法进行无氧耐力训练要对训练强度、间歇时间进行合理安排。为了增加血乳酸的浓度，可采取的方法为加大运动强度或密度，缩短间歇。极限强度运动的时间不少于 30 秒，建议 1 ~ 2 分钟，这样能够促进糖酵解系统供能能力的充分发挥与有效提升，逐步提高血乳酸值，进而提高无氧耐力。

（三）乳酸耐受能力训练

当机体乳酸值较高时仍能正常参与较高强度运动的能力即为乳酸耐受能力。在乳酸耐受能力训练中，血乳酸维持最佳浓度范围（血乳酸值 12mmol/L），机体不断适应血乳酸的刺激，肌肉乳酸脱氢酶的活性逐步得到提升。这样，乳酸水平的提高就不会严重影响运动员完成持续时间较长、强度较大的运动，这对提升运动员的无氧耐力水平非常有帮助。

① 谭成清，李艳翎．体能训练 [M]．长沙：湖南师范大学出版社，2012.

(四)抗阻训练

通常情况下,耐力专项运动员的竞技水平与体格强壮程度有关,越强壮的运动员竞技能力越强。可见,耐力性运动员要多采取有助于提升肌肉力量的训练方法进行训练,但前提是不会给运动员的耐力性能力带来消极作用,肌肉力量训练方法选用恰当,不但能够提升力量素质,还能发展耐力素质。教练员和运动员以往将很多精力与时间用于有氧耐力训练中,但对无氧耐力训练不够重视,从而影响了耐力水平的整体提升。有专家指出,应将抗阻训练纳入无氧耐力训练中,从而促进运动员耐力水平和综合竞技能力的提升。

耐力性运动员的竞技能力受到诸多因素的影响,从运动生理学视角来看,影响因素主要有乳酸阈值、最大摄氧量以及运动机能节省化,这些因素发挥不同的作用,从很大程度上影响耐力性运动员的运动能力,此外对从事其他运动项目的运动员的竞技能力也有重要影响。鉴于这些因素的重要性,在训练中设计和选用的训练方法要对提升运动员的有氧代谢能力、神经肌肉系统功能以及无氧代谢能力等有重要的帮助。

有氧训练对提升运动员的有氧功率和有氧代谢能力具有重要作用,但不会明显影响运动员的神经肌肉系统能力和无氧代谢能力。所以,在有氧训练的基础上还要进行能够积极影响运动员神经肌肉系统能力和无氧代谢能力的抗阻训练。抗阻训练也能在一定程度上积极影响运动员的有氧代谢能力。运动员通过参与抗阻训练,能够有效提升乳酸阈值水平、无氧代谢能力,这样运动员就具有更强大的能力去完成高强度训练和比赛了。

运动员进行抗阻训练可以采取多种模式,如使用各种管、带、球等工具来训练核心肌群的平衡性与稳定性;使用哑铃、杠铃、壶铃等器械进行举重练习,以超等长练习方式为主;做引体向上、俯卧撑等克服体重的练习;等等。运动员要从自身实际出发选用适合自己的训练方式,或将多种训练方式组合起来进行综合训练,提升训练效果。

要提升无氧耐力水平和整体耐力素质,进而提升综合运动能力就要善于利用不同重量的器械进行超等长练习,并将之与克服体重的练习结合起来,这样训练效果非常好。而如果只采用单一的方式来训练核心肌群的稳定性或只进行非稳定支撑训练,那么将很难明显提升运动员的耐力素质和竞技能力,如果方法使用不当,反而会对力量耐力造成消极影响。全身抗阻训练相比这些训练方式,更容易将腹肌、腰部肌肉等核心肌群的性能激活，如深蹲便能达到这一效果。抗阻训练也适用于运动员的康复训练中，如使用阻力带或轻器械进行平衡性与稳定性训练。这对运动康复的效果比对提升耐力性项目运动员运动能力的效果更显著。在无氧耐力训练中采用抗阻训练方式，要将多个因素协调起来，要设计和选择最佳训练模式，提升训练效率，取得最佳训练效果。因此，建议将举重器械练习、自由重量练习、克服体重练习等多种练习方式综合起来。

在运动员的耐力训练计划中加入抗阻训练的内容，就要将一般的耐力性训练方法和抗阻训练有机整合起来。倘若只是将抗阻训练内容简单地加入训练计划中，那么只会增加运动员的训练量，增加训练负荷刺激，进而加重运动员的疲劳症状，甚至引起运动损伤或造成过度训练。这样就会对原来的训练计划的顺利实施造成不好的影响，使原计划中的训练难以继续进行下去，打乱训练节奏，影响最终训练效果。因此，教练员将抗阻训练纳入训练计划中，一定要合理调控一般耐力训练与抗阻训练的比例。而要实现一般耐力训练与抗阻训练的有机整合，就要适当将一般耐力性训练负荷减少，而适当增加抗阻训练负荷。

将抗阻训练纳入耐力训练计划中，要适当减少原计划中的负荷量，而要减少多少负荷量，主要由年度训练目标、训练阶段、抗阻训练负荷量等多个因素决定。例如，将抗阻训练放到一般准备阶段去实施，要求抗阻训练的负荷量大一些，训练频率高一些，这就需要将原本的耐力性训练负荷减少一些，大约要减少 25% ~ 37%。若将抗阻训练放到竞赛期，要求抗阻训练的负荷量少一些，训练频率低一些，此时原本的耐力性训练负荷依然要减少，但减少的量小一些，大约 20%左右。可见，训练负荷的调整与训练阶段密切相关。如果对训练阶段这一因素不作考虑，那么就要对总的训练负荷以及整合训练的效果着重进行考虑，尽可能通过整合耐力训练和抗阻训练而实现训练效果的最大化。也有教练员不认同将抗阻训练融入训练计划中时一定要将耐力训练的负荷减少，一些教练员甚至认为抗阻训练可以频繁进行，耐力训练也如期进行，训练频率不需要减少，训练负荷也照常安排，如果长期如此，必然会造成疲劳积累，造成严重疲劳，影响运动员的健康和运动能力的持续发展。

在耐力训练和抗阻训练的整合中，要合理安排二者的训练顺序，并根据训练顺序而调整训练负荷。例如，若将抗阻训练安排在上午，将耐力训练安排在下午，那么下午的训练负荷应该小一些，以免加重机体疲劳，因为运动员经过上午的抗阻训练已经有了一定程度的疲劳，所以不适合再进行大负荷训练。这个安排更适用于准备训练阶段。如果训练顺序调换，耐力训练在上午进行，抗阻训练安排在下午，那么可能会影响下午的训练效果，所以不适合在准备训练阶段进行这样的安排。一般在竞赛阶段和专项准备阶段适合采取这种安排方式。

若对不同训练内容的安排顺序不作考虑，那么在耐力训练和抗阻训练的整合中，必须对相邻训练课次之间的关系及相互影响重点进行考虑。一般情况下，高负荷的耐力训练和高强度、大运动量的抗阻训练不宜安排在同一天。如果先进行的抗阻训练强度大，训练时间长，那么后进行的耐力训练应该以恢复性训练为主，强度较低，负荷量较小。而如果先进行的抗阻训练强度和负荷量并不大，那么后进行的耐力训练可稍微增加运动强度和运动量。总之，要保证总负荷的合理性，在此基础上对训练内容、训练课次、训练顺序进行合理有序安排。

总之，在耐力训练和抗阻训练的整合过程中，要对训练阶段、训练顺序、训练课次关系、训练负荷等因素进行合理安排，使各因素保持最合理的状态，从而大大增加整合训练效果，有效提升运动员的耐力水平和整体运动能力。

二、无氧耐力训练手段

（一）反复跑

进行80米、100米或120米的反复跑练习。每组3～5次，重复4～6组。每组结束后心率恢复至120次/分钟时进行下一组练习。

（二）反复起跑

蹲踞式或站立式起跑30～60米，每组3～4次，重复3～4组。

（三）间歇行进间跑

进行30米或60米的行进间计时间歇跑，每组2～3次，重复3～4组。

（四）间歇接力跑

在跑道上，4人分成两组，相距200米，听口令起跑，每人跑200米后交接棒，每人重复8～10次。

（五）计时跑

长于专项距离的计时跑或短于专项距离的重复计时跑。重复次数根据跑距而定。

（六）变速跑

快跑与慢跑交替进行。要锻炼非乳酸性无氧耐力，方法为 50 米快、50 米慢，或 100 米快，100 米慢，或直道快、弯道慢，或弯道快、直道慢等。要锻炼乳酸性无氧耐力，方法为 400 米快、200 米慢，或 300 米快、200 米慢，或 600 米快、200 米慢等。强度 60% ~ 80%。

（七）变速越野跑

在公路、草地等场地进行越野跑，途中加入若干次 50 ~ 150 米的加速跑或快跑。

（八）反复变向跑

听口令或向前后、左右变向跑。每次 2 分钟，重复 3 ~ 5 组，间歇 3 ~ 5 分钟，强度 65% ~ 70%。间歇后心率恢复到 120 次 / 分钟以下再继续练习。

（九）反复连续跑台阶

在每阶高 20 厘米的楼梯上连续跳 30 ~ 40 步台阶，每步 2 个，重复 6 次，间歇 5 分钟。强度 65% ~ 70%。

（十）法特莱克跑

在场地、田野等场地变速跑完 3000 ~ 4000 米。

（十一）球场往返跑

在篮球场端线处听口令跑至对面端线后再返回。每组往返 4 ~ 6 次，重复 4 ~ 6 组。强度 60% ~ 70%。

(十二)水中间歇高抬腿

在浅水池中原地高抬腿100次为一组,重复4 ~ 6组,间歇3分钟。强度60% ~ 65%。

(十三)分段变速游泳

变速游泳,每50米变速一次,游完250 ~ 300米为一组,共4 ~ 5组,间歇10分钟。强度65% ~ 75%。

(十四)水中变姿变速游

同上段落。用各种姿势混合游泳,每组每个姿势游50米,3 ~ 5组,间歇10分钟。强度65% ~ 75%。

(十五)水中短距离间歇游

50米、100米等不同距离组合的间歇游。间歇2 ~ 3分钟,强度60% ~ 70%。

(十六)水中追逐游

两人相距3 ~ 5米同时出发追逐游,50米后往返,强度65% ~ 75%。两人泳姿应一致。

(十七)游泳接力

两人或四人50米往返接力,每人游4次为一组,3 ~ 4组,间歇5 ~ 8分钟。强度60% ~ 70%。

(十八)高翻

两脚开立,屈膝下蹲,双手正握抓杠,手臂伸直,背部平直;挺胸,目视前方或前上方。用力提起杠铃,保持肘关节充分伸直并使杠铃尽可能接近胫骨。

当杠铃提至膝部上方时,充分伸展髋、膝、踝关节,使杠铃与身体尽量靠近。背部始终平直。同时还要充分伸展肘关节,并向上耸肩。

当肩向上至最高点时，慢慢屈肘，用臂推举杠铃。头部正直，屈髋和屈膝，使身体处于1/4下蹲姿势。

双臂在杠铃之下时，抬肘使上臂平行地面，将杠铃置于锁骨和三角肌前束上。此时头部位置正中，双脚平稳站立。

待身体平稳，通过伸展髋和膝部使身体充分直立。

反复练习。

（十九）推举

在上述高翻动作的基础上进行推举。

两脚开立，屈膝下蹲，杠铃直线下移。达到下蹲的最低姿势，迅速伸展髋、膝关节，同时用力向上举起杠铃，当髋、膝关节充分伸展且杠铃在头部上方后，屈髋、屈膝，同时肘关节充分伸展，达到最大高度时将杠铃举过头顶并控制好杠铃，此时肘、膝、髋关节充分伸展，头部位置正中，杠铃在头部稍后位置。

反复练习。

（二十）深蹲

（1）两脚分开保持平行，间距同肩宽，辅助者将杠铃放在练习者头部后方肩胛骨和斜方肌上，练习者双手抓住杠铃。

（2）上体挺直，屈膝下蹲至大小腿几乎垂直。

（3）慢慢伸展膝关节和髋部，直至直立姿势。

反复练习。

（二十一）半屈膝硬拉

（1）两脚分开，间距同髋宽。双手抓握杠铃（方式同高翻），手臂自然下垂放在大腿面。

（2）稍屈膝，收缩肩胛骨，保持肩部稳固。

（3）上体前屈至背部基本平行地面，背部平直，双手握杠铃顺势从大腿下滑到小腿。躯干稳固，杠铃一直与腿部紧贴。

（4）慢慢起身还原。

反复练习。

（二十二）坐姿下拉

（1）对拉力器的座椅、膝垫进行调整，使之与自己的体型或习惯保持高度的符合。

（2）对适宜的重量进行选择，在椅子上坐好，膝垫紧贴大腿，双手抓握拉力器的手柄，间距比肩宽稍大。

（3）双手用力拉手柄使之靠近胸部，髋部顺势向后倾斜，注意控制好手臂的力量。

（4）手臂向上伸展还原。有控制地完成整个动作。

反复练习。

（二十三）双杠支撑臂屈伸推起

（1）抓住器械手柄，调整姿势，手臂伸直用力支撑体重。

（2）屈膝，两脚离地向后伸展，直至小腿平行于地面。

（3）肘关节弯曲使身体下移，直至大小臂几乎垂直，躯干始终保持正直，身体稳固不晃动。

（4）手臂伸展，身体上移，腿部姿势不变。

反复练习。

第七章　综合性体能素质训练理论与方法

综合性体能素质训练是体能训练中非常重要而特殊的一部分。它基本包括柔韧素质训练、协调素质训练、平衡素质训练和灵敏素质训练四大类。每一种素质的训练都需要建立在优秀的基础素质之上，只有具有了一定的基础素质，比如力量、速度、耐力等，才能更好地发展综合素质。特别是平衡素质、协调素质和灵敏素质，它们彼此之间存在着相互促进和制约的关系，一般在发展一种素质的同时，需要有机地兼顾或者结合其他素质一起进行训练，才会使训练更加有效。本章将对四种综合素质的训练理论与实践方法分别展开论述。

第一节　柔韧素质训练理论与方法

一、柔韧素质训练的理论

（一）柔韧素质的基本含义

柔韧素质通常被认为是人体各个关节进行的屈伸动作以及其动作的活动范围。它与力量素质、速度素质和其他运动能力不同的是，柔韧素质不属于运动的原动性因素，它负责支撑运动器官的形态功能、决定运动器官之间相互的活动程度，它对动作的完成质量起到潜在的决定作用。因为发展柔韧素质的关键因素是人体的关节和韧带组织，所以其发展的最佳时期是在儿童青少年时期，这一阶段如果接受恰当的、有针对性的训练，无需多少时间青少年就能收到明显的效果，也降低了受伤几率以及训练强度。

不同的运动项目对柔韧素质的要求也各有不同。由于动作的实际幅度受限于对抗肌紧张度的限制，因此柔韧性的强弱取决于被拉长肌群的放松及对应的肌群紧张的程度，以及两者之间协调结合的能力。另外，除了发展和改善肌肉间的协调性之外，还要改善肌肉和韧带的可塑性。

（二）柔韧素质的分类

柔韧素质分为一般性柔韧和专门性柔韧两种。一般性柔韧通常对应的是运动员在一般训练时需要具备的柔韧能力，起到适应训练的活动和保护身体的作用。比如常规的速度练习或者力量练习时，所用到的大肌群的柔韧性。田径运动员在做负重深蹲练习时，需要大腿后群肌肉的柔韧性支持。而专门性柔韧是专项运动技术练习或运用时所特需的柔韧性。比较明显的例子有，体操运动员完成一套动作往往需要肩部、髋部、腰部、腿部等各个部位进行大幅度的活动；而游泳运动员在训练和比赛中所需的专项柔韧则集中体现在肩部和腰部。专门性柔韧素质是与专项运动密切相关的，它建立在一般性柔韧素质的基础之上。训练专门性柔韧素质之前必须先训练一般性柔韧能力。但是柔韧素质极少有选择性，各种不同的运动项目对身体同一部位的柔韧要求只表现在幅度的大小和程度不同而已。

（三）影响柔韧素质的因素

影响柔韧素质的因素包括机体解剖学特征因素、神经活动过程因素、心理因素及身体状况因素等。简述如下：

1. 肌肉和韧带组织的弹性因素

肌肉和韧带组织的弹性是决定着柔韧素质的最主要因素。而决定肌肉与韧带性质的首先是遗传影响，其次是性别、年龄及中枢神经系统的兴奋性。中枢神经系统的影响也就是情绪对柔韧能力的影响。比如在重要的比赛中，运动员由于情绪高涨会影响到肌肉的弹性，表现为运动员在比赛中比在平时训练时会有更佳的柔韧能力。

2. 关节结构因素

关节的结构对柔韧的影响是相对稳定而最不易改变的，基本上受制于遗传基因。训练可以在一定程度上改变关节内软骨形态的变化，但是这种变化非常有限，不可能超出关节的活动许可范围。

3. 关节周围组织的体积因素

关节周围组织体积也影响和制约着柔韧的发展。一般而言，关节周围组织体积的大小是由基因决定的，在此基础之上，如果运动员由于训练强度而使关节周围组织体积增大,那么将影响关节的活动范围。

4. 神经活动因素

神经活动的兴奋与抑制过程会影响柔韧素质的表现,特别表现在中枢神经系统调节对抗肌间的协调以及调节对肌肉紧张和放松的情况。由于神经活动过程分化抑制的程度对运动员的放松能力起重要作用,因此与柔韧有着密切关系。神经系统能很好地改善对抗肌之间的对抗程序,这也就对柔韧性的表现产生影响和作用。

5. 紧张因素

运动员的心理情绪变化可以通过中枢神经系统、体液调节等影响到有机体各部位的工作情况。适度的紧张情绪有助于柔韧表现,而过度强烈和时间过长的紧张会抑制身体各个部位的正常活动,也包括柔韧能力。

6. 环境温度和时间因素

经过科学研究,18℃以上的环境温度最适合机体柔韧素质的发挥。同时,在一天的不同时间段,机体的柔韧性也有所不同。除了一天之内的温度变化因素之外,更重要的原因来自生物体本身在一天当中的机能状态也在变化之中。比如,刚睡醒时人体柔韧性较差,中午比早晨好。在早晨进行柔韧性练习是因为经过一夜的休息,肌肉内的张力得到充分调节,多余的肌紧张已消除,肌肉处于松弛状态,韧带易于拉开。

7. 肌肉力量因素

机体某部位的力量越大那么该部位的活动幅度就越大,也就是说这个部位的主动柔韧性越好。但是,同时力量训练也将使这一部位周围的肌肉组织、韧带等软组织体积增大,又会制约关节的灵活程度。因此,在训练中可采取力量练习和柔韧练习相结合的方法,克服因力量训练带来的不良影响,使力量素质和柔韧素质的发展都达到很高的水平。

8. 疲劳因素

当机体疲劳的时候其柔韧性会产生很大变化,这时候主动柔韧性下降,被动柔韧性反而提高。在运动实践中,准备活动做得充分与否、训练时间的长短与否等因素对柔韧性也有相当明显的影响。

二、柔韧素质训练的基本方法

(一)柔韧素质训练的基本要求

1. 柔韧素质无需达到最大限度

尽管对于某些专项运动柔韧性至关重要,但是在训练中只要保证能顺利完成动作,或者做适当的“柔韧性储备”即可,但没有必要使柔韧水平达到最大限度。因为超过关节解剖结构限度的正常灵活性会给机体带来损伤,比如,过分地发展柔韧性会导致关节和韧带变形,影响关节结构的牢固性,甚至会影响到运动员的体态。

2. 要兼顾相关联的部位

在有些动作中,柔韧性的表现要牵涉到几个有关联的部位,而不仅仅是一个关节或部位。比如体操中的“桥”就是肩、脊柱、髋等部位的关节共同参与决定的,因此发展柔韧的时候是对这几个部位一起进行发展,如果某一部位稍差,可以通过稍强的其他部位进行补偿,最终达到整体协调发展的目的。

3. 要持之以恒

柔韧性发展较快,但是在停止训练之后肌肉、肌腱、韧带之前经过训练获得的伸展能力消退也快,因此柔韧性的训练要保持日常维护,持之以恒。如果训练的目的为了保持已有的柔韧性水平,那么可以少安排或者穿插在别的练习之间进行柔韧练习,比如可在课后进行,或者安排在训练课的准备活动、基本部分的结束阶段进行。还可以放在力量练习和速度练习之间的间歇进行。这样一方面可以调节其他练习对身体产生的影响,另一方面由于身体各部位已活动充分而获得良好的柔韧性训练效果。

4. 逐步加大幅度

由于肌肉、韧带的伸长不是一朝一夕的工作,所以柔韧练习要循序渐进地进行。直接拉长肌肉会出现疼痛现象,因此不能盲目地设定目标或增大强度,应该以原有水平作为衡量标准,逐步完成训练目标。如果需要同伴协助进行被动性练习的话,应该更加谨慎,避免肌肉和韧带的拉伤。

5. 柔韧性要从小培养

我国武术界、杂技界对柔韧度发展具有丰富的经验。在儿童期发展柔韧性最有利，因为柔韧的发展是参与在机体自然生长发育的过程中，因此发展相对容易，而且也更容易巩固和保持，不易减退。

（二）柔韧素质训练的基本方法

训练柔韧素质的方法有很多，一般是按照一般柔韧素质和专项柔韧素质来分类的。专项柔韧素质的训练方法分类众多，这里不做具体讨论。因为一般性柔韧素质是专项柔韧发展的基础，一般柔韧训练的方法适用性也较广，因此这里以动力性和静力性柔韧素质发展方法为指导，提出几种一般性柔韧素质训练的具体方法。

1. 颈部柔韧练习

（1）静力性练习。一般方法是使头部尽可能地屈、伸、侧倒至最大限度，然后维持一段时间的静止。

（2）动力性练习。头部在尽可能大的活动范围内做绕环运动，或练习者双手托下颌，做头部的向左、右方向的运动练习。

2. 肩关节柔韧练习

（1）静力性练习。采用正、反、侧三个面的压肩、控肩、搬肩练习。

（2）动力性练习。双手握棍进行转肩练习，或借助弹力带做拉肩、转肩及轮臂练习。

3. 肘关节柔韧练习

（1）静力性练习。可采用屈肘、反关节压肘至最大活动范围，并使之维持一段时间。

（2）动力性练习。最常用的方法是做肘部绕环运动，首先固定肩关节的活动，然后使上臂保持在一个水平面上，然后以肘关节为轴做绕环练习。

4. 腕关节柔韧练习

（1）静力性练习。同样是采用屈腕和伸腕至最大活动范围并维持一般时间的静止练习。

（2）动力性练习。采用手腕绕环运动、抖腕运动等手段。

5. 腰部柔韧练习

（1）静力性练习。主要方法有下腰和控腰两种，注意用力缓慢。

（2）动力性练习。可采用腰绕圈、扭腰等方法练习，同样需要注意用力不要过猛。

6. 髋关节柔韧性练习

(1)静力性练习。可采用耗腿、控腿,纵劈叉、横劈叉、抱腿前屈等练习。

(2)动力性练习。可采用搬腿、向前面、侧面踢腿,以及外摆、里合四个方面、盘腿压膝等。

7. 膝关节柔韧性练习

(1)静力性练习。主要有压膝和屈膝两种方法。

(2)动力性练习。采用膝绕环、快速蹲立练习。

8. 踝关节柔韧性练习

常用的方法是坐踝、绷脚面、勾脚尖练习以及提踵练习等。

小结:应当注意的是,发展柔韧素质应该以静力性练习和动力性练习结合进行,单纯地采用静力性练习训练效果会欠佳。

三、柔韧素质训练的注意事项

(一)准备活动很重要

充分的准备活动有助于提高肌肉的温度,也就是所谓的热身,它可以有效降低肌肉内部的黏滞性。因此,在进行柔韧练习之前应该先通过适量的准备活动让体温逐步升高,这时候再进行柔韧训练可以防止肌肉拉伤。在训练的过程中,开始应该轻慢进行,然后逐步加大动作的速度、力量和幅度,每一步都不可用力过猛。此外,运动员在进行柔韧素质训练时应注意训练方法的科学性,注意保护肌肉不被拉伤。因此,充分的准备活动是预防拉伤的关键,能保持肌肉在安全的范围内做充分伸展和锻炼,运动后要做适当的放松活动,放松紧张的肌肉,减少内部的黏滞性。

(二)循序渐进地进行

柔韧素质的发展需要循序渐渐地进行。不能激进地急于求成,也不能断断续续,这些都会影响训练效果,长时间的停止训练原有的柔韧便会有所消退。柔韧素质的提高也就是肌肉、韧带等软组织的伸展,是需要符合人体生长变化的时间规律的,它是一个循序渐进的过程,所以要长时间地坚持训练才能达到最佳效果。在需要同伴协助完成被动性拉伸训练时,应该谨慎小心，避免用力不当而受伤，同时协助一方的用力也应该是循序渐进地增加用力。在进行一般柔韧素质训练期间，可以每次训练课安排一次柔韧练习，如果是在保持阶段，那么一周的柔韧练习不得超过3次，练习量逐渐减少。每天用于发展柔韧素质的练习时间保持在45 ~ 60分钟。柔韧素质的提高需要运动员持之以恒地训练，才能达到理想的训练效果。

（三）结合专项是关键

柔韧素质训练必须根据专项特点和练习者的具体情况安排。即便是发展一般性柔韧素质，也应该考虑到专项的需要。比如跳跃项目的运动员主要需要腿部和髋部的柔韧性，游泳运动员主要要求踝关节和躯干的柔韧性，体操运动员主要要求肩、髋、腰、腿部的柔韧性。因此，在发展一般性柔韧训练的时候，也要结合转型运动的特点，重点练习本专项所需要的几个部位的柔韧性。另外，还要注意针对性和个性化，因为每个人的基础条件和身体情况都有所不同，在训练的时候，应该具体情况具体对待，有的放矢、因材施教才能获得最佳效果、提高训练效率。

（四）多项素质一起发展

身体素质的发展过程中相互间有转移的现象，运动器官的生长也会影响各种素质之间的关系。因此，可以合理地安排柔韧性练习和协调性练习等一起训练发展，利用其相互促进的特性，从而得到最有利的发展。例如，力量练习能发展肌肉的收缩能力，柔韧练习能发展肌肉的伸展能力，因此，力量结合柔韧的练习对提高肌肉质量最为有效，能达到力量和柔韧的同时增长，又能保证关节灵活性的稳固。

第二节　协调素质训练理论与方法

一、协调素质训练的理论

（一）协调素质的基本含义

协调是指人体产生准确、平滑、有控制的运动能力。协调运动的产生需要有功能完整的深感觉、前庭、小脑和锥体外系的参与，其中小脑对协调运动起着重要作用，每当大脑皮质发出随意运动的命令时，小脑便产生了制动作用。协调素质训练是指在各种复杂变化的条件下运动员能够迅速、敏捷、协调地完成各种复杂动作的能力。协调素质是其他各种运动素质的综合表现，它主要表现在反应、起动、变换方向的速度，并能更快更有效提高运动员的综合反应能力。协调素质对于赛场上的表现十分重要，可以更好地帮助运动员在复杂多变的环境中运用技战术，最终赢得比赛。

协调性指的是运动员身体各部位的肌肉、关节在神经系统的控制下做出及时、准确、合理的力量、速度反应，完成运动项目的要求。协调性越强，运动员整合爆发力、平衡力、柔韧性等的能力也就越高。所以，对于竞技运动员而言协调性是非常重要的素质能力，协调性一般分为整体协调性和具体协调性。

（二）影响协调素质的因素

1. 遗传因素

遗传因素对机体的协调性存在很强的决定作用。有些运动员天生具有优秀的协调素质，这也就是通常所说的有天赋，但是协调性是可以通过后天的努力训练得到提升，特别是通过专业的、有针对性的训练方法，是可以弥补先天能力不足的。

2. 心理定力

协调性的发挥除了要求身体的配合程度、对动作的纯熟度以外，还与发力时机有极大的关联。它需要训运动员绝对的冷静，具有极强的定力，能够在异常紧张的比赛中做出最恰当的判断和动作完成。这种冷静的能力就需要运动员有过硬的心理素质，以及良好训练。因此，我们常常会看到“急性子”和“慢性子”这种性格差异会在协调性的发挥方面有不同的效果。

3. 平衡能力

协调性的发挥需要建立在良好的平衡能力的基础之上，一个平衡能力很差的运动员是不可能具有良好的协调性的。因此，协调性的训练也要结合平衡能力一起进行。一定的平衡能力可以辅助协调性的提高。

4. 柔韧性因素

如前所述，机体的很多素质是相互影响、相互促进、相互制约的。比如柔韧性的好坏与否将影响协调性的发挥。有些运动员柔韧性不佳、关节活动范围较小，故在一些技术动作的执行上就会有局限性，身体不能充分地伸展，就会导致协调性的下降。

5. 技术动作的娴熟度

技术动作的娴熟程度也是决定协调性高低的关键因素。协调性是一个太复杂、太多样化的素质能力，比如篮球或足球比赛中几乎每一个动作所对应的技术特点都不同，要求的协调性也不同，有时甚至大相径庭。在某一个技术动作中使用的协调性很难直接照搬到其他动作上。因此，协调性是所有身体素质训练中难度最大的。优秀的协调能力不仅需要较强的力量和神经系统的控制能力，还需要娴熟地具备许多专项技术能力。然而，这些技术能力并非那么容易习得，这是一个复杂的能力养成过程。

6. 力量因素

力量因素也是制约协调性发展的重要因素。很多时候尽管大量地做协调性训练，但是一直都进步很慢、收效甚微，究其原因往往和忽略了力量训练有关。协调性可以让技术动作完成得更高效，并且时机选择、力量把握、对抗因素等都需要同时考虑到，而且尽可能地使整体达到最高水平。这其中力量因素是一个非常重要的支持因素，除了选择时机、做出决断这些更多地存在于神经系统层面的工作，娴熟的技术能力和力量水平是协调性完美表现的保障。

7. 耐力因素

在时间较长、对抗性较强的环境中，力量耐力和速度耐力较差也会影响协调性的提高和发展。耐力薄弱的问题就会变得更加明显。比如运动员会因为力量耐力和速度耐力的不足，导致在力量上和速度上无法保持动作的完成度，结果动作效果差、动作力度不够等都是耐力薄弱的现象。也就是说，良好的协调性意味着需要在长时间、高强度的比赛中能够持续发挥，如果耐力不够，协调性将成为无米之炊、无源之水。

(三)协调素质训练的基本原则

(1)由易到难原则：每一个动作的练习都需要按照由简单到复杂的顺序进行。

(2)重复性训练：每个动作都需要重复练习，在重复练习中才能起到强化的效果，因此要持之以恒地锻炼才有效果。

（3）针对性训练：协调素质是相对比较复杂、比较不容易见到训练效果的，因此需要进行针对性的训练，提高训练效率。

（4）反向训练原则：这里说的反向训练是针对竞技项目中具体的技术动作，比如篮球训练中的运球能力，比如做前进运球训练和后退运球训练对于控球能力的增加、协调性的提高有着极高价值。当机体已经适应了一种方向的发力方式后，可以进行完全相反的训练，对提高协调能力很有帮助。

（5）配合训练原则：协调性的训练意味着两个系统、两个部位、两个肌群之间的协同工作的练习，因此要注意配合训练。

（6）变换原则：用不同的要求做同一动作，如轻重球、快慢交替等。

（7）增加难度原则：跑跨高低栏，球类的以少打多，从大场地变为小场地对抗等。

（8）非常规动作：在特殊场地运动，不习惯的身体练习，反向完成动作等，如沙地跑、跳等。

（9）综合性训练原则：协调性训练需要和其他素质训练相结合，如改善肌力、耐力以及平衡能力的训练等。

二、协调素质训练的基本方法

（一）上肢协调

一臂直臂向前、向下、向后、向上画圆摆动，同时另一臂向后、向下、向前、向上画圆摆动，均以肩关节为轴。依次进行。

（二）下肢协调

1. 原地拍击脚背

使用左手在体前拍击左侧脚的脚背内侧，右手在体后拍击右侧脚的脚背外侧，动作要保持连贯、循环往复。

2. 转向跳

双脚并拢向上跳，跳起后转向 180° 角着地。身体与双手要维持平衡。可以分别练习向左跳与向右跳。

3. 变向跑

听哨声执行动作。比如一声哨子做向前 5 米的冲刺跑，紧接着再后退 3 米；二声哨子做向左冲 5 米后向右冲刺跑 3 米的练习。

(三)整体协调

1. 侧向交叉步

需要肩、胸、腰、髋关节的协调参与。重点要锻炼腰部和髋关节。

手臂平举于身侧自然伸展，保持身体平衡，侧向移动时速度不要过快，确保每一个动作完整、到位。

2. 镜式练习

如果你习惯了使用右手(脚)发力，那么改用左手(脚)投球、扔铁饼、起步。以镜像动作完成全套练习。

3. 使用不习惯的起始位置

背对跳跃方向完成跳高或跳深。

4. 改变战术条件

使用不同的战术相互作用或对抗作用一起完成；或者与不同级别的对手或同伴完成任务。

三、协调素质训练的注意事项

(一)循序渐进地进行

协调能力是一项比较难的练习过程，因为它要受到技术娴熟度、力量、耐力、神经系统作用等多方面的影响，而且针对同一个技术动作的协调能力会根据临场情况的不同而不同，因此切不可急于求成，应该耐心地、逐步增加难度地、有针对性地进行训练。

(二)需要结合其他素质

平衡素质、柔韧素质和协调素质三者是相辅相成的，单独训练协调素质只适合比较初级的水平。若要提高协调素质需要借助柔韧和平衡方面的辅助训练，会得到较好的提高。

（三）提高动作的完成度

有时候动作的完成度是限制协调性提高的关键。因此，如果想提高协调性，一定要注意技术动作的专项训练，不厌其烦地将动作反复进行练习是提高技术能力和协调能力的最简单有效的方法。动作的技术娴熟度越高，那么协调性就越强。但这是针对具体动作的协调性，不是整体协调性。

（四）明确训练目的

这里强调的是要明确专项动作的协调性与整体协调性的区别。而且，不同专项的协调性之间也有很大的差别。专项协调性好也不代表整体协调性就强，比如一个协调性非常优秀的短跑运动员做篮球运动时，可能会出现极其不协调的现象。因此训练的时候要明确训练目标，明确专项动作的协调需要的是什么，是训练的前提。

（五）系统性提高需要优秀的爆发力

注意训练次序协调性作为难度最大的训练，如果想系统性地提高协调性，必须首先确保充分进行了爆发力的训练，之后才可以开始系统地进行。如果在爆发力训练尚未牢固之前盲目地开始系统的协调性训练，会为训练带来极大的难度，以及可能还会感受到挫败感。而且，这样的训练是非常低效的。

（六）注意训练的次序安排

协调性训练次序安排很重要，比如前面提到的反向训练、提高训练难度等诀窍，使用它们的前提是必须做好最基础的训练。协调性作为一个很难训练的素质，特别需要完成基础训练之后，才能真正地提高协调性。比如像正向前进运球这样的基础动作还不能达到良好的协调性，就去练习反向运球，属于揠苗助长，最后什么技术能力都掌握不好。因此，要记住协调性是在基础能力过关之后才可能做好的一种相对较难的素质。

第三节　平衡素质训练理论与方法

一、平衡素质训练的理论

（一）平衡素质的基本含义

平衡素质即运动员通过力量、柔韧性、协调性等多方面因素共同保持身体平衡与稳定的能力。平衡力对于运动员在力量训练或者竞技比赛时的动作完成度有着极高的意义。如果失去了平衡，那么力量的大小、技术的优劣则根本无从谈起。因为训练理念的偏颇、训练方法的不够完善，许多运动员往往对平衡力的水平高低不够重视。即使有部分运动员将平衡力训练作为日常训练的一部分，但是也大都局限于综合体能训练的范畴之内，即处在一种次要的训练地位上，在这样的意识下不可能对平衡素质有真正的提高，更谈不上针对性。

（二）提高平衡素质的基本原则

1. 重视对四肢的训练

虽然核心力量对维持身体躯干的稳定性、重心以及力量传导有极大意义，但是核心力量不足以完全决定平衡力的表现，它只能决定部分的平衡力，要想完整地掌握平衡力还应该注意发展四肢的平衡力的训练。因为人体的平衡力不仅仅靠核心肌群决定，还需要关注其他所有有直接影响的部位，而四肢就是非常重要的部位。比如那些运用平衡力较多的体操项目中，可以说平衡力有一大部分都是靠着手或者脚的支撑来实现的。如果在训练计划中忽略了手部或脚部支撑以获得平衡的训练，那肯定不是完整的平衡力训练。这其中手部的平衡力训练，又是被忽略最多的。

2. 重视力量训练

不要忽视力量训练，一些力量训练比如爆发力、绝对力量都要求运动员具备一定的平衡性，否则不足以完成具有一定负荷的动作。力量水平对平衡力的加成作用也是非常明显的。一个极端的例子是假如运动员的腿部力量连长时间的站立都困难，何谈平衡？在比赛中，特别是需要释放动态平衡力时，力量素质非常重要。此外，力量训练中可以提高神经的控制能力,也会对提升平衡能力有促进作用。因此,加强神经系统对于肢体的控制能力,是突破平衡力训练时所可能遇到的瓶颈或阻碍。

3. 静态平衡是基础

与柔韧性训练中静态柔韧训练是基础一样,静态平衡训练是整个平衡力训练的基础。比如我们所熟知的保持身体在一个固定姿势长时间地保持不动和身体平衡,俯身平衡、金鸡独立等都是训练静态平衡很好的方法。平衡力训练需要首先训练静态平衡能力,在自身没有运动对抗状态下可以站得住,然后才能进行更高级别的训练方法。

4. 缩小训练空间

与协调性训练一样,通过缩小训练空间或训练目标,对平衡力有较大提高。比如从踩平衡垫摸桶,到踩平衡垫摸小球等。

(三)影响平衡素质的因素

1. 核心力量不等同于平衡力

曾经有这样一个错误的观念,将核心力量与平衡力的概念相混淆,认为核心力量就是平衡力,二者不分彼此。事实上,核心力量是决定平衡力的一个最重要的因素,但是核心力量并不能决定所有部位的平衡力。平衡力除了有核心肌群支持外,还有例如四肢、小腿肌群、踝关节等许多部位也起到保持身体平衡的关键作用。所以,如果简单地将核心力量理解为平衡力,那么必然会影响训练的方向和效果,造成平衡力的严重缺失。

2. 神经系统的控制力

神经能力薄弱是影响平衡力的几大因素之一,如果神经系统对身体的控制能力较弱,比如常常见到的重心不稳的问题,就与运动员的神经能力有关,因此平衡力较差,身体难以稳定。

3. 力量水平的重要性

除了重心稳定与否,力量水平同样也影响着平衡力的强弱。只有具备了足够的力量水平,才能够确保身体无论是在动态还是静态下,都能够保持相对的稳定或者平衡。特别是在有对抗的状态下,力量的大小直接决定着保持身体平衡的能力。

4. 混淆动态、静态平衡力

静态平衡指的是运动员的身体处于某一种固定姿势下,能够保持较长时间的能力或身体在受到外力的冲击或者干扰时,依旧保持平衡、不失重心的能力。动态平衡指的主要是运动员在运动状态下身体的平衡稳定度,动态平衡能力往往与协调性有着密切的关联。此外,当运动员在赛场上主动发力与对手造成身体接触时,身体的平衡稳定度也可被看成动态平衡力。很多运动员在平衡力训练上迟迟不得其法,最关键的一个因素就是在于对动态或静态平衡力区分不清。

5. 训练缺乏针对性

与柔韧素质、协调素质训练一样,平衡素质也是难度较高的训练内容,并不是随便练练就可以的,在缺乏针对性的前提下训练平衡力,那么结果与力量训练是一样的,会让所有的“努力”与时间一起付之东流。而且,平衡力的训练丝毫不比力量训练更简单,是需要用心地、刻苦地练习才能得到提高。

6. 柔韧性与协调性较差

如上一再强调的协调性、柔韧性与平衡力三者是相辅相成、相互促进的关系,特别是平衡力的训练,协调性和柔韧性的缺失是不足以在标准姿势下完成相应训练动作的。如果想强化平衡力,必须保证有足够的柔韧素质和协调素质作为基础保障,否则再多练习也是徒劳。

二、平衡素质训练的基本方法

(一)弹跳床

1. 弹跳床上动态平衡站姿

站在弹跳床上,不断变换各种动作并保持身体平衡。

2. 平衡床上高抬腿

在弹跳床上做高抬腿训练,保证高抬腿的频率相对稳定,身体相对平衡。

(二)平衡垫

1. 踩平衡垫摸桶

分别在正前方、前方偏左、前方偏右的位置放置三个稳定的小桶,以双手可以摸到的距离为宜。双脚踩平衡垫并下蹲摸桶,由左至右每次摸一个然后起身，再下蹲摸下一个。

2. 穿行平衡垫

单排放置一列平衡垫，它们之间以一步距离为佳。要求运动员从一侧平稳、匀速地踩平衡垫通过至另一端。

3. 平衡垫拍球

双脚各踩一只平衡垫，在动态平衡的前提下做拍球练习。

（三）悬吊训练

1. 上肢训练

（1）双臂俯卧撑

需要双手握住吊环，合拢双脚，伸直双臂，进行俯卧动作。在训练过程中，一套动作完成需要 2 秒，在完成动作后，要继续同样的动作，这样重复训练 10 次，完成的组数控制在 5 ～ 10 组，每组间隔控制在 50 秒。在训练过程中身体要保持平衡，切记腿部不能发力，且在屈肘时身体要保持平衡。

（2）双臂仰卧屈臂上拉

仰卧在垫子上，伸直双臂握住悬吊环，双脚合拢。训练时需要将屈臂上拉身体的动作放缓，并且身体要与地面达到 70° 夹角时还原身体。每组动作做 13 次，每组间歇 50 秒，每次训练完成 5 ～ 10 组。

2. 下肢训练

运动员站立时需要背向悬吊绳，单脚套于悬吊环上。然后缓缓地下蹲，并且始终与地面保持平行，移动吊脚，当运动员感受到拉伸感之后还原动作。运动员需要完成这样的动作 10 ～ 15 组，每一组完成 25 次。完成后换另一只脚交替进行训练。在训练过程中要始终绷直身体，在下蹲的过程中膝关节要始终保持在脚尖的上面。

3. 核心区域的训练

（1）双肘静力支撑双腿悬吊。在训练的过程中，运动员坐在垫子上交叉吊环，然后双手握紧吊环，并及时将双脚套住伸展双臂支撑。完成动作后，静止 45 秒左右，然后重复动作，以重复 3 组为宜，间歇 45 秒后开始下一组动作。在训练过程中运动员需要注意确保躯干始终处于水平状态，呼吸保持匀称。

（2）仰卧双腿悬吊挺髋。运动员双手握住悬吊环，然后将双脚的脚跟挂住。仰卧时双肩贴住垫子，身体展开自然放松。屈膝时动作要缓慢进行，同时注意固定双臂、提髋，提髋到一定高度后保持静止45秒。然后开始下一组动作，完成3组，每组间隔45秒。在训练过程中需要注意的是动作要保持匀速，身体需绷直，且保持均匀的呼吸。

三、平衡素质训练的注意事项

（一）需要结合其他素质

平衡素质、柔韧素质和协调素质三者相辅相成、三者互为前提、互相掣肘，在训练平衡能力的时候，应该有机地结合协调素质、柔韧素质一起训练。若要提高平衡素质需要借助柔韧和协调方面的辅助训练，会得到较好的效果。

（二）注意安全防护

特别是做动态平衡素质练习的时候，应该由简单的动作开始，根据自身现有的水平逐步增加训练难度，注意安全防护，防止平衡力失控的时候受伤。

第四节　灵敏素质训练理论与方法

一、灵敏素质训练的理论

（一）灵敏素质的基本含义

灵敏素质是指人体应对突发转变，能够快速、协调、敏捷、准确地完成动作的能力。它是运动员的运动技能、神经反应能力和各种身体素质的综合表现。灵敏素质之所以是运动技能、神经反应和各种素质的综合表现，是因为不同训练项目对动作的要求都有不同程度的体现。它是建立在力量、速度、耐力、柔韧等多种素质和技能之上的。通过力量特别是爆发力控制身体的加速或减速。通过速度，特别是爆发速度控制身体移动、躲闪、变换方向的快慢。通过柔韧保障力量和速度的发挥。通过耐力保障持久的工作能力。灵敏素质是协调发挥各种身体素质能力、提高技术动作质量、创造优异成绩的重要条件。它在体能训练中主要有两方面的意义。一是要求运动员在体能训练中,准确、熟练、协调地完成动作,这是提高运动技能和身体素质的重要保证。二是提高运动员巧妙地发挥技战术能力水平,帮助他们在比赛中取得良好的成绩。

在中枢神经的支配下,运动员通过力量、速度、柔韧、耐力等素质娴熟、准确地完成各种技术动作,并且不断地完善和提高技能。因为神经反应决定了反应速度的快慢、判断是否准确、应变能力以及及时做出应答动作的快慢。运动员的反应迅速、判断能力、应答能力都是灵敏素质的先决条件。只有各种素质达到一定的协同水平、完美配合才是完成应答动作的基础。身体综合素质越好,动作的熟练程度越高、完成度越高,则表现的灵敏素质就越好。优秀的灵敏素质离不开其他素质和运动技能基础的准备,单独谈灵敏素质没有实际意义。灵敏素质只能通过动作的熟练程度来表示素质水平,很难量化评价。比如力量素质可以用重量单位来衡量;速度用距离时间比来衡量,单位是米 / 秒;耐力可以用时间的长短或重复次数的多少来衡量;柔韧用角度、幅度的大小来衡量;唯独灵敏素质没有这样的衡量标准。因此,运动员的综合素质越高、完成动作越熟练,所表现的灵敏素质就越好。离开其他素质和运动技能,灵敏无从谈起。在运动实践中,用来判断灵敏素质的几种标准如下:

(1)能力上具有快速反应、判断、躲闪、转身、急停、跳起、翻转、维持平衡和随机应变的能力。

(2)动作上能自如地控制身体,在各种不同的条件下都能准确、熟练、迅速地完成动作。

(3)能把爆发力、反应速度、耐力、协调性、节奏感等素质和技能通过熟练的动作综合表现出来。

(二)灵敏素质的基本分类

根据体能训练目的和项目的不同,灵敏素质分为一般灵敏素质和专项灵敏素质。各专项体能训练对灵敏素质有着截然不同的要求。比如,球类项目和格斗类项目的动作变化繁多,没有固定的动作模式,需要运动员根据场上的情况随机应变,通过改变动作的方向、速度、力量、身体姿势以及时给出应对,主要强调反应、判断、躲闪、移动、随机应变、动作敏捷等能力;体操、跳水等运动项目则侧重要求快速改变身体位置、空中翻转、时空感、节奏感和控制身体平衡等能力。灵敏素质具有非常明显的项目特点，必须根据专项技能的特异需求，发展针对专项的灵敏素质。

1. 一般灵敏素质

一般灵敏素质是指在各种运动活动中，人体在突然变换条件的情况下，能够迅速、准确、合理地完成各种动作的能力。它是灵敏素质发展的基础。

2. 专项灵敏素质

专项灵敏素质是指在专项体能训练中，练习人体迅速、准确、协调自如地完成专项各种技术和战术动作的能力。它是在一般灵敏素质的基础上，经过重复专项技战术训练并逐步提高专项技能的结果。

（三）影响灵敏素质的因素

影响灵敏素质的因素是多种多样的，其中主要有解剖、生理、年龄、性别、疲劳、情绪、运动经验和气温等。

1. 解剖因素

（1）体型

不同运动项目对体型的要求是非常不同的。例如：篮、排球运动项目具有篮高、网高的特点，因此要求运动员必须身材高大而且强壮。足球项目的特点是场地大、范围广，就要求运动员在体能训练的时候特别强调速度、耐力、灵活的动作、快速的反应，并且能够充分进行合理冲撞情况的训练。因此，要求足球运动员的身高、体重在中上等、下肢有力量。而跳高项目则要求运动员身材高大、体型偏瘦、躯干短、下肢长、重心高、摆动半径大，因为身瘦体轻有利于空中控制身体，为顺利过竿做好物质准备。

由此可见，不同的运动项目有不同的体型要求，这种体型必须有利于本专项技术的发挥，有利于在本专项中表现出高度的灵敏素质。一般情况下，身材过高过瘦，或者体型过胖的运动员，灵敏素质都不高；同时"O"型腿、"X"型腿的人也相对缺乏灵活性；灵敏素质高的远动员一般具有肌肉发达、中等或中等以下身高的特点，他们对身体的控制能力表现得更强，灵活性更高。

（2）体重

在机体中脂肪和肌细胞的增长占有体重最重要的比例，当饮食能量超过所需标准时，多余的营养物质就会引起脂肪的增长。而肌细胞的增长需要通过锻炼实现，锻炼能促进肌细胞增长。脂肪过多会影响肌肉收缩效率,也就是说当机体增加了不必要的体重的时候,就等于增加了体能训练的阻力,从而影响了身体的灵活性,因此必须合理饮食控制脂肪的增长,坚持训练增加肌肉比重。

2. 生理因素

(1)神经过程的灵活性

高度的灵敏素质建立在娴熟的运动技能的基础上,同时还需要大脑皮层分析综合能力的高度发展才能体现。大脑皮层的分析综合能力在时间和空间上紧密结合完成任务目标。在学习每一个动作时都要按照一定的顺序进行,大脑皮层会判断动作的难易度,然后根据所给予的刺激也按照一定的顺序反映出来,多次重复会加强这种能力,因而形成熟练动作。例如篮球运动中的上篮动作可拆解如下:

①通过视觉判断上篮时的距离及篮的高度。

②通过方位感起跳后控制身体的空间方位。

③通过皮肤触觉来感知地面的硬度以及投篮的力量。

这些刺激所引起的兴奋将相应的信息传到大脑皮层,按严格的顺序产生兴奋、抑制,经过多次强化,各感觉中枢与运动中枢的细胞发生暂时联系,完成动作。只有通过大量的重复训练,使动作不断地熟练,使大脑皮层的兴奋和抑制的转换能力加强,从而提高神经过程的灵活性。通过这样的体能训练,可以达到在各种环境中都能熟练地完成动作和技能。

实践证明,不同的体育项目有不同的体能训练方法,首先运动员需要掌握各个项目的专门技能,在体能训练中运用自如,使运动员的专项体能训练迅速提高。而灵敏素质以灵活熟练地掌握专项技术动作为基本条件。因此,基本动作、基本技术掌握得越多越熟练,则学习新动作的速度就越快,也会体现出更多的创造力,会更加灵活,更强的随机应变能力从而全面提高灵敏素质。

(2)运动分析器的机能

人体在完成动作时,肌肉产生收缩,将产生的兴奋信息传给神经中枢,经过神经中枢的分析综合活动对身体所在的位置、姿势以及身体各部位的运动情况做出判断,同时与视觉、位觉、触觉以及内感受器相互作用,实现空间方位感觉。在肌肉感觉及空间方位感觉的基础上,大脑皮层随环境变化而调节集体各部位组织,确保各种动作的精确完成。比如有些运动员即使闭上眼睛,也能准确地完成某些动作,这就是运动分析的作用。在体能训练中,有的运动员脚部灵活,有的手部灵活,基本的规律是经常使用哪个部位,哪个部位就表现得更灵活。比如篮球运动员左右手运球、投篮都应灵活，而足球运动员的左右脚射门、带球都应灵活，这是因为长期支配该部位运动器官的神经中枢的分析综合能力高度完善。

（3）前庭分析器的机能

前庭分析器对维持身体平衡、变换身体方位的灵敏性作用突出。前庭分析器包括耳石装置和三个半规管。三个半规管在颅内相互垂直，所以当身体朝任何方向旋转时，都能接受刺激，调整身体的平衡，但三个半规管接受的刺激是不一样的。

①当作横轴向前或向后翻转时，水平面和横面内的半规管的内淋巴液在翻转开始和结束时，对壶腹内毛细胞起作用，而纵面内的半规管的内淋巴液作圆的滚动，由于翻转惯性内淋巴液在整个翻转过程中起作用，所以滚横轴翻转时，纵面内的半规管起主要作用。

②围绕纵轴转体时，水平面内的半规管起主要作用。

③作矢状轴翻转时，横面内的半规管起主要作用。当完成空翻转体动作时，要求三个半规管的转换能力都要强。

在前庭分析器的作用下，身体在翻转时能感觉到身体的空间位置及其变化，并借助各种反射调节肌紧张来完成翻转动作。

因此，体操中的一些训练手段可用于提高其他项目运动员的灵敏素质，就是通过改善前庭分析器的机能来实现的。

3. 年龄与性别因素

（1）年龄因素

人在7岁左右平衡器官就已经发展得很充分，到12岁左右，灵敏素质可以稳定地提高，这个时期是提高动作频率、反应速度及单个动作速度的最佳年龄。因此，从事体操体能训练的人应尽量在这个年龄段加强训练灵敏素质能力。等到13 ~ 15岁左右，基本上进入青春期而身高增长较快，灵敏素质则相对有所下降。但是，之后还是会稳定地提高直至成人。

（2）性别因素

灵敏素质与性别有关。在儿童期性别因素对灵敏素质没有明显差异。进入青春期后男孩的灵敏素质高于女孩。在青春期以后，男子灵敏素质的发展明显高于女子。女子进入青春期后体重增加、有氧能力下降，内分泌系统也逐渐发生变化，灵敏素质会出现明显的生理性下降趋势。因此，女子应该在青春期以前加强对灵敏素质的训练，以期得到较好的发展。

4. 疲劳因素

人体在疲劳状态时灵敏素质明显下降。反应迟钝，速度降低，这是因为大脑皮质的能源供应不足，从而产生保护性抑制，导致中枢神经系统灵活性与机体活动能力降低。因此应注意及时休息，避免在疲劳状态下训练，而选择在兴奋性较高、体力较充沛的时候发展灵敏素质。

5. 情绪因素

人在情绪高涨时显得特别灵敏，而情绪低落时灵敏性则会降低。因为情绪会影响感觉机能，而良好的感觉机能会使动作表现得更为准确、迅速，并且在空间上和时间上都表现出准确的定时定向能力。但是过渡兴奋会使人体不能集中注意力，甚至造成身体的某种程度上的失控。而过度抑制使人精神不振，会导致动作无力、不协调。因此，综合素质全面的运动员在体能训练时应学会情绪调节，使自己在体能训练中具有相适宜的情绪。当运动员情绪高涨时，会感觉头脑清晰，身心充满能量，对自己充满信心。此时运动员常常感觉轻快灵活、身体可以随心所欲。但适宜的情绪和良好的身体状态不是可以随意决定的，这方面应该加强心理训练、提高对环境的适应能力，学会调节情绪。

6. 经验因素

掌握基本技术越多、越熟练，表现出的灵敏素质也就越高。

7. 环境因素

阴雨潮湿以及温差大等因素，会降低关节的灵活性与肌肉韧带的伸展性，造成灵敏性下降。

二、灵敏素质训练的基本方法

（一）灵敏素质训练的基本要求

灵敏素质是一种综合素质反映，受遗传因素影响很大。在训练中应该采取逐渐增加复杂程度的训练方式，或者通过改变条件的方式增加技术动作的复杂性和难度，来提高运动员的灵敏素质，对灵敏素质训练的基本要求如下：

（1）在跑和跳的过程中练习迅速改变方向的各种躲闪、突然起动、快速急停和急停迅速转体等训练。

（2）做各种调整身体方位的练习。

（3）根据专项需要，设计各种复杂多变的训练。

（4）以非常规姿势完成训练，如侧向或倒退跳远、跳深等。

（5）限制空间大小，如在缩小的球类运动场地进行训练。

（6）改变完成动作的速度或速率，如变换动作频率、增加动作的频率，等等。

（7）做各种变换方向的动作训练，或对各种信号做出不同的应答反应，等等。

（二）一般灵敏素质训练的具体方法

发展灵敏素质的途径主要包括徒手体能训练、器械体能训练、组合动作训练等。

1. 徒手体能训练

（1）单人训练：弓箭步转体、立卧撑跳转体、屈体跳、腾空飞脚、跳起转体、快速后退跑、快速折回跑等训练。

（2）双人训练：障碍追逐、过人、模仿跑、撞拐等双人训练。

2. 器械体能训练

（1）单人训练：单人体能训练包括各种形式的个人运球、顶球、颠球、双杠转体跳下、翻越肋木、钻栏架、钻山羊以及各种球类运动、体操运动的专项技术动作训练。

（2）双人训练：各种形式的传球、接球、抢球、接球翻滚等，以及双杠杠端支撑跳下换位追逐、肋木穿越追逐等训练。

3. 组合动作训练

（1）两个动作组合体能训练：主要有交叉步—后退跑、后踢腿跑—圆圈跑、侧手翻—前滚翻、转体俯卧—膝触胸、变换跳转髋—交叉步跑、立卧撑—原地高抬腿跑等训练。

（2）三个动作组合体能训练：主要有交叉步侧跨步—滑步—障碍跑、旋风脚—侧手翻—前滚翻、弹腿—腾空飞脚—鱼跃前滚翻、滑跳—交叉步跑—转身滑步跑等训练。

（3）多个动作组合训练：倒立前滚翻—单肩后滚翻—侧滚—跪跳起、悬垂摆动—双杠跳下—钻山羊—走平衡木、跨栏—钻栏—跳栏—滚翻、摆腿后退跑—鱼跃前滚翻—立卧撑等训练。

（三）结合其他素质的灵敏素质训练

发展灵敏素质须除了要结合专项特点以外，重点是综合发展反应、平衡、协调等能力。

1. 反应能力训练

（1）做与口令相反的动作。

（2）按有效口令做动作。

（3）原地、行进间或跑步中听口令做动作。例如，喊数抱团成组，加、减、乘、除简单运算得数抱团组合等。

（4）一对一追逐模仿。

（5）一对一抢对方后背号码。

（6）听信号或看手势急跑、急停、转身、变换方向训练。

（7）听信号的各种姿势起跑。如站立式、背向、蹲、坐、俯卧撑等姿势。

（8）跳绳。例如，两人摇绳，从绳下跑过转身，从绳上跳过等。

（9）一对一跳动脚猜拳、手猜拳、打手心手背、摸五官等训练。

（10）叫号追人、抢占空位、打野鸭、抢断篮球等。

2. 平衡能力训练

（1）一对一相对而立，双手直臂相触，虚实结合相互推拉使对方失去平衡。

（2）一对一弓箭步牵手相对而立，虚实结合互推互拉使对方失去平衡。

（3）各种站立平衡，如俯平衡、搬腿平衡、侧平衡等。

（4）头手倒立、肩肘倒立、手倒立停一定时间。

（5）在肋木上横跳、上下跳。

（6）跑中听信号完成急停动作。

（7）在平衡木上做简单动作。

（8）发展旋转的平衡能力训练。

3. 协调能力训练

（1）一对一背向互挽臂蹲跳进、跳转。

（2）模仿对方动作，两人交替给出动作样本。

（3）两人头上拉手向同方向连续转。

（4）移动脚步训练。例如，前后、左右、交叉的快速移动，单脚为轴的前后、转体的移动。左右侧滑步、跨跳步的移动。

（5）跳起体前屈摸脚。

（6）做不习惯方向的动作。

（7）改变动作的连接方式。

（8）选用健美操的一些动作。

（9）原地跳转 360° 后跳远，前滚翻交叉转体接后滚翻，跪跳起接挺身跳等。

（10）两人练习，一手扶对方肩，一手互握对方脚腕，各用单脚左右跳、前后跳、跳转。

4. 体操动作训练

（1）前滚翻、后滚翻、侧滚翻为一组动作，做多组。

（2）连续前滚翻或后滚翻练习。

（3）双人前滚翻：一人仰卧，另一人分腿站在仰卧人的头两侧，双方互握对方的两脚踝，然后作连续的双人前滚翻或后滚翻。

（4）连续侧手翻。

（5）鱼跃前滚翻，可设置一定高度的障碍物。

（6）一人仰卧，另外两人各抓训练运动员的一只脚，同时用力上提，使其翻转站立。

（7）前手翻、头手翻、后手翻，团身后空翻。

（8）跳马、跳上、挺身跳下，分腿或屈腿腾越，直接跳越器械，跳起在马上做前滚翻。注意安排一名教练或队友在旁边做好保护。

（9）在低单杠上做翻上、支撑腹回环、支撑后摆跳下、支撑摆动向前侧跳下等简单动作。

（10）在低双杠上做肩倒立、前滚翻成分腿坐、向前支撑摆动越杠下，向后摆动越杠下等简单动作。

5. 跳绳项目训练

（1）“扫地”跳跃。运动员将绳握成多段，从下蹲姿势开始，将绳子做扫地动作，两脚不停顿地做跳跃训练。

（2）前摇两次或三次，跳一次。

（3）后摇两次，跳一次。

（4）交叉摇绳。运动员两手交叉摇绳，每摇 2 次，单足或双足跳长绳一次。

（5）集体跳绳，两名运动员摇长绳子，其他运动员连续不断地跳过绳子。每人应在绳子摇到最高点时迅速跟进，跳过绳子，并快速跑出。

（6）双人拉手跳绳：集体跳绳中，每两名运动员手拉手跳 3 ~ 5 次后快速跑出。

（7）走矮子步：即教练与一名运动员将绳拉直，并把高度适当降低，要求其他运动员在绳子下走矮子步和做滑步动作，规则是练习通过绳子的运动员的身体不能触碰到绳子。

(8)跳波浪绳,即教练与一名队员双手握一根长绳,并把绳子上下抖动成波浪形,队员必须敏捷地从绳子上跳过,谁碰到绳子与摇绳者交换。

(9)跳蛇形绳:教练与一名队员双手握一根长绳,并把绳子左右抖动,使绳子像一条蛇在地上爬行,数个队员在中间跳来跳去,1分钟内触及绳子最少者为胜。

(10)跳粗绳:教练双手握一根粗绳,队员围成一个圆圈站立,当教练握绳做扫圆动作时运动员立即跳起,运动员的目标是极力避免触及绳索。

三、灵敏素质训练的注意事项

(一)训练方法经常改变

灵敏素质的发展尤其要注意发展各种分析器和运动器官机能。此外,运动员对动作的熟练程度也非常关键,如果对某一动作技能熟练到自动化程度,再用该动作去发展灵敏素质的意义就不太大了。因此,发展灵敏素质训练的方法应采用多种动作,并且经常变换。这样,运动员在掌握多种多样的运动技能的同时,还可以提高人体各种分析器的功能,使运动员在体能训练中能够表现出准确定向和定时的能力。

(二)掌握部分基本动作

体能训练中运动技能的本质是条件反射,在大脑皮层中建立的条件反射的数量越多,临场时的反应就越迅速准确。运动员在掌握运动技能的基础上,可以快速形成新的应答性动作来应付突然发生的情况。

(三)把握训练最佳时期

灵敏素质是在中枢神经系统的指挥下运用各种能力的综合表现。人体的神经系统发育期较早,一般在青年时期发育成熟。其中反应能力、动作速度、平衡能力和节奏感等都为发展灵敏素质提供了有利的条件。因此,在青少年时期应抓紧进行灵敏素质训练。

(四)合理安排训练时间

灵敏素质的训练在整个训练过程中都要适当安排并使之系统化。但训练时间不宜过长,重复次数不宜过多。特别是在肌体疲劳时不宜安排灵敏素质训练。应该结合考虑运动员的体能、情绪和时间等不同因素来安排训练，以及要考虑不同训练过程的特点来安排灵敏素质的训练。比如，临近比赛的时候，一个个提高技术训练和协调能力的训练比重；准备期以一般灵敏素质训练为主，比赛期以专项灵敏性训练为主。在一次训练课中应尽量把灵敏素质的训练安排在课的前半部分。

（五）充足训练间歇时间

足够的间歇时间可以保证氧债的偿还和肌肉中 ATP 能量物质的合成。但休息时间也不是越长越好，因为休息时间过长会使中枢神经系统的兴奋性大幅度下降，而影响训练中运动器官的指挥能力，使动作协调性下降、速度减慢、反应迟钝，这必然会影响训练效果。一般来说，训练时间和休息时间的比例可控制为 3∶1 为宜。

（六）结合要求进行训练

灵敏素质具有专项化的特点。经验丰富的教练会针对本专项对灵敏素质的特殊要求来安排灵敏素质训练，使训练效果与专项要求相一致。比如，在篮球运动中会让运动员多练习发展手部专项灵敏性的训练，以提高手感和控球能力；足球运动中，运动员更多地进行脚步移动和用脚控球的训练；体操等项目运动中，运动员进行移动身体方位的训练较多；在不同项目的体能训练中，对灵敏素质的要求也不尽相同，主要体现在以下三个方面。

（1）球类项目和部分对抗项目中，要求反应、判断、躲闪、随机应变方面的灵敏素质。

（2）体操、跳水等项目中，则需要身体位置迅速改变及空中翻转方面所表现的灵敏素质。

（3）滑雪、滑冰项目中，要求迅速调整身体平衡、快速改变身体方向等方面的灵敏素质。

第八章　趣味体能游戏训练方法与手段

体育游戏是体能训练的重要方法之一，在体能训练中科学采用游戏训练方法，能够增加训练的趣味性、竞争性和实效性。合理设计体能类游戏，将丰富有趣的游戏方法融入日常体能训练中，对激发练习者的训练积极性，开发练习者的智力，培养练习者的竞争力、合作力、创造力和意志品质以及丰富练习者在训练中的情感体验均具有重要意义。可见趣味游戏训练所产生的训练效果是综合性的，除了能有效提升体能素质，还能培养其他方面的素质，从而实现全面发展的训练目标。本章着重对趣味体能游戏训练方法与手段进行分析，包括力量、速度及耐力素质的游戏训练方法和综合体能素质的游戏训练方法。

第一节　力量素质趣味练习

一、后抛实心球转身跑

（一）练习目标

促进上肢力量和躯干力量的增强。

（二）练习准备

在一块平坦场地上画两条跑道，长和宽分别为 30 米和 5 米。两个实心球。

（三）练习方法

把练习者平均分为两组，各自占用一条跑道。两组的排头均与运动方向背对，双手在体前将实心球握紧，两脚平行分开，屈膝做好抛球的准备姿势。教练员吹哨以示开始，两组排头同时将实心球向身后抛，抛出后转身迅速追球，然后持球继续背对运动方向屈膝向后抛球，再次转身捡球，直至将球抛到终点线。之后持球快速向起点跑，将球交给队友。拿到球的练习者按同样的方法继续游戏，直至两组所有人都完成游戏。最先完成的一组获胜。

（四）练习规则

（1）两组练习者用同等重量的实心球进行练习。

（2）练习者抛球后，转身追球并在追到球的位置继续向后抛球，不能持球向运动方向走或跑。

（3）抛球必须是后抛，动作方法要标准，向前抛球、向两侧抛球都是不正确的，若出现这种情况，需要重新开始。

（4）若球抛出后没有落在本组的跑道内，需捡回重新回到起点开始抛球。

二、背人接力

（一）练习目标

促进腿部力量的增强。

（二）练习准备

在平坦场地画两条跑道，长宽10米左右。将所有练习者均分为两组，两个组站成两列纵队在起跑线处做好准备，一个组面向一条跑道。

（三）练习方法

各组排头听口令背起身后的队员向终点线迅速跑进，到达终点后被背的练习者再背起排头返回起点，此时各组的第三名练习者再背起第四名练习者做好起跑准备。前两名练习者返回起点后背上的练习者与准备出发的背上的练习者击掌，然后第二对练习者出发跑向终点。依次进行，直至两队都完成游戏。最先完成的一组获胜。

(四)练习规则

(1)出发前不能进入跑道,应在起点线外准备,到达终点后必须过线才能返回。

(2)如果中途被背的练习者掉下,需要重新背好再继续,必须保证背人往返整个跑道。

(3)背人者与被背者在终点线后互换角色。

(4)每一对练习者出发前,背上的练习者都必须与返回的前一组背上的同伴击掌。

三、投手雷

(一)练习目标

促进上肢速度力量的增强。

(二)练习准备

平坦场地,10个软式手雷,10个三角标志物,彩尺。

(三)练习方法

三角标志物每隔2.5米放一个。先安排10名练习者并排站在投掷线后,均两脚一前一后,后腿屈膝,左臂向前伸展,右手持手雷向后伸,目视前方。教练员吹哨以示开始,10名练习者同时向前投出手雷,测量各自的成绩。其余练习者同样按此方法练习,获胜者为投掷距离最远的练习者。

(四)练习规则

(1)所有练习者听口令同时投手雷,不能抢先。

(2)前脚不得踩线。

(3)投掷距离最短的练习者接受惩罚。

四、背靠背

（一）练习目标

促进力量素质的发展。

（二）练习准备

在平坦场地画3条间隔1米的平行线（1条中线，2条边线）。

（三）练习方法

练习者均分为两组，两组练习者背对背站在中线两侧，注意两两背对的对手必须体重相近，背对背的练习者互相挽着对方的手臂。教练员吹哨以示开始，每一对互挽手臂的练习者背顶背将对手向边线外挤，成功挤出则得1分。游戏时间2分钟，得分多的一组获胜。

（四）练习规则

（1）背对背的两人只能背顶背挤对方，不能用头撞对方。
（2）不得用手臂、脚等身体部位故意影响对方。
（3）不得向左或向右躲避。

五、“矮人”追逐赛

（一）练习目标

促进下肢力量的增强。

（二）练习准备

一个平坦的正方形场地，边长为8米。

（三）练习方法

（1）将练习者均分为4组，各组分别有一名练习者蹲在正方形场地外四个角的位置，其他练习者在场地内四个角的位置做好游戏准备。

（2）教练员吹哨以示开始，场地外四个角的练习者沿着正方形场地边线逆时针屈膝弓腰行走，将前方其他组的练习者作为追赶目标，同时也要避免被后面的“矮人”追上，当逆时针行走一圈未追上别人，也未被追上时，到达出发位置换本组另一名练习者在场外追逐。

（3）若在逆时针行进中被其他组的成员追到，则淘汰出局，换另一名队员上场。直至所有练习者都完成“矮人走一圈”后游戏停止，剩余人数最多的一组获胜。

（四）练习规则

（1）场地外追逐的练习者以“矮人”的姿势行走，不能直立行走也不能跑步前进。

（2）场内练习者不得干扰场外其他组的练习者。换人应以不影响其他组练习者行进为前提。

六、方形跳垫

（一）练习目标

促进下肢力量和速度的增强。

（二）练习准备

平台场地（长、宽分别为20米和10米），5块标着顺序的方形跳垫（高度适宜，间隔适宜距离），标志物（放在终点位置）。

（三）练习方法

练习者在起点线外错开排队站立，教练员吹哨以示开始，同时开始计时，排头以站立式起跑的方式跑进场地，从1号垫子开始，单脚或双脚跳上，然后跳下回到原点，再跑向2号垫子，依次进行，直至跳完最后一块垫子后跑到终点标志物的位置。停止计时。

其他练习者按同样的方法完成游戏。最后用时最短的练习者获胜。

（四）练习规则

（1）跳上和跳下垫子时不能将垫子弄乱，否则跳下后要重新摆好垫子才能继续游戏,以免影响其他练习者。

(2)要按顺序跳完每个垫子,不能跨数字跳。

第二节 速度素质趣味练习

一、长江黄河

(一)练习目标

提高反应速度和奔跑能力。

(二)练习准备

在平坦场地画三条间隔 10 米的平行线(1 条中线,2 条限制线)。

(三)练习方法

把练习者均分为两队,即“长江”队和“黄河”队,两队在中线两边面对面站立做好准备。

当教练员喊“黄河”时,“黄河”队迅速转身跑向本方限制线,另一队马上追击,如果在跑到限制线前被追上,则长江队得 1 分,若成功跑出限制线,则“黄河”队得 1 分。

规定时间内分数多的一队获胜。

(四)练习规则

(1)被追者跑出限制线后,追击者不得继续追。

(2)追击者不能推拉对方。

二、有效与无效口令

(一)练习目标

提升快速反应能力。

（二）练习准备

平坦场地。

（三）练习方法

练习者排成一列横队站立，注意听教练员口令采取行动。如果教练员先喊“注意”，然后下达口令，则该口令为有效口令，练习者迅速按口令完成任务；如果教练员没有先喊“注意”，直接下达口令，则该口令为无效口令，练习者保持不动。

（四）练习规则

在无效口令下依然有所行动的练习者即为失败，其他练习者继续。

三、呼号扶棒

（一）练习目标

培养快速移动速度和反应速度。

（二）练习准备

在平整场地上画一个直径6米的圆，1根体操棒。

（三）练习方法

练习者站在圈线上，面向圆心，从排头开始依次报数，记住自己报的数。

一名练习者在圆心处手扶体操棒，其喊出一个号数后马上松手跑向对应号数的练习者，被呼的练习者立即跑去圆心处扶棒。

被呼的练习者如果没有及时扶住棒，则为失败；如果原扶棒者没有及时站到位，则继续站在圆圈中心扶棒。

（四）练习规则

（1）扶棒者松手时动作要轻，避免体操棒倒地。

（2）失败者可罚做俯卧撑。

四、赶"鸭子"

（一）练习目标

培养反应速度和灵敏素质。

（二）练习准备

在平坦场地上画大小适宜的圆，1 根长竹竿。

（三）练习方法

选一名练习者扮演"赶鸭者"，其他练习者站到圈内，"赶鸭者"在圈外手持长竹竿的一头来回奔跑追其他练习者，练习者或跑动躲闪，或跳竿，但不能出圈，被竿打到的练习者与"赶鸭者"互换角色。继续游戏。

（四）练习规则

（1）"赶鸭者"必须手持竹竿的一头，使竹竿另一头触地来回追赶。
（2）圈内练习者不能出圈，否则犯规，与赶鸭者互换角色。

五、沿线追击

（一）练习目标

提升反应速度和动作灵活性。

（二）练习准备

排球场或篮球场，1 ~ 2 个排球或篮球。

（三）练习方法

练习者在场地线上站立做好准备。选 1 ~ 2 名练习者作为追击者，其他练习者被追击。追击者手持篮球或排球进行追击，被追上者接过球与追击者互换角色继续游戏。

(四)练习规则

(1)练习者只能沿线跑动。
(2)跑动时不能出线,也不能跨线。

六、十字接力

(一)练习目标

提高快速移动速度。

(二)练习准备

画半径5～7米的圆,通过圆心画两条垂直线,并向圈外延伸1米(起跑线)。4根接力棒。

(三)练习方法

将练习者均分为4组,每组在十字线上向起跑线站成一列。各组排头手持接力棒做好准备。

听教练员口令沿圆圈逆时针快跑,快要跑回本队起跑线时,第二人在起跑线后做好接棒准备,交接棒后,接棒者按同样的方法跑进,排头站到本组队尾。

依次进行,率先全部跑完的一组获胜。

(四)练习规则

(1)跑时不得进圈或踩圈线。
(2)不能抛棒。
(3)超越别人时,要从右侧绕过,不得故意撞对方。

第三节　耐力素质趣味练习

一、抢“羊”

（一）练习目标

促进速度耐力的提升，培养拼搏意志。

（二）练习准备

平坦场地，一个篮球。

（三）练习方法

（1）练习者在场地中站成一排面向教练员做好准备，教练员手持篮球（“羊”）站在场地中心。

（2）游戏开始，教练员吹哨以示开始，吹哨的同时将球向上空抛出，然后教练员离开场地，练习者迅速跑向球的位置进行抢球，抢到者得1分。

（3）抢到球的练习者双手将球举过头顶跑动，其他练习者追逐抢球，同样抢到得1分。

（4）反复如此。规定时间内得分最多的练习者获胜。

（四）练习规则

（1）抢到球的练习者必须将球举过头顶。

（2）抢球过程中不得对持球者进行推拉，不得故意碰撞。

（3）若球掉落，可继续抢球，抢到者得1分。

二、场地定向越野赛

（一）练习目标

促进耐力素质的发展和心肺功能的增强，培养团结合作及勇于挑战的精神品质。

（二）练习准备

定向越野指卡、标志物、打卡器、地图。

（四）练习方法

（1）将跑动路线设定好，将标志物摆放在不同隐蔽位置，一个位置放一个标志物。

（2）将练习者均分为4个队，每队选一人担任队长。

（3）教练员吹哨以示开始，各队均有一张地图，由队长带领队员以小组为单位对标志物进行搜寻，每找到一个标志物，在标志点处留下本队的记号，最先找到所有标志物并在所有标志点完成打卡的一队获胜。

（四）练习规则

（1）必须找到所有的标志物并完成所有打卡才算完成任务。

（2）各队集体协作寻找标志物，不得单独行动。

（3）不得将标志物等比赛设施损坏，否则按犯规处理。

（4）各队之间不得相互干扰，不得故意妨碍其他队。

三、"插秧收稻"接力赛

（一）练习目标

促进一般耐力、协调能力的发展，培养团结协作意识与能力。

（二）练习准备

平坦场地，若干空瓶、小旗。

（三）练习方法

（1）在场地上画两条平行线，将场地分割成4条跑道，跑道长50米。在每条跑道距离起跑线5米处放一个空瓶，然后每隔10米放一个，即每条跑道都有5个空瓶，分别在5米、15米、25米、35米和45米处。

（2）将所有练习者均分为4队，每队又分为2个小组，分别是"插秧"

组和“收稻”组，各队练习者站在各自跑道的起跑线后，每队的“插秧”组成员各拿一面小旗做好游戏准备。

（3）教练员吹哨以示开始，“插秧”组迅速沿跑道将小旗插入每个空瓶内，然后跑过终点线，“收稻”组再迅速沿跑道从瓶中取出小旗，然后跑过终点线将小旗交给“插秧”组。用时最短的一队获胜。

（四）练习规则

（1）“插秧”组听到哨声才能跑动插秧，“收稻”组在“插秧”组跑过终点线后才可进入跑道，所有练习者均不能抢跑。

（2）“插秧”过程中若瓶子倒地需扶好再继续。

（3）“收稻”组完成任务后必须保证瓶子不倒地。

（4）每队在各自跑道上游戏，不得去其他跑道干扰他人。

四、四周等距跑

（一）练习目标

促进一般耐力、速度耐力、灵活协调素质的发展，培养竞争意识。

（二）练习准备

平坦场地。

（三）练习方法

（1）所有练习者手拉手围成大圆，并面向圆心，指定一名练习者由其开始顺时针依次报数，所有人将自己的报数记住。

（2）教练员喊出两个号数，对应号数的练习者立即从其他练习者背后逆时针跑一圈，然后回到原位置。

（3）教练员再次叫号，以此类推。

（4）记录每个练习者从开始启动到回到原位置的时间。用时最短的练习者获胜。用时最长的练习者接受惩罚。

（四）练习规则

（1）待教练员喊出两个号数后才可起动，第一个被叫到号的练习者不得抢跑。

（2）练习者必须沿外圈逆时针跑，不得在圈内跑。

（3）跑动过程中不得穿入人群找捷径回到原位置。

五、推铁环跑接力赛

（一）练习目标

促进速度耐力、协调性的发展，培养进取精神和团结意识。

（二）练习准备

平坦场地，若干铁环、标志杆，秒表。

（三）练习方法

（1）画 4 条长 30 米的跑道，将 4 个标志杆分别放在每条跑道的终点线处。

（2）将练习者均分为 4 组，各组分别在每条跑道的起跑线后站成一列纵队，各组排头手持铁环做好准备。

（3）教练员吹哨以示开始，各组排头立即起动推铁环沿跑道向前跑，到达终点后从标志杆绕过再返回原位置，各组第二名练习者接过铁环继续游戏。直至 4 组所有练习者都参与游戏、完成任务。用时最短的一组获胜。

（四）练习规则

（1）持铁环者不可抢跑。

（2）跑进过程中若铁环倒地或进入其他跑道，迅速将铁环拾起或移到本方跑道再继续游戏。

（3）前一名练习者推铁环返回后，铁环必须从起跑线越过才可由后面的练习者接手，否则视为抢跑。

（4）交接铁环时一组的队友可互相帮助，提高效率，节约时间。

六、四点变向移动跑

(一)练习目标

促进速度耐力、反应能力的提升,培养坚强的意志品质和勇于挑战的精神。

(二)练习准备

边长10米的正方形场地,4个标志物,1块秒表。

(三)练习方法

(1)将4个标志物放在正方形场地的4个角上,每个标志物都标上序号。

(2)4人一组。第一组练习者先进入场地中间站成一排做好准备。

(3)教练员大声喊出标志物序号,场内第一名练习者迅速起动跑向对应的标志物并用手触碰,然后回到原位置。教练员再继续喊序号,第二名练习者按同样的方法跑动触碰对应标志物,然后回到原位置。依次进行。记录每组完成任务的总时间。用时最少的一组获胜。

(四)练习规则

(1)练习者用手触碰标志物后必须迅速返回原位置,不能逗留。

(2)不得用除手之外的身体部位触碰标志物。

第四节　综合类素质趣味练习

一、障碍接力

(一)练习目标

促进灵巧性、协调性、柔韧性、跳跃能力、速度耐力的发展,培养敢于拼搏的精神。

（二）练习准备

平坦场地，20 个小栏架，2 个呼啦圈，2 块海绵垫。

（三）练习方法

将小栏架摆放成两列，间距适宜，每列 10 个。最后一个栏架前均放一个呼啦圈，与呼啦圈间隔 5 米的位置各放一块海绵垫。

把练习者均分为两组，各组在起始线后各自面向一列栏架成纵队队形站好，听到开始口令后，各组排头双腿连续跳过 10 个栏架，跑到呼啦圈处连续转 10 圈，再跑到海绵垫上做前滚翻，最后从外侧返回起点与第二人击掌，第二人按同样的方法游戏，直至所有练习者都完成游戏。最先完成的一组取胜。

（四）练习规则

（1）每个练习者要按技术动作要求完成每个环节，否则从头开始。

（2）双腿同时跳跃栏架，不能绕过去。

（3）后面的练习者要与返回的练习者击掌后才能出发，不能提前起动。

二、连续抛球

（一）练习目标

发展力量、耐力、灵巧、柔韧等素质，提高全身协调能力。

（二）练习准备

田径场地上画 15 米长的抛球线，距抛球线 10 米再画一条及格线。在抛球线内侧放置若干软式排球。

（三）练习方法

（1）把练习者分成人数相等的 2 ～ 4 组，各组练习者以横队站抛球线后。

（2）第一组先开始，面向场地，各持一球，听到开始口令后第一位队员双手向前抛出球，待球静止后，第二位队员开始抛球，依次类推，直至所有队员都抛出球。

（3）其他组按同样的方法进行练习。

（4）记录各组及格球的总数，及格球最多的一组获胜。

（四）练习规则

（1）限双手抛球。

（3）抛球脚踏线犯规。

（3）不得助跑。

三、抢球大战

（一）练习目标

发展应变能力、灵敏协调素质，提高速度耐力。

（二）练习准备

边长10米的正方形场地，9个排球（放在场地中心）。

（三）练习方法

（1）把练习者均分为4组，每组按顺序排号，分别在正方形场地的4个角排成纵队。

（2）各组1号队员两脚前后开立，听到开始口令后1号队员跑向场地中间去拿球，持球返回原位把球放在自己场地上，然后再去拿球。

（3）如果场地中间没有球了，可以去其他组拿球，每次只拿一个，再返回放到场地角上，直到某一组的场地角上出现三个球为止。

（4）然后将球都放到场地中心，各组2号队员再进行抢球，依此类推，直到所有练习者都完成游戏，最后取得3个球次数最多的一组获胜。

（四）练习规则

（1）练习者每次只允许拿一个球。

（2）只能拿球和放球，不能抛球、踢球。

（3）练习过程中不可干扰和碰撞其他练习者。

四、时代列车

（一）练习目标

发展灵巧性和身体配合能力，培养团结协作的优良品质。

（二）练习准备

平整场地，报纸，胶水。

（三）练习方法

（1）在平地上标记出30米的距离。用报纸黏连制造4列时代列车，平行放在起点线后。

（2）将练习者均分为4组，每组至少10人，各组蹲或站在时代列车内。

（3）听到“开始”口令后，时代列车的每一位“乘客”通过手脚集体配合让列车前进，最先通过终点线的队伍获胜。

（四）练习规则

（1）不得抢先移动。

（2）每一位“乘客”的任何部位不得触及列车外的地面，否则重新开始。

（3）中途如列车断开，必须原地修好后才能继续前进。

（4）必须最后一名“乘客”通过终点线才算完成比赛。

五、千辛万苦过栏架

（一）练习目标

增强身体协调性，提高身体素质水平，培养拼搏、自信的精神。

（二）练习准备

平整场地，若干栏架。

(三)练习方法

(1)在场地上摆放两组栏架,每组栏架间距 1 ~ 1.5 米,距离第一个栏架 3 米处画 1 条起点线。

(2)将练习者平均分成两组,各组成纵队站在起点线后,听到“准备”口令后,排头走到栏架前做好准备。

(3)听到“开始”口令后排头采用跨栏跑的方式跨过第 1、2 个栏架,然后倒回第 2 个栏架,再跨过第 2、3 个栏架,然后再倒回第 3 个栏架,以同样的方法越过所有栏架,然后从一侧跑回起点与下一名队员击掌,下一名队员按同样的方法越过全部栏架,再跑回,直至所有队员都完成游戏,用时最少的队伍获胜。

(四)练习规则

(1)不得抢跑。
(2)必须按规定方法越过栏架,否则重新开始。
(3)中途碰倒栏架必须扶起后再继续前进。

六、翻山越岭

(一)练习目标

提升手脚配合能力,改善力量素质和身体协调能力,培养拼搏精神。

(二)练习准备

平整场地,海绵垫,跳箱,标志杆,栏架。

(三)练习方法

(1)在平地上标出 1 个 30 米长的场地,摆放两排障碍,距起点 5 米处摆放两块纵向的练习垫,练习垫后 1 米摆放高 1.2 米的跳箱,跳箱后放 1 块海绵垫,垫后 5 米放置一栏架,终点线上放置标志杆。

(2)将练习者均分为两组,各组在起点线后排成纵队,分别面向一排障碍。

(3)听到开始口令后,各组排头迅速向前跑进,以前滚翻的方式滚过练习垫，到达跳箱时爬过跳箱，再用后滚翻方式钻过栏架，跑到终点后触摸标志杆并快速返回起点与下一名练习者击掌交接。

（4）后面的练习者击掌后按同样的方法进行游戏，直至所有练习者都完成游戏。

（5）用时少的一组获胜。

（四）练习规则

（1）不得抢跑。

（2）必须按动作要求经过每个障碍物。

七、神行太保

（一）练习目标

促进跑跳能力、耐力素质及协调素质的改善。

（二）练习准备

平坦场地，栏架 4 个、跳绳 2 根、标志杆 6 个。

（三）练习方法

（1）画三条长 25 米的平行线（1 条中线，2 条边线）构成两条跑道，每条跑道各放置 3 根标志杆，间隔 2 米，距离边线 10 米。在靠近终点线一侧的标志杆前 3 米放置一个栏架，间隔 5 米再放一个栏架，每条跑道都有两个栏架。

（2）将练习者均分为两队，分别排成一列纵队站在各自跑道的起跑线后。排头持跳绳做好游戏准备。

（3）教练员吹哨以示开始，排头跳绳前进，到达标志杆后将跳绳收起，蛇形绕过标志杆，再依次从两个栏架上跨过，继续跳绳前进，到达终点后再返回，同样是跨过栏架，蛇形绕过标志杆，回到起点，将跳绳交给第二名队员。后面的队员按同样的方法跳绳前进。依次进行，直至两队所有练习者都参与游戏，完成任务。用时最短的一队获胜。

（四）练习规则

（1）必须在起跑线外交接跳绳。
（2）绕过标志物和跨过栏架时若将标志物或栏架碰倒，需扶起后继续游戏。

八、眼观六路

（一）练习目标

促进反应速度、移动速度及观察力的提升。

（二）练习准备

直径15米的圆形场地上均匀摆放15个彩色圆盘，场地中心放1个标志物。

（三）练习方法

（1）练习者在标志物处站立，将不同颜色圆盘所摆放的位置记清楚，集中精力做好准备。
（2）教练员喊出一个圆盘的颜色，练习者迅速跑到该颜色圆盘处用手触摸圆盘，然后返回原位置。裁判员记录练习者从起动到返回原位所用的时间。
（3）所有练习者依次进行，用时最短的练习者获胜。

（四）练习规则

（1）练习者只能用手触摸圆盘。
（2）未触摸到圆盘就返回原位置，视作犯规。

九、地道战

（一）练习目标

促进协调性、灵敏性和移动速度的发展。

（二）练习准备

平坦场地，8 个栏架。

（三）练习方法

（1）画两条 20 米长的跑道，两条跑道之间保持 2.5 米的间距。每条跑道上均匀摆放 4 个栏架，相邻栏架相距 6 米。

（2）将练习者均分为两组，分别在两条跑道的起点线后站成一排。

（3）教练员吹哨以示开始，各组排头迅速起动跑进，依次从 4 个栏架下穿过，到达终点后返回起点，返回时不穿过栏架，而是从栏架一侧跑回。返回后与第二名队友击掌，然后排到本组末位，第二名练习者按同样的方法进行练习。依次类推，直至两组练习者都完成游戏，用时最短的一组获胜。

（四）练习规则

（1）前一位练习者返回后在起跑线后与后一位练习者击掌。后面的练习者只有击掌后才可进入场内游戏。

（2）在穿过栏架的过程中如果碰倒栏架，需将栏架扶起，重新钻过后再继续游戏。

十、团结就是力量

（一）练习目标

促进移动速度、协调能力的提升，培养团结协作精神和顽强拼搏意志。

（二）练习准备

在平坦场地画两个长 20 米，宽 10 米的长方形场地，两个场地保持 5 米的间距。

（三）练习方法

（1）将练习者分为甲、乙两个队，甲队比乙队少 2 ~ 4 人，甲队和乙队各在一个长方形场地中站好，保持一定距离。

（2）教练员吹哨以示开始，甲队练习者迅速跑出自己的场地去抓乙队练习者，乙队只能在自己的场地内跑动躲闪。甲队练习者只能用手拍打对方身体，被抓到者在原地不动，乙队未被抓到的练习者可以营救同伴，用手拍同伴身体使其“复活”，“复活”后可以重新跑动。到规定时间后两队互换角色。规定时间内拍到对方多的一组获胜。

（四）练习规则

（1）被抓的一队只能在规定场地范围内跑动躲避，不能跑出场地。
（2）追拍者要轻拍对方，不能用力，也不能拍头，否则成绩无效。

十一、超级营救

（一）练习目标

促进耐力素质、位移速度的提升，培养集体主义精神。

（二）练习准备

足球场地。

（三）练习方法

（1）在场地上画两条相距 15 米的平行线，场地两侧的边线与两条平行线组成两个大的跑道。
（2）将练习者均分为两队。每队各派一名队员站在起跑线后，其余队员站在终点线外。
（3）教练员吹哨以示开始，起跑线后的队员迅速跑向终点，与一名同伴手拉手返回起跑线，然后两人再一起跑到终点“营救”一名同伴，依次类推，每次只“营救”一人，直至所有队员都被成功“营救”。最先全部返回起跑线的一队获胜。

（四）练习规则

（1）所有队员都必须站在终点线外等待“营救”，未被“营救”前不能进入场地。
（2）营救者必须手拉手营救同伴，中间不能断开，否则重新开始。
（3）只有所有队员都被成功“营救”才能结束游戏。

第九章　常见运动项目的专项体能训练方法

体能训练是运动训练的重要内容之一,包含一般体能训练和专项体能训练两种类型。运动员需要在发展一般体能的基础上,结合运动专项的特点,重点发展运动专项所需的专项体能,为发展专项运动技战术、提高专项运动技能提供体能支持。本章将从篮球、足球、游泳、健美操以及武术五个方面入手,研究并阐述这些常见的运动项目的专项体能训练方法。

第一节　篮球专项体能训练

一、篮球专项体能训练概述

体能训练是指,利用各种训练方法,促进人体各组织以及各器官系统机能、人体形态以及人体代谢改进,从而改善人们的体质,增强人们的体能的训练方式。良好的体能素质是人们发展运动技术和战术能力的基础,因此必须要在一般体能训练的基础上,结合运动专项的特点,进行专项体能训练,才能为运动员发展专项技术、战术提供体能支持。

篮球运动是一项对抗性的运动项目,运动双方需要在比赛场上进行激烈的对抗竞争。而随着这项运动的不断发展,现代篮球竞赛的对抗性和速度性特征越来越明显,这也就意味着对篮球运动员的体能要求越来越高,运动员必须具有相应的、良好的身体素质才能在激烈的比赛中占据一定的优势。根据调查数据显示,一场水平较高的篮球比赛中,一支男篮队伍需要进攻大约 100 次、投篮 80 ~ 90 次、往返跑约 3000 米,还需要在比赛中进行数次跳跃、急停、起动、抢球、突防、防守等动作。因此,运动员必须通过全面的体能训练来提高体能素质水平,才能保证能够在高速度、高强度的比赛中正常地运用和发挥技术。

二、篮球专项体能训练的基本要求

(1)体能训练是一项贯穿运动训练始终的训练内容,必须要在整个运动训练中合理、全面、有计划地安排体能训练的内容。

(2)体能训练不是孤立存在的,它必须和技术训练、战术训练、心理训练、恢复训练等训练内容结合起来,才能取得理想的训练效果。

(3)篮球专项体能训练必须要根据篮球运动的专项特点、训练对象、训练时期、比赛要求、训练条件等方面的差别,进行科学合理的安排。

三、篮球专项体能训练方法

篮球运动员专项体能训练主要采用与篮球运动技战术训练相结合的训练方式,具体的训练方法包括徒手练习、持球练习、综合及循环练习三种。

(一)徒手练习

1. 速度素质训练

(1)半场侧身快跑练习。

(2)不同姿势与方向的起动练习。

(3)10 米转身追逐跑练习。

(4)听口号、看信号起跑步练习。

(5)抢篮板球后第一传起动跑练习。

(6)跑(变向、侧身、弧线)、跳、急停、转身、起动、滑步等脚步综合练习。

2. 耐力素质训练

(1)围绕篮球场以变速的方式连续跑 10 圈。

(2)持续进行折返跑步练习,注意每次跑的距离不同。

(3)跑步距离设置为 5 ~ 10 米,每次跑步的距离相同,持续进行折返跑。

(4)全场连续防守滑步。

(5)跳跑练习:两名运动员分别站在两个不同的篮筐下面,听到指定的信号之后两人跳起来摸篮筐,然后以退后跑的形式跑到对方的篮筐下面,再跳起来摸对方的篮筐,重复训练 5 次。

（6）要求运动员持续进行碰板训练，重复训练 100 ~ 200 次。

3. 力量素质训练

（1）多级跳练习，练习次数视具体情况而定。
（2）蛙跳练习，练习次数视具体情况而定。
（3）在负重的情况下进行投篮练习。
（4）中场三级跳上篮练习。
（5）连续快速跳起摸高练习。

（二）综合与循环练习

1. 综合练习

（1）练习目的
发展运动员的体能素质。
提高运动员在运动强度较大的情况下的投篮能力。
（2）练习方法
①快速冲刺跑—投篮练习
运动员持球站在篮球筐下面，向球筐中投球或者扣球。
接着运动员迅速跑向罚球线，并做手摸罚球线的动作。
然后运动员跑到篮球落地的位置，将球捡起，并站在此处向篮筐中投篮。
运动员再次快速跑向罚球线，再次做手摸罚球线的动作。
继续跑向落球的位置，捡球并站在原地投篮。
重复进行练习。
②运球上篮练习
运动员持球站在球场右侧 3 分线外。
由教练员发出指定信号，运动员听到信号之后用右手运球上篮，并在球刚穿过篮网时抢获篮板。
然后，运动员继续用右手运球至球场另一侧的 3 分线外。
换左手重复以上动作，直至将球运回开始时的位置。
重复进行以上练习。
③抛球—接球投篮练习
运动员持球站在篮球场右侧的 3 分线外，跳起向篮球筐中投球。
冲抢篮板接球并将手中的球抛向左侧 3 分线外。
迅速跑向左侧 3 分线外并接球。

转身将手中的球投向篮球筐。

依照上述步骤重复练习。

④快速移动接球投篮练习

投球运动员持球站在篮球场右侧3分线外,另一名负责抢篮板并传球的队员站在篮筐下面。

投球运动员站在右侧3分线外向篮球框中投篮,然后迅速跑向左侧3分线外。

负责传球的运动员在篮筐下接球之后将球传给移动到左侧3分线外的投球运动员。

投球运动员接球并向篮筐中投篮。

接球运动员跑回开始时的位置并继续接球投篮。

重复上述步骤进行练习。

2. 循环练习

(1)练习方法一

①进行后滑后撤步动作练习,练习时间为3分钟,练习强度为70%;2人一组罚球2分钟。

②全场连续端线起动至中场接后退跑至端线2分30秒,练习强度为75%,2人一组罚球1分30秒。

③横滑步动作练习,练习时间为2分钟,练习强度为80%;2人一组罚球1分钟。

④重复步骤①,练习时间为1分30秒,练习强度为80%;消极休息45秒。

⑤重复步骤②,练习时间为1分钟,练习强度为90%;消极休息30秒。

⑥重复步骤③,练习时间为45秒,练习强度为100%;消极休息2分钟。

⑦3人一组罚球6分钟。1人罚球(5次),1人传球,1人连续跳摸篮板,3人循环交换。

(2)练习方法二

①3人一组罚球6分钟;1人罚球(2次),1人传球,1人全场往返跑,3人轮换进行练习。

②3人一组在中圈2传1抢,传球者可以沿着中圈弧线移动,2分钟×3组,3人轮换进行练习。

③3人一组投篮6分钟;1人投篮、1人封盖、1人传球,3人轮换进

行练习。

④ 3 人一组在一直线上分，3 点原地传接球，经过中间人向左右传接球，2 分钟 ×3 组，3 人轮换进行练习。

第二节　足球专项体能训练

一、足球运动员速度素质训练

（一）训练要求

（1）训练负荷保持在本人最大负荷量的 95% ~ 100%。

（2）每次训练的时间为 3 ~ 10 秒。

（3）间歇时间根据训练目的确定，可完全恢复或者不完全恢复。

（4）一组训练包含 6 ~ 8 次练习，每次训练 3 ~ 5 组。

（二）训练方法

（1）练习使用各种姿势起跑，每次跑 20 ~ 30 米即可。

（2）运动员做快速动作的同时，教练员下发各种指令，运动员根据特定指令，快速做急停、转身、变向等动作。

（3）进行小步跑、高抬腿跑、顺风跑、下坡跑等练习，以克服各种运动阻力，提高运动速度。

（4）进行全速运球跑练习或者变速变向运球跑练习。

（5）将简单的篮球技术和速度训练结合在一起。

（6）进行绕杆跑或者绕杆运球练习。

（7）抢球游戏练习：

在篮球场中画一条直线，然后将运动员平均分成两队，要求两队队员在与直线垂直距离为 10 米的位置成一排站好，两队相对而站，中间距离为 20 米。

在 20 米的距离中每隔 2 米放置一个篮球。

教练员发出信号后两队队员开始抢球，抢到球的数量较多的一队获胜。

二、足球运动员力量素质训练

(一)速度力量训练

(1)练习的强度为75%~90%。
(2)每次练习的时间为5~10秒。
(3)间歇时间应该以运动员完全恢复为标准制订。
(4)每次训练3~4组,每组包含4~6次练习。

(二)力量耐力训练

1.训练要求

(1)训练负荷为本人最大负荷量的60%~70%。
(2)每次训练的时间为15~45秒。
(3)设置的间歇时间应该保证运动员经过休息之后的心率能够恢复到120次/分钟左右。
(4)每次训练3~5组,每组包含20~30次练习。

2.发展颈部、上肢、肩背力量的练习

(1)两手用力固定头部的位置,为颈部转动提供阻力。
(2)进行俯卧撑练习。
(3)进行引体向上练习。
(4)进行卧推练习,可以采用水平卧推、上斜或者下斜卧推、正向卧推或者反向卧推等多种形式进行练习。
(5)弯举哑铃、杠铃练习。
(6)两人两腿分开对坐,互抛实心球练习。

3.发展腰腹力量的练习

(1)转体仰卧起坐练习、斜板仰卧举腿练习。
(2)侧卧体侧屈、侧卧双腿上举、俯卧做体后屈(同时可抬腿)。
(3)跳起空中转体、收腹头顶球。
(4)展腹跳练习。
(5)肩负杠铃体前屈、转体。

4. 发展腿部力量练习

（1）各种形式的跳跃练习，包含立定跳、多级跳、蛙跳、跨步跳、跳深、助跑跳等。

（2）肩负杠铃的同时进行提踵动作、半蹲动作练习。

（3）进行快速摆腿练习，可以在腿部绑沙袋增加负重，也可以通过在腿上绑橡皮筋的方式增加摆腿的阻力。

（4）远距离的传球、射门练习。

（5）悬垂举腿练习。

三、足球运动员耐力素质训练

（一）有氧耐力训练

1. 训练要求

（1）小强度持续训练法

练习强度保持在 40% ~ 60%；练习时间应该在 25 分钟以上；训练的距离应该在 5000 ~ 10000 米。

（2）间歇训练法

练习强度为 150 次 / 分钟；一次练习的时间为 30 ~ 40 秒；间歇时间的制订标准为运动员不完全恢复，一般恢复到 120 次 / 分钟即可；每次训练为 1 组，1 组里面包含 8 ~ 40 次练习。

2. 训练方法

（1）进行定时跑训练，比如规定运动员跑步 20 分钟等。

（2）进行不同距离的跑步练习，比如 3000 米、5000 米、8000 米跑等。

（3）100 ~ 200 米、400 ~ 800 米间歇跑或者变速跑练习。

（二）无氧耐力训练

1. 训练要求

无氧耐力的训练方法主要是次大强度间歇训练法，其训练要求为：

（1）训练负荷为本人最大负荷量的 80% ~ 90%。

（2）一次练习的时间应该为 20 ~ 120 秒。

（3）训练时运动员的脉搏应该保持在 180 ~ 200 次 / 分钟。

（4）间歇要求不完全恢复，脉搏恢复到 120 次 / 分钟即可。

（5）每次训练 1 ~ 2 组，每组包含 12 ~ 40 次练习。

2. 训练方法

（1）20 ~ 60 米多次冲刺跑。

（2）100 ~ 400 米高强度反复跑。

（3）各种短距离追逐跑。

（4）进行 5 米、10 米、15 米等短距离的折返跑。

（5）往返冲刺传球练习。

（6）规定时间内做不同人数抢传练习。

四、足球运动员柔韧素质训练

（一）训练要求

（1）练习强度有一个变化的过程，开始时为中等强度，到后期训练强度可达 80%以上。

（2）一次练习的时间大概为 10 ~ 20 秒。

（3）间歇安排以运动员能够通过间歇时间完全恢复为标准。

（4）每次训练 3 ~ 5 组，每组包含 5 ~ 10 次练习。

（二）训练方法

（1）颈部侧向四周，并做绕圈运动。

（2）身体侧向四周并同时做其他动作。

（3）分别向前、后、两侧做踢腿并绕圈动作。

（4）站立体前屈下压，或靠墙站立体前屈下压。背伸、展腹屈体练习及腿肌伸展练习。

（5）两腿保持交叉状态，做跨步、转身动作。

（6）踢球、顶球、抢截球等各种技术动作的模仿练习。

第三节　游泳专项体能训练

一、游泳运动员力量素质训练

游泳运动员需要发展的力量包括极限力量、速度力量、力量耐力和爆发力四种类型，发展不同种类的力量需要采用不同的训练方法和训练手段，有针对性地进行训练才能取得理想的训练效果，各种力量训练需要的具体训练方法和手段如表 9-1 所示。

表 9-1　游泳运动员力量素质训练手段与方法[①]

力量素质种类	力量素质训练方法	力量素质训练手段
极限力量	极限力量练习法 重复极限练习法 超重退让练习法 低速等动练习法	杠铃、滑轮、等动、橡皮拉力抗极限重量练习
速度力量	高速等动练习法 重复练习法 重复间歇练习法 比赛练习法	牵引游（改进非乳酸机能）； 陆上杠铃训练、等动、橡皮拉力、滑轮、摩擦类练习器、哑铃； 水槽牵引游、负重游、戴划水掌游、50 米以内的牵引游、短冲练习
力量耐力	间歇练习法 重复练习法 重复间歇练习法 比赛、循环练习法	触导力量练习法（发展糖酵解无氧—有氧或无氧—无氧功能系统）； 橡皮拉力、等动和摩擦类练习器、哑铃； 水槽牵引游、负重游、戴划水掌游、 100 ~ 400 米以上牵引游
爆发力	冲击法 极限快速力量练习法	等动练习、杠铃、跳跃练习； 出发、转身、冲刺游

二、游泳运动员速度素质训练

（一）反应速度

反应速度是影响游泳运动员出发动作和接力比赛中接跳动作发挥的

① 王向宏．体能训练理论与方法[M].2 版．北京：北京航空航天大学出版社，2014.

重要因素，但是反应速度是一项比较保守的指标，很难通过训练得到快速提升，一般提升的幅度不会超过 1/10 秒。通常来说，反应速度更受到神经中枢特点的影响，这一方面要求运动员需要不断提高技术动作的熟练程度，建立神经中枢记忆；另一方面要注意调整心态，在重要赛事之前保持适度兴奋的心态有利于表现出较快的反应速度。

运动感觉训练法是一种比较常见的用来发展运动员反应速度的训练方法，具体内容为：运动员对教练发出的信号做出快速反应，教练记录下运动员的实际反应时间；教练再次发出信号，运动员做出反应，要求运动员估计自己反应所用的时间；将运动员估计的时间与实际时间进行对比，使运动员比较精确的感知时间差，运动员能够越精确地感知时间差，其控制反应速度的能力就越强；最后教练要求运动员在规定的时间内做出反应。运动感觉训练法是一种心理训练法，有助于提高运动员信号反应的稳定程度，还能够帮助运动员降低失误率。

（二）动作频率

提高动作频率的重点在于克服速度障碍，在进行动作频率训练的时候，可以采用的方式包括绞车牵引游，在游泳水槽中借助特质吊架进行超极限速度游，小划水掌、小脚蹼游，采用小重量的阻力游，等等。经常改变动作频率、改变动作条件有助于避免顽固性的动作定型出现。为使力量素质和游泳技术同时得到改进，可将极限强度（频率）的练习和相当极限游速 90% ~ 95%的游速练习交错安排。

（三）移动速度

神经和肌肉系统的状态是影响游泳运动员速度素质发展的重要因素，所以在正式训练之前，可以进行一定的热身运动唤醒神经和肌肉系统，以保证取得理想的训练效果。比如，在进行水陆训练之前，可以进行一些小重量的划水模仿练习，还可以将小阻力和牵引游作为水上刺激速度能力的准备手段，在进行完这些热身准备之后，还可以进行一组 10 ~ 15 米的冲刺练习。

在正式训练时，常用的训练手法为短冲训练法，这种训练方法能够有效地提高运动员的肌肉中高能磷化合物的储备量（即 ATP-CP 的含量）、无氧代谢酶的活性、加速糖酵解速度，从而提高运动员的无氧代谢能力。

三、游泳运动员柔韧性素质训练

（一）肩、肘、手腕关节柔韧性训练

1. 肩关节柔韧性练习

（1）肋木拉肩。以正面、侧面、背面等方向朝向肋木，双手平握或者上下握肋木，不断变换方向、节奏和幅度进行拉肩动作。

（2）借助吊环做拉肩、转肩练习。

（3）和同伴两人一起练习。一人辅助，另一人做各种拉、提、转、压肩动作，轮换练习。

（4）徒手做拉、转肩练习。

（5）借助弹性辅助装置或者拉力器进行练习。

2. 肘、腕、指关节柔韧性练习

（1）肩膀固定不动，做转肘动作，锻炼肘关节柔韧性。

（2）肩部和肘部都固定不动，不断转动手腕，锻炼腕关节柔韧性。

（3）双手交叉，不断活动手指，锻炼指关节柔韧性。

（二）踝关节柔韧性训练

（1）做提踵动作，进行提踵练习。

（2）双手扶住支撑物，脚跟始终保持在地面上，单脚或者双脚做后撤动作。

（3）双脚脚尖向内对齐或者双脚脚跟向内对齐，两个脚掌尽量保持一条直线，同时做下蹲动作。

（4）和同伴一起进行练习，在同伴的协助下做各种压、转踝关节的动作。

（三）膝、髋关节的柔韧性训练

（1）在不借助工具的情况下进行各种转髋、转膝动作练习。

（2）盘腿坐练习。

（3）跪坐练习，膝盖向内，脚掌朝外并向上翻。

（4）先摆好跪坐的姿势，然后身体向后仰倒，肩膀着地。

（5）双膝绕环练习。

(6)利用肋木,向各种方向,以各种幅度、节奏拉、压膝关节及其周围组织。

(四)脊柱柔韧性训练

(1)做转动颈椎的动作。
(2)做转腰动作练习。
(3)躯干绕环练习。
(4)和同伴搭档练习,在同伴的帮助下做各种拉背、压背动作。
(5)进行各种转体练习。

第四节　健美操专项体能训练

一、健美操运动员力量素质训练

(一)上肢力量训练

1. 动力性力量训练

(1)仰卧撵组合训练

①训练方法

俯撑,手指向前,两臂伸直,两手距离同肩宽,两腿伸直,两脚并拢以脚尖着地;两臂屈肘向下至背低于肘关节,接着两臂撑起伸直呈原来姿势。

②训练部位

主要锻炼的是三角肌的前部、胸大肌以及肱三头肌,增强这些肌肉的力量,进而发展运动员的上肢力量。

③动作要求

身体在训练的过程中始终保持平直状态。

有节奏地多次重复动作训练。

④变化形式

用手指支撑做俯卧撑。

用双臂支撑做俯卧撑。

用双臂做俯卧撑的同时,双手卧砖负重。

在俯卧撑中加入击掌的动作。

在俯卧撑中加入推起跳的动作。

以上动作可随意组合、随意变换节奏、随意变换训练次数以及训练时间等。

(2)双杠臂屈伸训练

①训练方法

双手撑杠,两臂伸直,两臂屈伸在双杠上,身体垂直在杠内,两臂应完全弯曲并夹肘,再快速用力撑起还原。

②训练部位

主要训练的肱三头肌。

③动作要求

身体在训练的过程中始终保持平直的状态,双腿伸直并不能随意摆动。

有节奏地重复训练动作。

④变化形式

腰部或者双脚负重进行练习。

借助吊环练习。

借助健身球练习。

采用不同的节奏进行练习。

2. 静力性力量训练

(1)采用大负荷量的训练方式,通过不断增加训练的时间来逐步发展静力性力量。

(2)具体训练方法

①训练负荷为本人最大负荷量 70%的训练方式,每组练习的时间在 12 秒以上,每次进行 4 组练习,两组练习之间的间歇时间为 3 分钟。

②训练负荷为本人最大负荷量 70% ~ 90%的训练方式,每组练习的时间为 8 ~ 10 秒,每次进行 4 ~ 6 组练习,两组练习之间的间歇时间为 3 分钟。

③训练负荷在本人最大负荷量 90%以上的训练方式,每组练习的时间为 3 ~ 6 秒,每次练习不超过 4 组,两组练习之间的间歇时间为 4 分钟。

（二）下肢力量训练

1. 负重弓步跳—肩负杠铃四分之一蹲跳

（1）训练方法

将杠铃置于肩上，双手握住杠铃，两手之间的距离大于肩膀的宽度。

双脚分开站立，双脚之间分开的距离和肩膀宽度相同，上半身保持挺直的状态。

屈膝四分之一，然后利用腿部的力量原地起跳，跳起的高度应该达到3～5厘米。

（2）训练部位

长背肌群、臀大肌、臀中肌、股二头肌、股四头肌、腰大肌、缝匠肌、半腱肌、腓肠肌、比目鱼肌群。

（3）训练强度及负荷

①发展极限力量

训练负荷为本人最大负荷量的85%～100%，1～3次练习为一组，每次进行6～10组练习，两组练习之间的间歇时间为3分钟。

②发展力量耐力

训练负荷为本人最大负荷量的40%～60%，15～20次练习为一组，每次进行3～5组练习，两组练习之间的间歇时间为1～2分钟。

2. 蹲起

（1）训练方法

两人一组进行练习，练习时两人的背部紧靠在一起，双臂相互环绕，然后同时做深蹲动作。

（2）训练部位

主要训练的是臀大肌、股四头肌、腓肠肌等。

（3）训练强度及负荷

训练负荷为本人最大负荷量的40%～60%，15～20次练习为一组，每次进行3～5组练习，两组练习之间的间歇时间为1～2分钟。

（三）腰腹力量训练

1. 收腹举腿

（1）训练方法

身体保持仰卧姿势，双臂平放在身体两侧。

收腹，同时将双腿向上举起，一直举高到双腿和身体之间相互垂直。

然后将双腿缓缓放下并还原到开始时的姿势。

（2）训练部位

下腹部肌肉、髋关节处的肌肉群。

（3）训练强度及负荷

训练负荷为本人最大负荷量的40%～60%，20～30次练习为一组，每次进行4～6组练习，两组练习之间的间歇时间为2～4分钟。

2. 仰卧体后屈

（1）训练方法

身体成俯卧姿势，利用髋部和腿部的力量支撑身体，脚保持固定位置不动。

双臂前伸，同时身体做后屈动作。

（2）训练部位

伸髋肌、背肌。

（3）训练强度及负荷

训练负荷为本人最大负荷量的40%～60%，20～30次练习为一组，每次进行4～6组练习，两组练习之间的间歇时间为2～4分钟。

二、健美操运动员耐力素质训练

（一）花式跳绳

1. 训练方法

各种类型的摇跳绳。

2. 动作要求

身体始终保持挺直状态。

跳绳必须是连续进行的。

3. 运动强度及负荷

训练负荷为本人最大负荷量的55%～60%，30～40次练习为一组，每次进行4～6组练习，两组练习之间的间歇时间为5分钟，必须保证运动员的心率恢复到120次/分以下才能继续进行下一组练习。

（二）水中高抬腿跳

1. 训练方法

在水深 1 米以下的浅水中做各种跑以及单、双腿跳动作。

2. 运动强度及负荷

训练负荷为本人最大负荷量的 55% ~ 60%，每组练习时间为 4 ~ 6 分钟，每次进行 4 ~ 6 组练习，两组练习之间的间歇时间为 10 分钟。

3. 变化形式

（1）可以在原地进行练习，也可以在行进的过程中进行练习。
（2）可以根据自己的情况不断改变训练的强度和训练负荷。
（3）可以改变训练的节奏或者动作的组合变化形式等。

（三）跳与跃组合

1. 训练方法

将健美操中的一些跳和跃的动作结合在一起，进行循环练习。

2. 运动强度及负荷

训练负荷为本人最大负荷量的 55% ~ 60%，每组练习时间为 4 ~ 6 分钟，每次进行 4 ~ 6 组练习，两组练习之间的间歇时间为 10 分钟，必须保证运动员的心率恢复到 120 次 / 分以下，才能继续进行练习。

3. 变化形式

（1）可以根据运动员的水平和训练目标等，设置多种程度的训练难度。
（2）可以在遵循循序渐进原则的基础上逐渐加大训练强度和负荷。
（3）可把成套动作中的操化动作融入练习中来，使训练增加趣味性。

三、健美操运动员柔韧素质训练

（一）大腿后侧柔韧性训练

1. 并腿体前屈

（1）训练方法

身体成坐姿，双腿伸直并并拢，脚尖紧绷。

双臂伸直。

做体前屈动作，最好能够让上半身贴紧大腿，同时双臂随着身体向前伸。

（2）动作要点

整个训练过程中，双腿必须始终保持伸直的状态。

身体自然放松。

（3）训练强度及负荷

训练时的负荷为本人最大负荷量，一组训练的时间为15～30秒，一共进行3～4组练习，两组练习之间的间歇时间为1～3分钟。

2. 纵叉

（1）训练方法

一腿在前另一腿在后纵叉，利用自身重量，进行练习。

（2）动作要点

整个训练过程中膝盖必须始终保持伸直的状态。

身体挺直并自然放松。

（3）训练强度及负荷

训练负荷为人体最大负荷量，一组训练的时间为15～30秒，每次进行3～4组练习，两组之间的间歇时间为1～3分钟。

（二）大腿内侧柔韧性训练

1. 手撑横叉

（1）训练方法

两腿左右分开呈横叉，上体前屈，手撑地面，利用自身重量下沉进行练习。

（2）动作要点

膝盖在整个训练的过程中必须始终保持伸直状态。

身体挺直并自然放松。

（3）训练强度及负荷

训练负荷为人体最大负荷量，一组训练的时间为15～30秒，每次进行3～4组练习，两组之间的间歇时间为1～3分钟。

2. 仰卧横叉

（1）训练方法

仰卧横叉，双手放在大腿内侧，用力使双腿靠近地面进行练习。

（2）动作要点

膝盖在整个训练的过程中必须始终保持伸直状态。

上半身始终不能离开地面。

（3）训练强度及负荷

训练负荷为人体最大负荷量，一组训练的时间为 15 ～ 30 秒，每次进行 3 ～ 4 组练习，两组之间的间歇时间为 1 ～ 3 分钟。

四、健美操运动员平衡素质训练

（一）训练内容

直接将健美操运动中的转体类、平衡类、高踢腿类、劈腿类等动作截取出来，供运动员训练，以提高运动员的平衡能力。

（二）训练强度及负荷

（1）训练负荷为本人最大负荷量的 90%，每组练习时间为 12 ～ 20 秒，每次进行 4 ～ 6 组练习，两组练习之间的间歇时间为 3 分钟。

（2）训练负荷为本人最大负荷量，每组练习的时间为 8 ～ 12 秒，每次练习的组数在 4 组以下，两组练习之间的间歇时间为 4 分钟。

（三）训练变化形式

（1）在平衡素质训练中加入柔韧素质训练的内容，将两者组合起来进行训练。

（2）将各种平衡动作组合成不同的形式进行练习。

第五节　武术专项体能训练

一、武术运动员柔韧素质训练

（一）主动柔韧性练习

主动柔韧性练习是指运动员主动用力完成相应部位软组织拉长的练习。

动力性练习和静力性练习是主动柔韧性练习的两种形式。其中,动力性练习包含在原地或者行进过程中进行的各种踢腿、摆腿练习以及各种翻腰、涮腰练习等。而静力性练习主要包括各种较长时间的压腿、压肩或者下腰等动作的练习。在实际训练中,运动员一般会采取动静结合的训练方式,顺序为先压腿,然后再进行踢腿、摆腿等动作。

（二）被动柔韧性练习

被动柔韧性练习是指,借助外界的力量,将运动员某些部位的软组织被动拉长,进而不断扩大其最大活动范围的练习。

被动柔韧性练习和主动柔韧性练习一样,也包括动力性练习和静力性练习两种形式。前者主要是指在器械或者人为的帮助之下,进行的各种扳腿、甩腰、压叉等动作的练习;后者是指在器械或者人为的帮助之下,进行的压腿、下腰或者压肩等姿势的练习。

（三）混合柔韧性练习

混合柔韧性练习是指交替进行主动柔韧性练习和被动柔韧性练习的一种练习方式。混合柔韧性练习一般被用在基础训练阶段,常见的状况是运动员自己进行完压腿等练习之后,为了取得更加理想的训练效果,教练还会帮助运动员做各种扳腿、甩腰等动作。

二、武术运动员力量素质训练

（一）抗阻力练习

抗阻力练习是指为了增强运动员克服自身重量和器械重量的能力而进行的练习。抗阻力练习中最常用的练习手段是负重练习,可以利用哑铃、杠铃、沙袋等工具帮助增加负重量,在不改变动作内容、动作幅度、动作速度等方面要求的基础上,通过负重训练逐渐提升抗阻力的能力。此外,在太极等武术中,还可以利用双人顶、推、拉等动作,发展抗阻力能力。拉力器、橡皮带等工具产生的弹性阻力对于发展力量素质也非常有帮助。

（二）腾空跳练习

腾空跳练习主要用于发展爆发力,因为武术运动中包含数量众多的爆发式踏跳动作。常见的腾空跳练习方式包括击步摸高、击步冲顶吊球、击步连续直体跳、拉腿跳、收腿跳及各种转体跳、腾空飞脚、双飞脚、旋风脚和外摆莲等。多次重复并将这些方式合理组合在一起进行练习，对于发展武术运动员的爆发力具有重要作用。

三、武术运动员协调素质训练

（一）培养肌肉合理用力能力

肌肉合理用力能力是指，武术运动员能够根据技术动作的具体要求，适时、合理地掌控肌肉的收缩和放松，使肌肉灵活交替、协调配合。

培养武术运动员的协调素质，最重要的是在运动员学习动作之初，就帮助其建立正确的动作表象，掌握正确的肌肉用力顺序和用力方式，这就要求教练员在教新动作时，必须要做好动作讲解和动作示范。在讲解中，教练员要保证讲解语言的准确性，讲解应该重点围绕技术动作的动作路线、起止点、发力的肌肉等方面进行。在动作示范中，教练员首先需要做到的也是保证示范动作的准确性，帮助运动员形成正确的动作表象。此外，还可以要求运动员进行一些慢动作或者速度较慢、强度较小的技术动作的重复练习，以帮助他们体会相应肌肉的用力感觉，掌握合理的肌肉用力方法；随着运动员熟练度的提升，练习的速度和强度可以逐渐加大，帮助其提高肌肉用力的精确分化的程度。

（二）发展掌握更多技术动作的能力

协调能力会受到运动员所掌握的基础技术条件反射数量多少的影响，也就是说，运动员掌握的技术动作越多，其反射条件数量就越多，相应地，其协调能力也会相应提升。因此，想要发展武术运动员的协调素质，可以通过训练运动员掌握更多的技术动作来帮助实现。

在训练中，对于年龄较小的运动员，由于其具有更强的可塑性和更大发展空间，所以可以不断向其传授更多新的动作技能；对于年龄较大的运动员，因为其掌握的技术动作已经比较完备，所以可以要求其多多学习不同的动作风格和不同的流派，以丰富自己的技术动作的表现形式等。

（三）增大练习难度，增加技术复杂程度

发展武术运动员的协调素质，还可以通过改变训练的要求和条件，增大练习的难度和技术的复杂程度实现。比如，在练习的过程中改变练习

的速度、练习的节奏，改变原有动作及动作组合的习惯节奏、重新对速度提出要求并改变动作频率；改变练习的条件，比如改变练习的场地、练习的器械，增加器械练习的内容等；增加技术动作的复杂程度，如在行步练习中要求运动员听到指定信号后突然转变运动方向等。

在练习过程中增加练习的难度，增加技术复杂程度，对于发展武术运动专项的协调素质，具有重要帮助。

四、武术运动员耐力素质训练

（一）有氧耐力训练

1. 持续训练法

持续训练法是指，负荷强度比较低，负荷时间比较长，无间断地持续进行练习的训练方法。一般采用整套或超套训练，并以脉搏频率作为指标控制练习强度，适宜状态的心率应该保持在 145 ~ 170 次 / 分钟。

表 9-2 为持续训练法的基本类型及其特点。

表 9-2　持续训练法的基本类型及其特点 ①

基本类型	短时间持续训练	中时间持续训练	长时间持续训练
负荷时间	5 ~ 10 分钟	10 ~ 30 分钟	＞30 分钟
心率强度	170 次左右	160 次左右	150 次左右
间歇时间	没有	没有	没有
动作结构	基本稳定	基本稳定	基本稳定
有氧强度	最大	最大	次大
供能形式	无氧、有氧代谢系统混合供能	有氧代谢供能为主	有氧代谢供能

2. 间歇训练法

间歇训练法也是一种常被用来发展有氧耐力素质的训练方法，它通过严格控制间歇时间来达到发展耐力素质的效果。间歇训练法的训练负荷一般为个人最大负荷量的 75%，一般采用 1/2 段或者 3/4 段或者整套练习，训练时的适宜心率应该在 170 次 / 分钟以下，间歇的时间在 2 分钟以内，当运动员的心率恢复到 120 次 / 分钟时即可进行下一次的训练。

① 龙春生．体能训练法[M]．沈阳：辽宁大学出版社，2009.

间歇时间还和运动员的训练水平相关,当运动员的训练水平不断提升时,应该逐渐缩短间歇时间,并且就加长单次训练的时间,较少训练重复的次数。

(二)无氧耐力训练

1. 间歇训练法

在无氧耐力训练中使用间歇训练法,训练负荷应该在个人最大负荷量的 75%,心率为 170 ~ 180 次 / 分钟,在一次训练过程中,间歇的时间逐渐缩短,重复训练的次数也逐渐减少,这样做有助于体内乳酸的堆积。比如,第一和第二次训练之间的间歇时间为 5 ~ 6 分钟,第三和第四次训练之间的间歇时间为 4 ~ 5 分钟,第五和第六次训练之间的间歇时间为 3 ~ 4 分钟。在使用间歇训练法时,要注意从运动员的实际状况出发,根据运动员的实际训练水平和训练目的制订合理的训练强度和训练密度。

2. 阻氧训练法

阻氧训练法是指,在训练时减少运动员的摄氧量从而发展运动员的无氧耐力素质的训练方法,比如要求运动员在训练时只能用鼻子呼吸或者让运动员在训练的过程中戴上口罩等。

第六节 其他运动项目体能训练

一、田径专项体能训练

(一)田径速度素质训练

1. 负重短跑

负重短跑经常运用于田径速度训练中,能取得不错的训练效果。一般来说,负重短跑主要有以下几种形式。

(1)山地跑。倾斜度必须能够满足正确的起跑姿势和短跑动作。在一个 8° ~ 10° 的斜坡上,前 2.5 ~ 3 秒应跑过 10 ~ 30 码的距离,然后接下来应全速跑过 20 ~ 80 码的距离。

(2)阶梯跑。运动员可以借助楼梯进行类似于山地跑的训练,在训练的过程中,运动员一定要注意选择合适的角度。

(3)带雪橇跑。雪橇上边一个备用轮胎加上一个绳索,外加一个捆绑重物的带子即可制成一个简易雪橇。还可以采用不同材质的形式来增加重量。训练中运动员要保持正确的身体姿势,运动强度要依据具体实际适当增加。

2. 跳跃训练

跳跃训练也能有效地提升运动员的速度与加速度,跳跃训练法主要有以下几种。

(1)垂直跳跃

运动员从慢跑开始,尽最大可能高的向上跳起,膝盖要上抬,一条腿落地后继续从地面跳起。反复进行练习。

(2)向外跳跃

向外跳跃的方法和垂直跳跃有着相似之处,只是脚要横向地落到正常落地位置的外侧,身体要向外摆,向上,向前。

(3)向内跳跃

向内跳跃与向外跳跃非常相似,只是脚要横向地落到正常落地位置的内侧,身体要向内摆,向上,向前。

(4)踢臀练习

首先,运动员慢跑,在位置较低的腿要往回抬并离开臀部。位置高的腿不要移动太多,但脚后跟要碰到臀部。踢臀练习的强度相对较高,能有效地提高人体的速度与加速度。

(5)下压腿练习

这一练习与跨栏比较相似,运动员的腿在身前伸展,运用爆发力下压腿和地面接触。每腿做10次为一组,如此反复练习。

(二)田径力量素质训练

1. 核心力量训练

(1)接、掷保健球仰卧起坐训练

屈膝,双脚平放于地面,从坐位开始练习。搭档面向自己,双手持保健球,站于离自己1.2 ~ 2米的位置。搭档把保健球掷于自己胸前。接球,慢慢下降躯干至地板,然后返回到起始位置。当恢复到起始位置时,胸前双手把保健球传给搭档。

（2）快速触脚训练

平躺于地板上，要求双臂和双腿始终伸直。始终保持双臂和双腿伸直，快速用双手触摸脚尖。需要注意的是，在两个动作之间，不能完全把后背恢复到平躺位置。

（3）充分仰卧起坐训练

屈膝，以标准仰卧起坐的姿势躺于地面，只使下后背触到地板，双手放于脑后。收缩腹部肌肉群，使躯干提升，形成与地面垂直的姿势。慢慢恢复到开始位置，整个训练过程中保持双臂不动且始终放松。

（4）负重身体收缩训练

屈膝，以标准仰卧起坐的姿势躺于地面，只使下后背触到地板，双手持一杠铃片或保健球置于胸前。收缩腹部肌肉群，使双肩及上后背提升，与地面成30° ~ 45° 角。慢慢恢复到开始位置，整个训练过程中始终将杠铃片或保健球置于胸前。

2. 专项力量训练

专项力量是指以高强度专项运动的形式完成动作时，肌肉克服阻力的能力。

（1）在训练时，能够积极调动起参与专项运动的肌肉，并使其得到有效训练。

（2）对力量练习的技术因素加以重视，使肌肉的工作方式和冲动频率与专项技术一致。

（3）对肌肉间的协同用力要加以重视，尽可能使肌肉或肌群之间的配合与专项技术特点一致，通过整合机体各环节的肌力，形成正确的“用力顺序”。

（4）投掷项目训练：用略轻或略重的器械进行练习，重量以不产生动作变形为宜（约小于20%的标准重量）。相对来讲，采用轻器械的效果更好，因为投掷项目的成绩主要取决于出手速度。器械过重反而会适得其反。

（5）跳跃项目训练：膝或大腿负沙袋的助跑起跳膝关节触高练习，不宜过重，要有助跑速度。单腿跳箱或跳栏架通常也能取得不错的训练效果。

（三）田径耐力素质训练

1. 有氧耐力训练

（1）负荷强度

通常负荷强度低于最大强度的70%，一般运动员的心率可控制在140 ~ 160次/分钟，高水平的运动员则可相对提高些。具体可以根据心率公式加以计算：

训练强度=安静时心率+（最大心率－安静时心率）×70%

（2）无氧阈

无氧阈，一般大小会用血乳酸含量达到0.04摩尔/升时所对应的强度来表示。

（3）持续时间

练习持续时间要以专项特点、运动员自身的情况和训练的不同阶段为依据来确定，如可以通过持续60 ~ 90秒来提高高强度的速度耐力；通过多次重复3 ~ 10分钟或持续20 ~ 120分钟来提高有氧耐力。有氧练习通常以高于30分钟为佳。

（4）重复次数

确定合适的重复次数非常重要，首先要弄清楚维持高水平氧消耗的生理能力这一重要依据和前提条件，通常3 ~ 5次/2 ~ 3组。

（5）间歇时间

如果运动员机体还没有完全恢复，那么这时候，下一次的练习就可以开始了，一般以不超过4分钟为宜。通常当心率恢复到120 ~ 130次/分时，下一次练习就可以开始了。

2. 无氧耐力训练

（1）乳酸供能元氧耐力的训练

①主要采用间歇训练法和重复训练法。强度：最大强度的80% ~ 90%，心率可达80 ~ 190次/分钟。负荷持续时间：长于35秒，一般在1 ~ 2分钟之间。距离：300 ~ 600米跑或50 ~ 200米游泳。

②练习次数、组数和间歇时间：参照训练水平、跑速、段落长度和组间间歇时间等这些因素来加以确定。一般来说，段落短，则间歇时间也短，如200 ~ 400米段落跑，共练习3 ~ 4组，每组重复跑3 ~ 4次。

③练习顺序：从长段落开始到短段落，如（400米×2+300米×2+150米×2）等，这样能够使有机体迅速动员无氧糖酵解的能力得到

有效提高。

（2）非乳酸供能无氧耐力的训练

①强度：90% ~ 95%。练习持续时间：5 ~ 30 秒之间。

②重复次数与组数：以不降低训练强度为原则，重复次数不宜多。要以运动员水平与具体情况为依据来确定次数、组数，一般情况下，水平高，则组多些，如练习 4 ~ 5 次 /5 ~ 6 组。

③间歇时间：短距离如 30 ~ 70 米跑的间歇时间为 50 ~ 60 秒。较长距离如 100 ~ 150 米跑，间歇时间为 2 ~ 3 分钟。间歇时间要确保 ATP—CP 能量物质的恢复。要适当控制总量在 700 ~ 1000 米范围，否则非乳酸供能无氧耐力训练的效果会不理想。

（四）田径柔韧素质训练

1. 主动性拉伸训练

主动性拉伸训练，是指练习者依靠自己的力量，通过各关节及其相关肌肉的主动收缩，来改善关节灵活性和肌肉伸展性的方法。在柔韧素质训练中，主动性拉伸训练又可以分为以下两种形式。

（1）主动性动力拉伸

主动性动力拉伸训练，是指练习者依靠自己的力量，使肌肉、肌腱、韧带等软组织急骤地牵拉长，来提高关节灵活性和肌肉的伸展能力。此练习可以分为三种：单一和多次的拉伸训练；摆动和固定的拉伸训练；负重和不负重的拉伸训练。

（2）主动性静力拉伸

主动性静力拉伸训练，是指练习者在动作最大幅度时，依靠自身的肌肉力量和采用不同的伸展姿势保持静止姿势慢慢地拉长的训练。这种训练方法能在很大程度上拉长肌肉而不会引起伸展肌肉的反射性收缩，安全性较高。

采用主动性静力拉伸训练法时，当肌肉软组织拉伸到某一程度时，保持静止状态的时间一般约为 8 ~ 10 秒，重复次数为 8 ~ 10 次。

主动性静力拉伸训练法对发展肌肉、韧带等的伸展性有较好的作用，是作为发展柔韧性的主要方法。主动性静力拉伸的训练强度较小，且动作幅度较大，有助于节省体能，无需专门训练场地和训练器械，简单易行。

2. 被动性拉伸训练

被动性拉伸训练，是指练习者借助外力或同伴的作用，帮助进行伸展的训练。被动性拉伸训练可分为以下两种形式。

（1）被动性动力拉伸

被动性动力拉伸训练，是指在训练时依靠同伴或在绳、棍棒、毛巾、橡胶带等的帮助下进行伸展的训练。例如，依靠同伴的帮助来增大压肩、举腿的动作幅度等。在被动性拉伸训练的过程中，练习者应重点注意与同伴的不断交流，以确保在训练中肌肉、韧带拉伸的安全性，预防拉伤。

（2）被动性静力拉伸

被动性静力拉伸训练，是指练习者借助外力来保持固定或静止某一拉伸姿势的练习。例如，依靠同伴的帮助来保持体前屈的最大幅度。

采用被动性静力拉伸训练方法发展柔韧性素质时，需要注意以下几点：第一，应逐渐加大动作的幅度，使动作到位；第二，受力应由轻到重，使肌肉、韧带缓慢地被拉长；第三，应循序渐进，两种训练方法兼顾使用，避免受伤。

（五）田径灵敏素质训练

1. 双腿侧向单足跳

在1码宽的标志区内做以下训练。

（1）运动员站在标志区左侧做好准备，等待教练员的开始口令。

（2）双腿蹬伸跳向标志区的另一侧，要确保跳过标志区。

（3）着地后快速跳回原来位置。

（4）连续快速练习5～10次。

2. 六边

（1）在场地内标出六边形，边长可以根据实际合理地确定。

（2）运动员站在六边形的中心，面对指定方向。

（3）面对指定方向时，双脚跳出六边形的每边。先后进行顺时针和逆时针跳跃，教练员在一旁做好计时工作。

3.20 码往返跑

（1）运动员两腿成开立姿势，做好充分的准备，听口令跨过起始线。

（2）运动员向右转身，快跑并用右手触摸5码远的一条线。

（3）运动员转回左边，跑过10码距离并用左手触摸远处线。

（4）运动员转回右边，跑过5码距离，穿过起始线完成练习。

4.8 字形跑

（1）在平整的场地上放置两个间距为 5 ~ 10 码的扁平锥桶。

（2）运动员做好准备，两腿成开立姿势。

（3）运动员听口令在两锥桶间做“8”字形跑，转弯时用手心碰触每一个锥桶。

5. 蛇形跳

（1）运动员做好准备，两腿成开立姿势。

（2）进行一系列的直角转弯跳，并保持两脚一起。

（3）跳跃前进方向：正前方、右方、正前方、左方、正前方等。

（4）跳起时必须转髋。

二、排球专项体能训练

（一）排球力量素质训练

通常来说，排球专项力量素质的训练主要包括对上肢、腰腹及下肢力量的训练，具体方法如下。

1. 手指手腕力量训练

（1）手指用力屈伸练习。

（2）手指用力抓空练习。

（3）向下抖手腕做拍球练习。

（4）身体离墙 1 米左右，用手指做推撑墙的动作。

（5）两人一球，用单手手指互相推球（手指自然张开，用手指的力量用力推球）。

2. 上肢肌肉力量训练

（1）手卷重物。

（2）双手持哑铃做前平举、侧平举和臂绕环练习。

（3）手倒立推起（在同伴帮助下）练习。

（4）俯撑，手足同时离地做向侧跳跃移动。

（5）肩上单手或头上双手掷实心球练习。

（6）自己或在同伴帮助下做侧手翻练习。

（7）双手或单手持球上举，立姿或跪姿、坐姿，直臂或屈臂做向前、向后抛掷实心球练习。

3. 腰腹肌肉力量训练

（1）徒手或负重进行"元宝收腹"、仰卧举腿、仰卧起坐、体侧屈。

（2）凳上或斜板仰卧起坐（徒手、负重）。

（3）俯卧体后屈，另一人扶脚（徒手、负重）。

（4）实心球练习方法。

①双手持球或双脚夹球，在垫上做仰卧收腹或俯卧折体起。

②站立或分腿坐地，双手持球做体转和上体大绕环练习。

③两手持球，臂上举，做以腰为轴上体后屈的腹背运动。

④双脚夹球跳起，将球向前、向上或向后抛出。

4. 下肢肌肉力量训练

（1）负重连续快速提踵、半蹲跳、全蹲跳、弓箭步行走。

（2）连续蛙跳、跨步跳、多级跳、单足跳练习。

（3）仰卧拉腿。仰卧在垫子上，踝关节上固定阻力滑轮拉力带，拉力方向向脚下。双手掌心向下，在臀部下稳定上体，双腿交替快速进行抬腿练习。

（4）连续跳跃一定高度的皮筋或栏架。

（5）双足纵跳在空中转体。

（二）排球速度素质训练

1. 移动速度训练

（1）原地快速跑计时练习。

（2）做原地小步跑或高抬腿跑时，根据教练员口令，突然向前加速跑出的练习。

（3）结合排球场地练习各种移动步法。向前做小步跑或各种小碎步跑；向两侧做滑步或侧交叉跑；向后做后退跑或做各种移动的互换练习。

（4）看手势快速起动，在进攻线和中线之间或端线和进攻线之间往返快速移动。

（5）变向跑练习。

①队员站在距离教练员 10 米的地方，看手势轮流起动跑向教练员。在离教练 2 ～ 3 米时，教练员突然给两侧手势，队员不减速朝指定一侧跑去。

②两队员相距 2 米，看手势迅速起动冲向教练员，约冲出 3 ～ 5 米后，

教练员突然向两侧给手势，如指向右时，则左边队员追右边队员，要求在10米内追上。

③第一排五六个队员成纵队直线跑，看手势向两侧跑，看谁先冲出边线。

（6）移动拦网后，后退垫球，再助跑做起跳扣球的组合练习。

（7）前后、左右连续移动做垫、传练习。

2. 反应速度训练

（1）跑动中看信号变向移动或急停练习。

（2）看信号做双手传、垫球的动作练习。

（3）冲刺接球。教练员单手将球高举，队员在3米处准备，当教练员突然抽手让球掉下时，队员冲跑在球落地之前将球接住。

（4）一名队员任意抛球，另一名队员迅速移动接球后抛回。或一名队员抛球，两名队员轮流接球，也可由一名队员抛球，其他队员绕过若干障碍物将抛出的球接住。

（5）追赶同伴练习。全队做圆圈跑动报数，做好追人的准备，教练员随机喊1或2，被喊到的队员立即加速追赶前面邻近的队员，要求在外圈一圈之内追到。

（6）转身接球练习。队员面对墙站立，教练员向队员后方掷出各种变换球的同时发出信号，让队员转身将球接住后再抛给教练员。

（7）主动与被动拦网。两队员隔网相对站立，一人主动甩开对方跳起拦网，另一人力争不被对方甩掉，而与其同时拦网。

3. 起跳速度训练

（1）连续跨跳、单足跳或蛙跳。

（2）连续起跳拦快球10 ~ 20次。

（3）连续起跳扣半快球10 ~ 20次。

（4）计时在30厘米台阶上跳上跳下10次。

4. 挥臂速度训练

（1）徒手连续快速挥臂练习。

（2）手持排球掷远。

（3）扣吊球。要求动作放松，并有后振动作，抽打时肩部向上伸展。

（4）以扣球手法，在助跑起跳后挥甩排球。

（5）做轻杠铃的提、屈、挺等快速练习。

（三）排球耐力素质训练

1. 速度耐力训练

（1）通过观察教练员的手势连续向右前、前、左前方进退移动，2 ~ 3 分钟为一组。

（2）个人连续地跑动传球或垫球 10 ~ 15 次。

（3）连续地跑动滚翻或鱼跃救球。

（4）队员连续移动接教练员抛出的不同方向、不同弧度的球。

2. 弹跳耐力训练

（1）连续小负荷多次数的力量训练。

（2）连续跳上跳下台阶或高台。

（3）连续原地跳起单或双手摸篮板或篮圈。

（4）连续收腹跳 8 ~ 10 个栏架。

（5）30 米冲刺跑 10 次，每次间歇 15 ~ 20 秒。

（6）扣防结合练习，队员扣一个球退到进攻线防守一个球，连续进行 10 ~ 15 次为一组。

（7）连续移动拦网。队员在 3 号位原地跳起拦两次，落地后移动至 4 号位拦一次，再回到 3 号位拦一次，移动到 2 号位拦两次，再回到 3 号位拦两次。如此重复 2 ~ 3 个循环为一组。

3. 综合耐力训练

（1）身体训练以后再进行排球比赛或比赛以后再进行身体训练。

（2）象征性排球比赛模仿练习。队员从 1 号位防起一个扣球之后，前移防起一个吊球，再移动到 6 号位调整传球一次，移动到 5 号位防一个扣球，再移动到 4 号位扣一个球，移动到 3 号位做一次拦网动作，后撤上步扣球，再移到 2 号位。一次单脚起跳扣球为一组，连续做若干组。

（3）连续打 5 ~ 7 局或 8 ~ 11 局的教学比赛，可训练比赛耐力。

（四）排球灵敏素质训练

1. 控制性训练

（1）要求运动员两臂同时分别向前、后绕环。按教练员口令，两臂分别做不同顺序、不同起始节拍的动作。

（2）两足开立和并拢连续跳跃，双手从体侧平举至头上击掌，最后还原。

（3）分足跳时，双手头上击掌，并足跳时双手侧平举。

（4）连续交换单足跳跃。前踢腿时，双手触足尖，后踢腿时，双臂上振。反复进行。一条腿前踢落地后换另一条腿后踢。

2. 垫上训练

（1）连续做前（后）滚翻练习。

（2）做鱼跃前滚翻练习和手撑兔跳练习。

（3）做左右侧滚翻练习。

3. 皮筋垫上训练

（1）高度 1 米左右（也可根据队员弹跳高度确定），双脚跳起收腹将皮筋踩下，再接前滚翻，或接跪跳起，或接鱼跃。

（2）两条皮筋，跳过一条后接俯卧撑，跪跳起后再跳过另一条。

（3）做一定高度的侧手翻过练习。

（4）做一定高度的兔跳从下面过，臀部不得碰皮筋。

（5）双脚跳过皮筋接跪跳起后再跳过皮筋。

（6）一高一低两条皮筋，中间距离尽可能小些，做鱼跃前滚翻，从中间过，要求上下不得碰皮筋。

4. 弹跳板训练

（1）做前屈体摸脚面。

（2）原地或助跑高跳，做收腹展腹练习。

（3）做前、后或左、右分腿跳。

（4）两次转体、落地后接前滚翻或接鱼跃。

5. 结合场地和球的训练

（1）运动员做拦网落地后，接鱼跃或滚翻垫球，再上步扣球。

（2）根据不同信号，运动员分别做快速起动、制动、变速、变向及跳跃、滚动等动作。

（3）将球用力向地面击打，待其反弹后从球下钻过，反弹一次钻一次，力争钻的次数多一些。可以两人比赛。

（4）教练员灵活运用扣、吊球手法，将球击到边（端）线附近，运动员移动垫球，接界内球，不要接界外球。

（5）网前拦网一次，转身退到进攻线救一个球，然后回到网前传一个球。

（6）两人一组，一人侧传另一人抛来的低平球后接滚翻，若干次后交换。

（五）排球柔韧素质训练

1. 手指手腕柔韧性训练

（1）进行压腕练习。

（2）运动员两手相对，指尖向上互触，反复弹压练习。

（3）手持短器械做腕绕环练习。

（4）要求运动员一手侧扶肋木，两腿前后分开，脚跟着地并固定，做前、后转腕练习。

2. 肩关节柔韧性训练

（1）做两臂前后绕环和上下摆振练习。

（2）手扶墙（或肋木）压肩、压腰练习。

（3）在单杠和肋木上做单拉、双拉肩练习。

（4）运动员两人背向站立，双手互握，左右侧拉。

（5）运动员两人相对，手扶对方肩部，同时做体前屈压肩练习。

（6）背对肋木坐下，两手从头上握住肋木，两脚不动，腰尽量向前挺起，持续数秒钟。

3. 腰髋柔韧性训练

（1）上体弹振前后屈（后屈时加弹性阻力和保护）。

（2）双手握单杠或吊环做腰回旋动作。

（3）纵劈腿，横劈腿。

（4）正压腿，侧压腿（在地上或肋木上）。

4. 腿部柔韧性训练

（1）两腿交换做前、后、左、右摆振练习。

（2）做各种踢腿动作。向前踢、向后踢、向侧踢等，可以徒手做，也可以扶墙或肋木等做。

5. 踝关节柔韧性训练

（1）跪坐压踝。

（2）踮起脚尖，做踝关节的绕环练习。

（3）负中等重量，踝关节做屈伸动作，如提踵。

（4）把脚放在高约10厘米的木板上，足跟着地，做负重全蹲练习。

三、乒乓球专项体能训练

（一）乒乓球力量素质训练

在乒乓球力量训练中，专项力量应与专项运动能力训练相结合，与专项技术的用力方式融合在一起，这是发展运动员专项力量素质的有效途径。提高乒乓球运动员力量素质的方法主要包括以下几种。

（1）持轻哑铃做变速模仿拉弧圈球练习，用时1～3秒，反复练习多次。

（2）持轻哑铃做变速模仿削球练习，用时1～2秒，反复练习多次。

（3）持轻哑铃连续做模仿击球动作练习，注意将两个动作相结合。

（4）反握持哑铃弯举，同时做内旋动作。

（5）持轻哑铃做变速模仿正手扣杀练习，用时1～3秒，反复练习多次。

（6）各种徒手（规定练习次数和时间）的挥拍动作练习。

（7）持特制球拍（约为0.5公斤左右）的各种挥拍动作练习。

（8）用持拍手进行乒乓球掷远和扣球击远练习。

（9）持拍推球练习。包括快推和加力推两种练习方法。

（二）乒乓球速度素质训练

1. 反应速度训练

乒乓球运动属复杂动作的反应，即需对瞬间的变化信号做出适当的反应。在一次挥拍击球中往往需要经过四个阶段：一是先看见球，二是判断球的方向、力量和旋转，三是选择正确的动作，四是正确做出这个动作。提高乒乓球运动员的专项反应速度，首先是通过运动员视觉的观察，其次是通过听觉对声音的辨别，经过判断然后做出迅速的反应和正确的动作。因此，反应速度练习的一个特点，就是要使运动员根据信号做出迅速的反应。信号可以是动作、手势、声音、物品等。

（1）二人想象比赛。要求运动员观察对手做出击球动作后，再做出反应和动作。

（2）在重心不停顿地交换中，根据教练员信号，迅速起动做侧身步、跨步、交叉步等。

（3）用多球做接发球练习。根据对方发球动作，迅速判断旋转性质和落点，然后做出反应和动作。

（4）在行进中听信号后，突然做准备姿势，然后迅速做交叉步、侧身步等。

（5）在单线对攻中，突然有一方变线。

（6）两个人用多球在同一方位交替发球，另一人在对面球台练习接发球。

（7）运动员对墙距1.5米左右站立，教练员在其背后用多球对墙供球，运动员连续还击从墙上反弹回来的球。

2. 移动速度训练

移动速度，是指在最短时间内，通过步法移动，迅速到达击球位置的能力。

提高专项移动速度，应尽量结合打乒乓球的步法特点进行练习。

（1）左右移动的步法练习（以球台宽度为界），30秒～1分钟为一组。

（2）左右跨跳（以1/2球台宽度为界），30秒～1分钟为一组。

（3）推、侧、扑步法练习，30秒～1分钟为一组。

（4）交叉步移动（以球台长度为界），30秒～1分钟为一组。

（5）长短球步法练习，30秒～1分钟为一组。

（6）沿球台侧滑步接力赛。

3. 动作速度训练

（1）在限定的时间内，要求运动员用最高速度或频率完成练习的动作，如在20～30秒内，用右手快速摸球台两角的练习。

需要注意的是，在进行此练习时，应经常变化内容或形式，如摸台角练习，对于抬角距离的选择可以是球台的宽度，也可以是球台的长度，还可以是球台的对角；跑动时，可用并步、跨步、跳步、交叉步等。

（2）变换各种形式和方向的快速跑或其他动作的练习，如立卧撑，十字变向跑，各种躲闪、急停、迅速转体等练习。

（3）利用器械重量变化后的后效作用进行练习，如使用特制（一般为比常规乒乓球板略重的球板练习）球板练习，再用正规球拍做挥拍练习；先负沙袋做步法练习，再取掉沙袋做步法练习。因为在前次动作完成后，神经中枢剩余的兴奋在随后的动作过程中仍保持着运动指令，从而提高了动作速度。

（4）各种利于发展速度的游戏。如二人对面站立，先将左手置于身后，发令开始后，设法用自己右手摸对方后背，摸中1次得1分，得分多者为胜。

（三）乒乓球耐力素质训练

（1）800 ~ 1500 米变速跑。运动员 6 ~ 10 人列成纵队，听信号从排尾跑到排头，在这段距离内要加速跑，或用滑步、交叉步等。

（2）3 分钟换放多球的训练。

（3）3 分钟推、侧、扑步法训练，徒手或用多球训练。

（4）双人利用多球在移动中练习扣杀，3 ~ 5 分钟。

（四）乒乓球灵敏素质训练

（1）4 人一组，沿球台跑动，轮流击球。在限定时间内，两组可进行击球板数的比赛，击球板数多者为胜。

（2）将运动员分为 3 人一组，分两队各站在球台一端，进行类似双打的三人轮换击球训练。要求每个队员还击后做一次俯卧撑，然后再准备打一板球。规定双方打中等力量的球，不得扣杀。

（3）限定采用各种不同步法，托球进行“8”字跑的接力游戏。

第十章　提高体能训练效果的科学保障

要获得体能训练的最佳效果，除了训练方法和训练过程要符合科学化、系统化的现代竞技体育的要求之外，还需要对包括医务监督、运动营养、运动恢复以及训练管理等诸多方面进行通盘考虑和管理。这些因素对体能训练效果的最终实现具有重要的支持作用，是体能训练不可或缺的组成部分。利用先进的科学手段进行医务监督能够有效地避免运动性损伤和运动性疾病，选择有针对性的运动恢复手段是快速消除运动性疲劳的重要途径，不断优化的现代化训练管理机制是对体能训练的根本保障。本章将从提高体能训练的营养保障、医务监督和管理机制几个方面进行论述。

第一节　提高体能训练效果的营养保障

一、构建营养保障工程

“三分练，七分吃”，不管体能训练计划多么科学完善、针对性有多么强、训练有多么刻苦，如果营养水平跟不上，那么再多训练也是徒劳，其结果不会达到预期目标。所有训练水平的提高和运动能力的获取，大多都来源于肌肉的发展，如果没有充分的营养，肌肉不可能凭空变得发达和强壮；体能素质水平不可能凭空获得提升。良好的营养不仅是保持身体健康的基础，也是提高体能素质和运动能力的根本保障。

因此，为了提高体能训练的效果，顺利达到训练目的，不断提升运动技能和运动表现，首先应该重视营养的科学摄入，掌握相应的营养知识，构建自己的营养保障工程。相对于训练计划和训练理论，营养的问题更为复杂，运动员应该从早期就学习营养知识，培养自己的营养观念，通过合理利用基础饮食与运动补充剂，与当前的体能训练相结合，加强身体机能、提高训练效果。

营养的摄入需要有章可循,无论针对哪一种体能素质训练,也无论是增肌还是减脂,无论是哪种运动项目,都有一些普遍的营养摄入法则可以遵循,尽早掌握这些营养知识,会帮助运动员更好的进行体能训练、得到更好的训练效果。

(一)营养摄入的多样性

人体所需的营养物质种类繁多,保持营养的多样性摄入是第一原则。机体的运作需要多种物质的参与,即使是以减脂为目的,如果采取零脂肪、零碳水的饮食计划势必会对健康造成长久的伤害。因此,营养健康的首要原则就是要保证营养摄入的多样性,只有在营养供应充足的前提下,机体才能发挥出最大效能,对体能训练提供最佳的基础保障。

(二)营养摄入的针对性

其次,需要有针对性地建构营养比例,根据不同的专项特点、具体的体能训练内容和目标,将相关营养进行加强或减少摄入量,做到有针对性地构建营养工程。就像体能训练方法需要结合专项一样,营养摄入也需要结合专项进行,如果只具有含糊笼统地营养观念,对体能训练的效果必然有所影响,而且是不利的影响。

(三)营养摄入的持续性

机体的营养构建不是一次两次就可以完成的,它有一个长期的积累过程,需要给机体一个充分地吸收、转化、生长、适应、加强和稳定的生理过程,才能确保自身的健康水平和促进体能训练的效果实现。营养的摄入要有计划性和持续性,要长期坚持才能有明显的效果。随意性饮食方式不仅不能提高我们的训练水平,还可能影响最基本的身体健康水平。

(四)营养摄入的主次性

营养的摄入是分主次的,首先应该清楚并确立基础饮食的核心地位,尽管运动补充剂可以提供更高的质量和更高的效率,但无法替代基础饮食。其次,要逐渐养成一日多餐的习惯,在更多的餐次中,体现营养摄入的主次性和功能性。比如,为了避免脂肪的堆积,一般建议在正餐中优先摄入蛋白质、维生素等营养,将高热量、高碳水等容易导致脂肪堆积的食物分离出一部分,安排在加餐时食用,这样多次少量的进食可以很好地避免脂肪堆积，同时又不影响机体对热量的固定需要。

（五）营养摄入的搭配性

我们摄入食物是为了给机体提供营养物质，这些营养物质在体内经过复杂的协同作用为人体提供能量，人体得以完成生命活动。我们经常听到的宣传是某种食物可以增肌，或者某种食物可以减脂。但是，这是一种不够准确的说法，因为无论是增肌还是减脂，都需要综合其他食物一起考虑，单独凭某一种食物或者不合理的搭配都不可能带来理想的效果。因此，营养摄入要注意科学、合理地搭配。比如，蛋白质是肌肉合成的重要营养物质，但是只有蛋白质还不行，还需要维生素 C 以及其他的微量元素共同参与才可以。所以，提到营养摄入的时候要具有一定的搭配意识，才能更加合理有效地发挥出食物的营养价值。

（六）营养摄入的规律性

不规律的饮食不仅会让身体的消化吸收能力降低，更会间接影响到每日的训练和睡眠，长久下去必然会对身体健康产生不良影响，更不要说对体能训练也将产生诸多消极的影响。

（七）合理看待营养与补剂

每一个运动员甚至是普通人都应当客观看待运动补充剂。运动补充剂对人体有特别的功效，但是作为某种营养的加强补充，运动补充剂是否适合长期使用还存在争议，目前也没有明确的科学定论。因此，应该对运动补充剂持客观理性的态度，在需要的时候适当补充，但是也不要盲目迷信。

（八）营养训练相结合

营养与训练相结合，才能达到事半功倍的效果。单纯靠训练，没有配合恰当的营养会令训练结果大打折扣。同样的，若试图单纯靠“吃”，吃出肌肉、身材、力量和爆发力，也是不现实的。因此，运动员应该早日掌握运动与营养的相关知识，遵循人体的生物规律，在体能训练的同时，结合饮食与营养的配合，从而早日获得理想的训练效果。

（九）理性辨别营养谎言

拥有科学的营养知识还可以提高辨别能力。比如，我们都会时不时地听到有夸大功效的不实宣传充斥耳边，比如像“一周内卧推提高 20 千克”这样明显有违科学的广告，会蒙蔽那些没有营养和训练经验的年轻人，利用他们急于求成的心理，在对客观事缺乏必要的求证之下，盲目相信虚假广告，轻则损失金钱，重则伤害身体健康，完全违背了初衷。

二、不同训练项目的营养要求

（一）中长跑项目体能训练的营养需求

1. 运动中应适量补糖和补液

中长跑运动员在训练中一个个注意补糖以及补糖时间。适量补糖可以提高一定的运动能力，但过量补糖会延长胃的排空时间，反而影响运动能力。有研究显示，液体从胃里的排空量至少是运动肌肉完全氧化糖量的 2 倍。在经过 70 ~ 90 分钟的运动后，糖氧化率峰值的摄糖量约为 1 克 / 小时。在中等强度运动的第一个小时中，糖的氧化量不大于 30 克，运动至 90 分钟时，糖浓度可增加至 7%。国际业余田径联合会提倡在超过 10 公里以上的比赛中，应提供充足的液体、糖和电解质，以补充运动中液体和能量的损失。

2. 女子运动员注意补充铁和钙

由于生理周期的影响，女子运动员机体的铁储备较低，容易发生缺铁性贫血。如果再有不良的饮食习惯，那么情况会更为明显。通常来讲，改善运动员铁的营养状况的方式为增加动物性铁的摄入，如瘦肉、猪肝、动物全血。同时补充维生素 C 的摄入量以增加铁的吸收。必要时还可以在医生的指导下服用铁剂，同时应注意避免过量补充。女子运动员尤其应该注意运动负荷，在长负荷的训练下可导致月经紊乱、雌激素水平下降，甚至可能发生运动性骨量减少或骨质疏松，因此，女子运动员尤其要注意监测钙的营养状况。建议每日至少应摄入钙 800 ~ 1000 毫克。

（二）举重项目体能训练的营养需求

举重运动员由于体重差别大，从 48 公斤至 130 公斤不等，所以营养需要的差异也很大。然而，即使是体重相同的举重运动员，其营养需要也会因运动负荷的不同而不同。

1. 能量和营养素

国外推荐举重运动员训练期间每日能量摄入量男、女分别为3500 ~ 5500千卡和3000 ~ 4500千卡。我国推荐的举重运动员能量摄入量为3500 ~ 4700千卡以上。提出蛋白质的供给量应为1.4 ~ 1.8克/千克，占总能量的15% ~ 16%，碳水化合物8 ~ 10克/千克，占总能量的58% ~ 60%，脂肪1.7 ~ 2.4克/千克，占总能量的25% ~ 26%。

2. 营养补充剂

（1）肌酸：肌酸被国内外运动员广泛使用，但同时因具有体重增加和肌肉僵硬两种副作用而被诟病。

（2）氨基酸：许多举重运动员为增加生长激素和刺激胰岛素分泌，会使用氨基酸补充剂，常用的有精氨酸、鸟氨酸和赖氨酸三种。

（3）中链脂肪酸：中链脂肪酸（6 ~ 12个碳原子的脂肪酸）的吸收速度快，能量密度高，每克提供能量8.4千卡。但高剂量会引起胃肠道的副作用，且价格昂贵，因此也受到一定的影响。

（三）体操项目体能训练的营养需求

1. 体操运动及体操运动员的特点

①年龄偏小。优秀的体操运动员多数处于16 ~ 19岁，他们正处于生长发育阶段，对营养的需求量很高。

②训练时间长。体操运动员每日的训练可达到3 ~ 5小时，一周可达30小时。高强度的运动量意味着对营养的需求量也随之增大。

③体操运动员普遍存在能量摄入不足，以及钙、铁缺乏等营养问题。因为体操运动员需要控制体重，因此常常会限制饮食，从而容易发生饮食紊乱及其他影响生长发育的问题。特别是女子会发生月经异常、闭经、应激性骨折、缺铁性贫血等现象。

④竞技体操运动项目的特点是反复高强度、短时间的无氧运动，主要以糖和磷酸肌酸作为能量来源。

⑤体操运动的外伤发生率较高，除了与项目特点有关之外，与运动员的钙营养、骨健康以及运动中的能量供应等都有一定的关系。

2. 能量

体操运动员的能量需求随着年龄、体能训练水平以及控制饮食的具体情况等而有所区别，特别是由于控制体重的需要，许多国家的体操运动员的能量摄入都不能满足需要。我国男、女体操运动员能量推荐摄入量分别为3500千卡和2800千卡，而男女体操运动员实际能量摄入分别是3310千卡和2298千卡。当能量摄入低于机体的需求，机体会对低能量产生适应反应，即机体为了增加能量的储备而通过降低代谢率、提高胰岛素敏感性使体脂增加。

体操运动一般为无氧运动，主要以糖原和磷酸肌酸为能量来源。糖原储备量与摄入碳水化合物有关，而肌酸储备可由适量摄入的肉和蛋类食物获得。在体能训练期间，建议体操运动员对营养供能比以脂肪20%～25%、蛋白质15%、碳水化合物60%～65%为宜。有调查显示，体操运动员的脂肪摄入量常常超出总能量的30%，但碳水化合物的摄入不足。因此，应鼓励体操运动员训练期间摄入足够的碳水化合物，但不必要进行糖原负荷。低碳水化合物饮食会影响运动员的情绪，并应增加复合糖、减少脂肪的摄入，保证能量充足是体操运动员体能训练期间的必要营养基础。

2. 维生素

调查研究发现，我国体操运动员约有20%血清维生素A处于低下水平，约40%运动员处于维生素B_1不足的状况。因此，应选择富含维生素A和B族维生素的食物，必要时可补充维生素制剂。

3. 钙

女子体操运动员普遍存在缺钙的问题。我国的运动员钙摄入量不足与部分运动员不饮奶有关。但是由于体操运动刺激钙在骨骼的沉积，因此虽然钙摄入量不足，但体操运动员普遍的骨密度较高。建议体操运动员在体能训练期间增加钙的摄入量，以每日摄入1000～1500毫克为宜，从而保证骨发育、减少骨外伤。

4. 铁

女子体操运动员铁的摄入量较低，多数未达到标准。对于运动员来说，铁的营养不良会引起免疫能力降低，对肌肉力量、智力发展以及运动能力都有不良影响。少年运动员处于快速生长期，同时血容量扩大，对铁元素的需要极大。因此，应增加铁含量丰富的食物的摄入量，必要时可补充铁剂。

（四）游泳项目体能训练的营养需求

游泳运动包括自由泳、仰泳、蛙泳和蝶泳几大类，整体上对能量的消耗较大。在进行体能训练时，不同强度和不同年龄组的运动员，根据其专项的不同，对营养摄入的需求也不同。

1. 能量

游泳运动员的能量消耗因运动量、体重和运动的力学效率不同而具有较大的差异。游泳运动不同于跑步运动，由于水温低于环境温度从而对食欲有一定的刺激作用，因此能量摄入量较高。同时，游泳运动员的体脂也高于同龄的跑步运动员，一般高4% ~ 6%。另外，游泳运动员也存在脂肪摄入量过多而碳水化合物摄入量较少的问题。如果长期能量不足，加上膳食中碳水比例低，可能会引起慢性肌肉疲劳，故应及时监测和改善饮食摄入的配比。

2. 碳水化合物

进行大运动量训练的游泳运动员，其碳水化合物的供能应占总能量的60%或以上。如果在一次体能训练之后糖原的再合成不完全，那么会影响下一次训练的运动能力的表现。针对这一问题采取的措施是适当减少训练负荷，从而减少糖原的消耗，同时提高碳水化合物的摄入量，至少达到500克/天的量，尤其是在训练后的前两小时内补糖以促进糖原的再合成。在运动中补糖的个体差异也很大，有少数运动员在长时间训练后会出现血糖下降，甚至降至低血糖水平。对于那些有低血糖倾向的运动员，应在运动前和运动中进行补糖。运动后补糖可促进肌糖原的恢复，和其他项目一样，补糖时间应在训练后的前两个小时内进行效果最好。需要注意的是，运动后膳食应含有适量蛋白质，可增加胰岛素对糖的反应，从而增加肌糖原的储备率。

3. 蛋白质

蛋白质分解可因慢性肌糖原耗竭和膳食能量不足而加速。蛋白质丢失会使瘦体重减少。保持瘦体重和肌肉力量对游泳运动员的比赛能力极为重要。研究表明，竞技游泳运动员经常进行大运动量的耐力和抗阻力训练，在训练期对蛋白质的需要增加，因此应增加蛋白质摄入量至1.5 ~ 2.0g/kg体重。

4. 微量营养素

在大运动量训练期，小剂量补铁有利于预防血红蛋白、铁蛋白下降。大运动量训练期应对运动员的营养状况进行定期监测。

(五)集体球类项目体能训练的营养需求

集体球类项目如篮球、橄榄球、足球、曲棍球、冰球、排球、手球等，这些项目多数都属于高强度运动类型，但运动强度随时都在变化之中。其共有的特点是能量转换率高、间歇性、运动持续的总时间长。在体能训练中经过一段高强度的运动后，因磷酸肌酸的消耗影响 ATP 再合成速度，也可发生疲劳。另外，集体项目运动员由于其运动强度和战略战术的不同，个体差异很大。

1. 能量

调查显示，足球、篮球和手球等项目运动的平均运动强度可达 70% ~ 80% 的最大摄氧量。大部分的集体球类项目运动员的能量主要来源是碳水化合物和脂肪。间歇性运动中，肌糖原消耗很大，糖原水平低可能成为限制运动能力的关键因素。足球和篮球运动员在训练中蛋白质氧化供能小于 10%。适宜的能量来源比例建议为：碳水化合物占总能量的 55% ~ 65%，蛋白质占比 12% ~ 15%，脂肪占比 25% ~ 30%。

2. 膳食安排

高碳水化合物膳食和保持体内良好的水合状态是合理营养的重点。高碳水化合物膳食增加肌糖原储备，促进消除疲劳，对离心运动或合理冲撞等造成的肌肉损伤后的糖原再合成也有利。蛋白质摄入量应为 1.2 ~ 2.0 克 / 千克，但是以目前的数据显示，无论国内外，运动员从动物性食物中摄入的蛋白质均超过 2.0 克 / 千克。

一般建议，在高强度力量训练期无须补充蛋白质制剂。由于运动员摄入的动物性蛋白较多，应注意采用低脂肪食物。如果进行高原训练或赛季前，运动员还应注意补充含铁丰富的瘦肉、猪肝、坚果、豆类等食品，以及维生素 E。在高温环境训练时应适量补充复合维生素 B 和维生素 C。脱水是间歇性运动引起疲劳和运动能力下降的主要原因，运动员应注意在运动前、中、后及时补液。运动饮料是理想的补液饮品，在训练中应少量多次补液。运动员可自我监测尿液的颜色，以预防脱水。

三、体能训练前的营养准备

（一）减少蛋白质和脂肪摄入

避免高强度、长时间的训练前添加过多高蛋白质和高脂肪食物，因为蛋白质和脂肪的代谢产物呈酸性，会使体液偏酸，容易导致疲劳的发生。还应该避免大量补充氨基酸，大量补充氨基酸会使血氨增加、消耗丙酮酸、影响有氧代谢、刺激胃肠道，并使水分吸收减少，影响运动能力。

（二）增加碱储备

在大强度的训练前，运动员应多吃蔬菜、水果等碱性食物，或在医生指导下补充碳酸氢钠，以增加体内碱储备，延缓疲劳发生。

（三）纠正维生素缺乏

过量补充维生素对运动员的运动能力没有帮助，但如果已存在维生素缺乏，应及时纠正，有利于运动员体能训练的表现。维生素 B_1 临时服用对运动能力的影响不明显，至少应在比赛的 10 天至 2 周前补充，每日补充 5 ～ 10 毫克为宜。在比赛前应从食物中摄取各种维生素，多食用维生素含量丰富的蔬菜、水果等食物，补充天然维生素。

四、体能训练中各种营养素的补充

（一）糖的补充

运动员参加体能训练，都需要保证糖的补充。通过一定的营养策略增加肌糖原的储备是最直接的延缓运动性疲劳、维持竞技能力的有效手段。如果在训练过程中及时地补充糖，可以为机体提供额外的能量来源，增强运动技能、延迟疲劳感的出现，甚至还可以有效预防和改善情绪状态。但是注意要根据运动员的体重、活跃肌肉的体积、运动负荷来确定具体的摄入量，同时球员的总体饮食目标和训练反馈也是重要的参考依据。一般而言，中等强度的训练，每天糖的摄入量为 5 ～ 7 克 / 千克体重；如果是高强度的训练，每天糖摄入量增加到 6 ～ 10 克 / 千克体重；如果进行的是超强度训练，例如每天都保持 4 ～ 5 小时的高强度训练的话，那么每日的糖摄入量为 8 ～ 12 克 / 千克体重。

体能训练会消耗人体大量的能量，为保证机体最佳状态，可以在训练前每天通过摄入 8 ～ 12 克 / 千克体重糖来最大程度地提高内源性糖原储备。为了保持良好的运动状态，在训练中可以每 10 ～ 15 分钟就补充 6% ～ 8% 的碳水化合物电解质溶液，这样能有效延缓运动疲劳，保证机体以良好的状态投入到运动之中。

在参加完体能训练后，糖原已经被大量运动所耗竭，如想快速恢复则训练后每小时摄入 1.2 克 / 千克体重的碳水化合物。

（二）蛋白质的补充

如果运动员参加体能训练的时间长且强度大，会造成肌细胞损伤和蛋白质分解，对应的就需要在运动间歇及训练后及时修复和更新。这时需要适量地补充蛋白质修复损伤及增加肌肉蛋白合成，同时促进糖原恢复、减少肌肉酸痛。

但并不是蛋白质摄入多多益善，过多的蛋白质易导致内环境酸化，加重肝脏与肾脏的负担，反而引起疲劳感。球员应根据训练强度、运动量、年龄、总能量摄入确定具体的蛋白质补充剂量，但是注意应该保证补充的都是优质蛋白，建议主餐至少摄入 20 ～ 25 克的蛋白质。

蛋白质的吸收与合成利用，受时间因素的影响。一般来说，在运动后 3 小时内肌蛋白的合成达到峰值。那么在训练后，除了补充糖之外，蛋白质也应该及时补充。此外，如果能够长期在睡前摄入蛋白质饮料，可以在夜间促进肌肉蛋白合成和修复速度，改善肌肉力量和质量。

（三）脂肪的补充

脂肪的有效供能可以节约运动中机体糖原的消耗，从而起到增强体能、延缓运动疲劳出现的作用。但是同时应该注意控制脂肪的摄入量，过多的脂肪又会增加代谢氧耗，增加体脂和体重，降低肌肉做功的能力，从而影响了运动能力。其中最显著的如 Ω–3 脂肪酸，它对改善心脏功能、耐力以及延缓肌肉酸痛等均有一定的效果。

（四）电解质的补充

一般情况下，人体在运动中水合状态可用尿液比重 USG 来评估，USG 的测量值越高说明球员脱水程度越严重。运动员在参加体能训练的过程中,如果补水不及时,会造成肌肉痉挛、力量和耐力均减弱的现象。有研究发现,在体液损失程度从 1% ~ 4%的过程中,运动者的运动能力会大幅度下降。同时,如果补水过多不仅会增加肠胃负担,而且大量的水分使血容量增加,增加心脏负担,从而降低运动能力。因此,电解质的补充对运动者体能的维持以及延缓疲劳十分重要。运动者在参加体能训练前,一定要制订个性化的补水方案。在训练前和训练中饮用一定量的运动饮料,可以起到维持机体电解质平衡、加强运动表现的作用。

(五)维生素的补充

大量的研究与事实表明,维生素可以调节机体生理生化过程、参与能量代谢。比如 B 族维生素可参与能量代谢和肌肉的修复和生长。因为运动者日常大量的运动训练,对维生素 B 族的需求非常高。而维生素 D 可以提高机体快肌纤维的数量和直径,提高肌肉力量、平衡能力和反应时间。运动员在参加体能训练时,适当地补充维生素是非常有必要的。

(六)钙、铁的补充

钙是参与肌肉收缩、神经调节的重要营养物质,对于运动员来说钙尤为重要,它可以保障运动者健康的骨密度和避免骨折的风险。运动者在参加体能训练的过程中,时常会出现一定的运动损伤,尤其是骨骼方面的运动损伤比较多,因此注重钙和铁的补充是非常重要的。

铁是人体重要的营养素。如果铁的补充不及时,就会出现各种各样的问题:一方面体现在血红蛋白和肌红蛋白的合成减少,从而导致组织细胞摄氧量减少;另一方面还会导致线粒体呼吸链的成分活性降低,影响 ATP 的生成,从而影响运动员的速度、耐力和成绩。由此可见,注重铁的补充非常重要。

(七)营养剂的补充

营养剂的补充包括肌酸、抗氧化剂、碱性物质等。他们是在膳食营养的基础上,对因为高强度的训练致使身体在短时内大量的体能消耗的一种有力的补充手段。目前被广泛地应用于运动员的体能训练中。

1. 肌酸

肌酸是一种非常重要的营养补充剂。补充肌酸主要是为了提高肌内肌酸储备,从而加强糖代谢,进而对促进肌肉收缩后磷酸肌酸和 ATP 的再合成起到有效的帮助作用。适量的补充肌酸,可以提高运动者在运动中短时、高强度动作的运动表现。需要注意的是,在使用肌酸时,尤其在湿热环境下参加体能训练时,要配合一定量的水的补充,如此能有效防止出现肌肉痉挛的情况。

2. 碱性物质

运动员在参加长时间的体能训练后,体内会累计大量的乳酸类代谢物质,这些乳酸类物质已经远远地超过血液和骨骼肌内的缓冲物质。因此机体内的稳态环境遭到破坏,糖酵解中磷酸果糖激酶活性受到抑制,使糖代谢供能效率降低,此时运动者就会感到疲劳,运动能力明显下降。如果及时地补充碳酸氢钠就可以大大增强细胞外液的缓冲能力,那么即使在高强度运动中,也能保持肌肉的 pH 值接近正常水平。

3. 抗氧化剂

长时间的体能训练后,运动者机体内会产生严重的氧化应激和炎症反应,从而降低运动能力,但是通过补充抗氧化剂,能够有效地提高高强度的技战术训练期运动员的竞技能力。抗氧化剂主要是指维生素 C、维生素 E 和 β- 胡萝卜素,它们可以清除由高强度运动引起的过多的自由基,从而可以轻松维持机体氧化应激的平衡状态。一般常用的方法是食用葡萄籽提取物,它可以有效改善机体的氧化应激稳态失衡,还可以保护细胞免受氧化应激损伤,从而提高运动者的运动表现。

第二节　提高体能训练效果的医务监督保障

一、运动性疲劳的产生

(一)运动性疲劳的概念

无论身体疲劳还是精神疲劳,都是大脑皮质的保护作用。当内环境发生变化促进大脑发出保护性抑制,中枢神经系统工作能力逐步降低。当肌肉活动达到一定程度之后,随着能源物质的耗竭、血液中代谢物堆积、内环境稳定性失调等因素会引起疲劳。因此,疲劳其实是生命体对根据内外环境的适应情况所作出的一种生理性防御,防止机体的精神或者躯体因过度工作而受到伤害。而运动疲劳是指人体随着运动的进行,运动能源消耗越来越多，这时候机体会出现运动能力、身体功能均逐渐暂时性下降的生理现象。只要经过合理的休息，运动疲劳对人体并不会造成损害，它只是提醒人体防止过度运动而伤害健康的一种保护机制。

一般来说，运动疲劳的表现大致包括以下几个方面：

（1）体征表现。面色苍白、眩晕、肌肉抽搐、呼吸困难、口干舌燥、声音嘶哑、腰酸腿痛等。

（2）精神状态。如精神恍惚、感到疲倦、无力感、无精打采、情绪低落、缺乏热情、困倦、反应慢、会犯比较简单或者低级的差错等。

（二）运动性疲劳的分类

运动性疲劳的分类方法有如下几种。

1. 按身体划分

（1）全身的疲劳

全身疲劳是全身运动使身体的各个器官在长时间、高强度的持续工作下，机能下降而导致的疲劳。比如马拉松、足球比赛、篮球比赛等可造成全身身体机能下降。

（2）局部的疲劳

局部疲劳是指身体的某个局部由于过分地运动，导致局部器官的机能下降，产生疲劳。比如体能训练中力量训练时，着重训练的部位会随着训练的进行而产生疲劳的现象。

全身疲劳和局部疲劳之间是密切相关的，局部疲劳会带动全身疲劳的产生，全身疲劳往往包含着局部疲劳。

2. 按脑力、体力划分

（1）脑力疲劳

由于运动的持续刺激，大脑皮层细胞的工作能力开始下降，大脑皮层出现广泛性抑制使疲劳产生。脑力疲劳影响很大，如果体能训练的时间较长、强度较大，往往会产生脑力疲劳。比如在周期性耐力训练时，由于运动的单调刺激，在体力尚未明显下降时，大脑细胞的工作能已开始下降，并引起身体机能也随之下降，但是如果改变刺激形式，脑细胞及整体工作能力会因为得到新的刺激而有所激活和恢复。

（2）体力疲劳

体力疲劳是指身体在进行运动训练的过程中，机体的工作能力出现下降而产生的疲劳。如肌肉酸痛、乏力、工作能力下降等表现。

3. 按运动方式划分

(1)快速疲劳

在短时间、剧烈运动之后引起身体机能下降称为快速疲劳。快速疲劳来得快,去得也快,恢复相对较快。当训练强度较大时,往往容易出现快速疲劳。比如100米运动员在训练时,用不了10秒钟就能使身体机能极度下降;而400米跑的运动员在训练时,用不了1分钟也能使机体感到极度疲劳。

(2)耐力疲劳

小强度、长时间地训练或者运动而引起的身体机能下降称耐力疲劳,耐力疲劳的发生较缓慢,恢复时间也相对较长。马拉松、越野滑雪、长距离游泳等可产生耐力疲劳。

4. 按身体器官划分

(1)呼吸系统疲劳

由运动引起的呼吸机能的下降现象称为呼吸系统疲劳。一般的训练和运动中不常见,多出现在长时间运动或憋气用力后,比如人体在剧烈运动时呼吸表浅、喘不过气、肺功能下降等。

(2)骨骼肌疲劳

由于运动而引起的骨骼肌机能下降的现象称为骨骼肌疲劳。比如力量训练之后出现肌肉收缩力下降,肌肉变得僵硬而且酸痛等现象。

(3)心血管疲劳

由运动引起的心脏、血管系统及其调节机能下降的现象被认为是心血管疲劳。比如运动后出现的心输出量减少、舒张压升高、心率恢复速度较慢等症状。

二、运动性疲劳的判定

有大量的研究人员基于不同的理论和方法,从不同角度对运动性疲劳进行了长期的、广泛的调查研究,对运动性疲劳进行了各自的界定。简单来说,据疲劳发生的原因和表现,可以将运动性疲劳划分为生理性疲劳和心理性疲劳。目前,多数研究是围绕着生理性疲劳展开的,对心理性疲劳的研究相对较少。生理性疲劳往往导致机体结构成分和功能的改变,而心理性疲劳则导致机体行为和情绪的改变。疲劳是运动训练的必然结果,如何科学准确地判别疲劳程度是科学训练的一个重要条件。一般常见的判断方式如下所述。

（一）自我感觉

自我感觉是判断运动性疲劳的第一道防线，比如运动员感到疲倦，主观上要求休息。当运动员的运动积极性下降，并且伴随着呼吸紊乱、口干舌燥、心悸、恶心、乏力、动作迟钝或者僵硬、脚步沉重、肌肉痉挛或疼痛、食欲不振、睡眠不好等症状时，说明机体已处于疲劳状态。由于运动项目的不同、运动员自身的身体状况不同，因此运动性疲劳产生的原因也各有不同，运动员的自我感觉也各不相同。

（二）物理检查

通过检测运动员运动训练后身体的各项反应来对疲劳程度进行判断，比如眼神无光、表情淡漠、连打哈欠、反应迟钝、动作的准确性、协调性均表现出明显低于正常水平等。这些是在体征上表现出了疲劳的现象，然后需要结合相应的身体指标检查，来准确地判断运动员的疲劳程度，比如血压下降、体温升高、心率加快等。经过调查和研究，通常将运动性疲劳的检查分为以下三种类型。

1. 形体疲劳

形体疲劳是指肌肉、肌腱和韧带、骨和关节的疲劳。主要表现为肌肉酸痛、肌肉僵硬，肌腱、韧带和肌肉压痛广泛，动作不协调，脉搏多弦。关节处的肌腱、韧带和骨疼痛，有压痛或者微肿等。

2. 脏腑疲劳

脏腑疲劳主要发生在大负荷运动训练或比赛后，机体的脏腑功能表现为明显的失调和下降。最常见的有脾胃功能失调、积食阻滞、腹胀、厌食、口淡无味、面色苍白、气短懒言、头晕目眩、舌淡脉弱、心悸腰酸、神疲乏力。女性还会出现月经失常等。

3. 神志疲劳

神志疲劳主要表现在精神和情志方面的改变。疲劳表现为失眠、精神不振、困倦等。

（三）生理指标

最准确的对运动疲劳的判定方式还需要通过测试各项相关生理指标来实现。运动员的自我感觉只是一种含糊的疲劳表现，通过物理检查比如体温、血压等体征可以做进一步的确定。最后，还需要生理检查，比如通过检测运动员的不同组织、器官和系统的生理功能，以及生物化学指标的变化，才能够更加精确地量化运动员的疲劳状况，有助于运动员疲劳程度的判断，以及选择相应的疲劳恢复措施以促进机体快速恢复。

1. 生理机能指标

（1）运动系统指标

①肌肉力量和耐力

肌肉力量和耐力的下降是肌肉疲劳的主要表现。一般会选择在训练前后或训练前和次日凌晨检测肌肉力量和肌肉耐力的变化及恢复程度，由此判断疲劳的程度和恢复情况。肌肉力量评价的常用检测指标是最大随意收缩力，肌肉耐力可以通过测量定量重量负荷的持续时间或重复次数进行评价。肌肉疲劳的程度与肌肉力量和肌肉耐力下降的程度成正比。

②肌肉硬度

肌肉疲劳时表现为收缩机能下降，而且放松能力也下降。

③肌电图

肌电图是肌肉兴奋时产生的电位的变化，它还可以反映肌肉的兴奋收缩程度，运动过程中的肌电图变化可确定神经系统和骨骼肌的机能状态，通过肌电图可反映出肌肉疲劳与否。当神经肌肉系统疲劳时，肌电图往往表现为积分肌电值增加，肌电功率谱的高频成分减少，低频成分增加，即肌电功率谱左移。

（2）心血管系统指标

①心率

心率是评定运动性疲劳最简易的指标，一般常用基础心率、运动后即刻心率和恢复期心率对疲劳进行判断。基础心率一般也成为静息心率，即在清晨起床前，运动员处于清醒、静卧状态时测量的心率，一般用脉搏表示。身体机能正常时，基础心率相对稳定。而在大运动负荷训练之后，如果经过一夜休息基础心率较平时增加 5 ~ 10 次 / 分钟以上，则认为有疲劳累积现象。如果连续几天持续增加，则应调整运动负荷。

心率的测量一般可采用遥测心率法测定运动中的心率变化，或用运动后即刻心率代替运动中的心率。随着运动员训练水平的提高，完成同样运动负荷时，心率有逐渐减少的趋势。通常情况下，如果完成同样强度的定量负荷训练后，心率增加，就代表着身体的机能状态有所下降。

在一定强度的训练之后，运动员经过一段时间的休息，心率可恢复到运动前的状态。如果身体疲劳，即心血管系统机能下降，那么心率恢复时间延长。一般会将定量负荷训练后的心率恢复时间作为疲劳诊断指标。比如,让运动员在30秒内完成20次深蹲的定量运动。如果一般心率在运动后3分钟内恢复则代表体能正常,如果恢复时间延长,那说明身体处于疲劳状态。

②心电图

当心脏疲劳时,心电图会发生改变,如T波下降或倒置,S-T段下移以及心律不齐等现象。

（3）感觉与神经系统指标

①反应时间

反应时间又称为反应潜伏期,是指机体从接受刺激到做出反应动作所需的时间长度,可分为简单反应时和复杂反应时。当机体疲劳时反应时间明显延长。

②闪光融合频率

以闪烁光作为视觉刺激,当其达到一定的频率时所引起的心理效应称为闪光融合现象。当机体疲劳时由于视觉机能下降,闪光融合频率也下降,故可用于测量运动员的疲劳程度。

③皮肤空间阈值

疲劳时触觉机能下降,其阈值较安静时大1.5倍以上为轻度疲劳,大2.0倍以上为重度疲劳。

④脑电图

脑电图可反映中枢神经系统的机能状态,一般安静状态下慢波极少,如果脑电图中慢波明显增多,说明机体处于疲劳状态。

（4）呼吸系统指标

通常用呼吸肌的疲劳来衡呼吸系统的疲劳,比如连续测量5次肺活量,每次间隔30秒。如果5次肺活量值连续下降,说明呼吸肌存在疲劳。

2. 生化代谢物质指标

（1）血液指标

血红蛋白是红细胞中一种含铁的蛋白质。主要生理功能是运输氧气和二氧化碳,并对酸性物质起缓冲作用,参与体内酸碱平衡的调节。血红蛋白含量对耐力运动员的专项素质尤为重要。

（2）尿液指标

正常成年人尿中蛋白质含量极少,但是在运动和训练后,尿液中的蛋白质含量表现为增多。这种由于运动引起的尿液中蛋白质含量增多称为运动性蛋白尿。运动后尿蛋白的数量与运动量有关,尤其与运动强度关系密切，因而可用尿蛋白出现的数量评定运动量，特别是评定运动强度。一般采集运动后约15分钟的尿液来观察运动后的机体变化，以评定运动负荷或身体机能状况，运动后4小时或次日清晨晨取尿，可观察疲劳及恢复状况。如果运动员在训练后尿蛋白含量突然增加原来的3～4倍，但在运动后4小时左右恢复，表明运动员疲劳；如果尿蛋白连续几天在训练后都增加3～4倍，则表明运动员过度疲劳。

（3）代谢产物

①血乳酸

乳酸是人体代谢供能体系中的一个重要的中间产物，因此，运动时人体内乳酸生成和消除的代谢变化，成为了解能量代谢以及运动强度的重要指标。训练时乳酸主要产生在骨骼肌，并透过骨骼肌细胞膜进入血液形成血乳酸。在正常情况下，机体中血乳酸的生成与消除处于动态的平衡之中，运动训练时血乳酸浓度的变化与运动强度有关。短时间的剧烈运动，如1～3分钟的全力快跑，血乳酸浓度明显上升。如果是训练长时间的耐力练习，血乳酸浓度明显上升。速度耐力性训练中，运动员的运动表现好，血乳酸最大浓度数值也高。而在完成相同负荷耐力训练之后，血乳酸数值越低说明运动员的机能越优秀。如果运动员血乳酸安静数值超过正常值范围，而运动时的最大血乳酸数值反而下降，则表明运动员处于疲劳状态。

②血尿素

尿素是人体内蛋白质和氨基酸分解代谢的终产物。在运动过程中，特别是长时间大强度的运动，蛋白质和氨基酸分解代谢加强，尿素生成增多，使血液中尿素含量增高。一般而言，机体对运动负荷的适应性越差，尿素生成就越多。因此，血尿素是判定机体的疲劳程度的重要指标。

（四）心理学指标

由于影响心理疲劳产生的因素有很多，目前并没有心理疲劳的公认概念。本书比较认同的是北京体育大学刘方琳等人对心理疲劳的阐释，他们将心理疲劳分为两类，即“真性”心理疲劳和“假性”心理疲劳。该观点认为“真性”心理疲劳是由于过度训练引起的生理疲劳而出现的，是心理上的疲劳感和无力感。“假性”心理疲劳则是由生理疲劳以外的其他因素引起的，包括常规训练竞赛因素和常规训练竞赛以外的因素。医学的心理学研究表明，心理疲劳主要是由于长期的精神压力、反复的心理刺激以及恶劣的情绪作用而逐渐形成的。总之,心理疲劳不仅是由机体能量的损耗而引起,也是人的主观体验表现为倦怠或者懈怠。

通过分析运动性心理疲劳的表现症状,选择比较灵敏、客观的指标,对运动性心理疲劳进行科学合理的判定,可以更好地指导运动训练和比赛。目前,评定心理疲劳的方法有很多,比较常见的分为三类:观察评定、主观感觉评定和客观指标评定。

1. 观察评测

指在训练过程中,教练员通过观察运动员的运动表现,从而安排和调整训练内容以及训练负荷,从而对运动员的心理性疲劳做出调整。比如,当运动员在训练中表现得反应迟钝、注意力涣散、精神恍惚、情绪烦躁、易怒、沮丧、肌肉松弛、动作懈怠不活泼,均可以初步判断为心理疲劳。观察评定是一种在实践中比较容易操作的方法,但是它的缺点是不够客观和准确,还需要结合其他方法一起使用。

2. 主观感受

主观体力感觉等级是瑞典心理学家 Borg 于 20 世纪 70 年代创立的一种评价心理疲劳程度的方法,是根据运动时的中枢疲劳和外周疲劳信号综合制订的。主观体力感觉等级表现形式是心理的,而反映的却是生理机能的变化。在训练实践中具有一定的辅助作用。

3. 客观指标

通过测定大脑皮层的兴奋和抑制功能,分析人的感觉、注意力、思维活跃度、个性差别等各种心理活动。还有研究指出脑电的波形可以较明显地反映出心理疲劳时人体反应迟钝、判断失误、注意力不集中、厌倦训练等,有时还伴有神经系统的症状。

无论采用哪种方式来判定、检测心理疲劳,其中有两个原则需要遵循,首先,检测应该是长期进行。因为长期积累的数据表现更为客观和准确。其次,心理疲劳的评定主要是个人化的、是以主观感受为主,因此对测试结果的评定应以自身对照为主。

三、体能训练后的恢复措施

如今,随着竞技体育运动的不断发展,体能训练变得越发系统化、科学化,而恢复手段作为体能训练的重要环节,选择恰当合理的恢复措施,是体能训练的重要组成部分。疲劳体能训练中的必然结果,没有疲劳的训练不是成功的训练，但同样的如果只讲训练不讲恢复，同样不能算成功完整的训练，因为没有合理的恢复，训练效果将无法实现。只有解决好训练—疲劳—恢复对立统一的矛盾，才能做到科学有效地提高运动员的体能水平。

（一）运动训练学恢复手段

1. 静态休息

静态休息顾名思义，是指运动员在大量的运动训练后，从精神上到身体上彻底放松，不再进行运动，也不再考虑和运动训练相关的问题，只是单纯地放松身心的休息方式。比如较长时间地保持坐、卧的静止体态让身体恢复。最极致的静态休息就是睡觉。睡眠对运动员的恢复具有极大的积极意义。在高负荷的训练之后，运动员需要比往常更多的睡眠时间来恢复。

2. 动态休息

动态休息是相对静态休息而言，通常情况下动态休息安排在间歇训练的各个练习之间，或者是持续时间不长的运动之后。动态休息能够维持机体的血液循环速度，加快代谢产物的消除，从而有效地促进身体各个机能、组织的恢复。

3. 整理活动

整理活动是最为常用的一种积极性恢复手段，是在正式训练运动后所做的一些加快机体功能恢复的较轻松的练习。整理活动可以消除疲劳、促进体力恢复，特别是对肌肉塑型、拉伸韧带具有积极作用。在高轻度的训练之后，进行整理活动不仅帮助消除疲劳，还可以减少肌肉的延迟性酸痛，以达到加速恢复的目的。同时，整理活动还可以使肌肉血流量增加，加速乳酸的利用。可以使心血管系统、呼吸系统仍保持在较高水平，预防激烈活动的骤然停止所引起的机体功能失调，是对脏器的一种重要保护手段。做整理活动时应该注意活动量不要大，尽量选择缓和、放松的动作和形式，目的就是使身体从高度紧张亢奋慢慢过渡到安静状态。整理活动的内容一般包括一些深呼吸运动和全身的放松练习，同时要注意针对性，针对训练过程中的主要负荷部位的肌群进行充分放松。比如慢跑、呼吸体操以及各肌群的拉伸等。整理活动的时间应该根据训练的负荷量与强度来决定，一般为 5 ~ 15 分钟，过长时间的整理活动没有太大的意义，但是忽略整理活动又不利于机体的恢复，甚至还会对机体造成一定程度的伤害，因此要严格认真地对待整理活动。

（二）理疗恢复手段

1. 水疗法

一般常见的水疗包括蒸汽浴、热水浴、桑拿浴、空气浴和漩涡浴等多种形式，它的主要机理就是通过提高体温促进血液循环、消除代谢产物以达到尽快消除疲劳、恢复体力的作用。水疗的水温以 40℃左右为佳，持续时间以 10 ～ 20 分钟为宜。

（1）温水浴

训练后进行温水淋浴是最简单易行的消除疲劳的方法。温水浴可促进全身的血液循环，调节血流，加强新陈代谢，对机体内的营养物质运输和代谢物质的排除也有积极作用。水温为 40℃左右，时间不宜超过 20 分钟。或者也可以在训练结束半小时后，进行冷热水交替浴。冷水温度为 15 摄氏度为宜。冷热水交替 3 次。

（2）桑拿浴

桑拿浴是指利用高温环境加速机体血液循环，使人体大量地排汗，从而及时排出代谢产物。但是桑拿浴不要在训练结束后立即进行，避免脱水的发生。进行桑拿至少要在运动后半小时以后，待呼吸平稳，各方面体征基本恢复正常水平之后再进行。

2. 吸氧疗法

短时大强度运动训练后，利用高压氧舱的吸氧疗法是非常有效的恢复手段。通常选择在 2 ～ 2.5 个标准大气压下吸高压氧 5 ～ 10 分钟，从而增加机体的血氧含量，降低血液中的二氧化碳浓度，使 pH 上升，提高组织氧的储备量，对疲劳的消除有明显作用。

3. 电磁疗法

电磁疗法是利用电磁刺激来振动肌肉进行放松的方法。它改善血液循环、促进能源物质和电解质等功能物质的合成与转运，减少能量消耗和加速代谢物质的消除，促使运动员的机体快速恢复。

（三）药物手段

药物手段是运动恢复的常见手段。特别是我国应用中医药物，在提高机体抗病能力、代谢调节能力、疲劳恢复、改善训练效果等方面有显著成绩。目前,最主要的消除运动性疲劳的中药主要有三种形式:复方中药、单味中药与中药单体。复方中药的作用机理以补益、调理、清法治疗原则为主,主要针对的脏腑包括脾、肾和肝,其功能侧重于协调平衡身体机能,帮助营养物质的运化,从而加速恢复运动能力。单味药如西洋参、淫羊藿、红景天等,中药单体如人参皂、淫羊藿皂等,则侧重于在某一方面的作用。中药单体在使用上类似于西药,对提高运动能力有一定作用。

(四)按摩手段

按摩是快速消除运动性疲劳的有效手段。最为常见的按摩手段有机械按摩、水压按摩、气压按摩和人工按摩。按摩不仅可以促进大脑皮层中兴奋和抑制的转换,使因疲劳引起的神经调节紊乱消失,还可以促进血液循环和淋巴循环,加强局部血液供应,促进代谢产物尽快排出,加速消除运动性疲劳。根据运动项目的特点和疲劳程度,选择按摩部位。一般着重按摩运动负荷最大的身体部位,人工按摩是最好的方式,可以非常准确地针对工作肌肉的部位进行揉捏,穿插使用按压、搓和运拉。人工按摩的另一个好处是按摩师可以和运动员实时交流力度与感受,让运动员得到最佳的恢复促进。或者运动员借助机械设备自助按摩也是常见的方式,根据自己的需要调节按摩时间和按摩力度,一般以揉搓和捶打为主。按摩最好安排在运动与整理活动之后,也可以安排在运动结束洗澡后或晚上临睡前进行,最有利于放松和恢复。

(五)心理学手段

有些时候,在高强度的体能训练后,也会采用心理调整措施帮助运动员恢复,特别是帮助他们降低神经精神的紧张程度,减轻心理压抑状态,加快神经系统能源物质的恢复,从而对身体各个其他器官、系统的恢复产生影响。

1.谈话法

谈话法主要针对那些情绪明显低沉并且影响了训练的运动员,不管是由于人际关系的冲突还是因为训练而产生过度的心理压力的运动员,通过谈话可以适度地帮助他们解除心理障碍,启发他们全面认识和对待各种问题。利用谈话找到他们的问题所在,多鼓励、多肯定,帮助他们全面认识问题,并分析有利因素和自己的希望所在。或者多强调行动和目标,多用积极的视角去解决问题,少沉溺于消极、负面的过度思虑。帮助运动员疏导情绪，让他们尽快恢复斗志，这样可使他们的心情得到改善。愉快的心情可以大大减少神经能量的消耗。

2. 语言暗示法

这种方法是通过语言暗示，诱导肌肉和神经的放松，是很好的自身放松训练。练习时还可播放一些轻松的音乐，帮助运动员在语言和音乐的良好刺激下充分放松肌肉和神经。

3. 催眠法

催眠术需要在经验丰富的催眠师的协助下进行。通过心理暗示的方法，使运动员的心理活动达到某种境界，呈现出介于觉醒和睡眠之间的特殊心理状态。

4. 音乐放松

选择安静舒缓的音乐可以降低不必要的兴奋，使人从忧郁状态转到良好的心境中，音乐放松也是运动员消除心理疲劳的有效手段之一。选择一些轻音乐有助于帮助运动员形成安静平和的心境，帮助身心放松。

用于心理疲劳恢复的方法还有文艺活动、气功等，具体选择哪种方法要根据实际情况而定、因人而定。运动性心理疲劳往往是隐性的、渐进的、不易被察觉的，这就需要教练提高意识，运动员自身也要具备基本的自我判断和自我调节的知识和能力，有能力觉察自己的心理动向。特别是在长期、高压的体能训练过程中，注意将体能恢复和心理恢复相结合，更好地缓解运动性疲劳，从而发挥出自己的最佳水平，取得优异的运动成绩。

四、常见的运动损伤

（一）运动损伤的预防

1. 预防运动损伤的意义

运动员发生运动损伤的原因是多方面的，其中运动基础较差、准备活动不足等是常见的因素。运动员参加体能训练时可能会发生一定的运动损伤，这是正常的，因为任何活动都会存在一定的风险性，要想完全避免是不可能的。但需要注意的是，我们可以通过各种手段和措施预防运动损伤，将运动损伤发生的概率降到最低。如果不事先采取积极的预防措施，就容易导致运动损伤。由此可见，加强运动损伤的预防是十分重要的。

在运动员的体能训练中加强其运动安全教育也是十分必要的，让运动员充分认识到预防运动损伤的重要性有利于其更好地参加体能训练。

2. 运动损伤预防的原则

（1）提升预防意识原则

运动员参加体能训练需要教练员的指导，如此才能保证体能训练的科学性和有效性。在体能训练中，运动员一定要注意提升自己预防运动损伤的意识，加强预防运动损伤的教育工作，让运动员充分意识到预防运动损伤的重要性。除此之外，还要加强运动员防护技能的培养，提高其运动防护能力和水平。

（2）合理负荷原则

运动员参加体能训练一定要注意安排合理的运动负荷，如果运动负荷不当就容易导致运动损伤。一个合理的运动负荷能极大地降低运动损伤发生的概率，确保运动员运动中的安全。但是，运动员要想更好地提升自身的体能素质，适当地增加运动负荷还是有必要的。

（3）全面加强原则

全面加强主要是指促进运动员身体素质的发展。要想获得理想的运动水平，运动员就需要具备良好的身体素质，良好的身体素质是运动员提高运动技能、杜绝运动损伤的重要基础和保障。因此，在平时的训练中要加强运动员身体素质的培养和提高。

（4）严格医务监督原则

为有效预防运动损伤，还需要加强医务监督。必要的医务监督有助于运动员及时发现身体不适等状况，实现早发现、早处理的目的。除此之外，还要定期或不定期的检查各种硬件设施，排除安全隐患，保证运动安全。

（5）自我保护原则

运动员在参加体能训练的过程中还要注意自我保护，严格遵循自我保护的基本原则，努力提升自我保护意识，做好必要的自我保护动作，提升自我防护能力。

3. 运动损伤预防的措施

运动员参加体能训练通常都带有一定的风险性，因此采取必要的预防措施是非常重要的，这样能有效降低运动损伤发生的概率。

具体而言，运动员在参加体能训练时可以采取以下预防损伤的措施和手段。

（1）加强力量素质的锻炼

力量素质在人体各项体能素质中占据着十分重要的地位，因为力量是其他各项素质的重要基础。运动员在参加体能训练的过程中就能展现出强大的爆发力与协调力，这对于运动损伤的预防具有非常大的帮助。如身体对抗中的两名运动员，身体力量占优的一方发生损伤的概率要相对低一些。由此可见，加强力量素质训练的重要性。

（2）加强体格检查

在平时的体能训练中，教练员还要加强运动员的体格检查，这有助于教练员和运动员充分了解自己的身体发展状况，从而制订出科学合理的活动方案，保证体能训练的科学性。

（3）加强自我保护

在具体的体能训练中，运动员要根据运动专项的特点学会自我保护的方法，在运动过程中加强自我保护，这样能有效预防运动损伤。

（4）维护良好的运动环境

运动员参加体能训练要在一个良好的场地环境下进行，这对于运动员预防运动损伤也具有重要的意义。因此，在平时的体能训练中，还要密切关注体育场馆和设备的卫生及其他环境问题，加强运动器材的维护和整修，这有利于运动员的运动安全。

（二）运动损伤的处理

1. 擦伤

擦伤可以说是一种常见的表皮损伤，擦伤后，多表现为皮肤表皮剥脱，可伴渗液、出血。

运动者在参加体能训练时，发生擦伤的现象是比较常见的，可以按照以下方法进行处理。

（1）较轻擦伤，生理盐水冲洗，涂抹红药水或紫药水或0.1%新洁尔溶液。

（2）大伤口擦伤：生理盐水刷洗、清理创面异物，碘酒或酒精消毒，涂云南白药，纱布包扎。

（3）关节擦伤，清洗、消毒，涂抹医用止血止痛药，如青霉素软膏。

2. 挫伤

挫伤，是一种受钝性外力作用产生的伤口闭合性损伤，与擦伤相比，挫伤的损伤程度要更深，伤后可伴有肿胀、疼痛、出血等现象的发生。

运动者在参加体能训练时，发生挫伤可以采取以下方法处理。

（1）伤后即刻局部冷敷、外敷新伤药。

（2）四肢挫伤：包扎固定，及时送医。

（3）头部、躯干部严重挫伤：观察伤者是否受伤有休克、大出血现象，如有应先进行休克处理，尽快止血，及时送医。

（4）手指挫伤：冷水冲淋、按压止血，包扎。

（5）面部挫伤：冷敷，24 小时后热敷。

（6）伤情严重者及时送往医院处理。

3. 拉伤

拉伤一般情况下是人体肌肉过度收缩或拉长导致，在体能训练中，运动员常因准备活动不充分、动作用力过猛等而出现肌肉或韧带拉伤的情况。

在发生拉伤现象时，运动员可以采取以下处理方法。

（1）轻度拉伤：冷敷，局部加压包扎，抬高患肢。

（2）严重拉伤：简单急救后，立即送医。

4. 扭伤

扭伤是肌肉、韧带、关节超过自身活动范围的扭动所致损伤。活动不充分、动作幅度过大、运动方向不当均可致伤，伤后可伴有疼痛、肿胀感，严重者有运动障碍。

运动者在发生扭伤现象时可以采取以下处理方法。

（1）指关节扭伤：冷敷，牵引放松，固定伤部。

（2）肩关节扭伤：冷敷和加压包扎。24 小时后可按摩、理疗或针灸。

（3）腰部扭伤：平卧休息，伤部冷敷。

（4）膝关节扭伤：压迫痛点止血，抬高伤肢，加压包扎。及时就医。

（5）踝关节扭伤：压迫痛点，包扎固定；韧带断裂应压迫包扎并及时就医。

5. 关节脱位

关节脱位，指关节离开关节应在位置，关节脱位后关节及其周围肌肉有明显疼痛、肿胀，撕裂感，关节功能丧失。

运动者在发生关节脱位时可以采取以下处理方法。

（1）如有经验，可以及时复位。

（2）如无复位经验，及时送往医院救治。

6. 肩袖损伤

肩袖损伤主要是由肩关节超常范围急剧转动、劳损、牵拉、摩擦等引起。运动者在参加体能训练时，发生肩袖损伤，肩外展会感到一定的疼痛，肩外展或内旋疼痛会加重。

运动者发生肩袖损伤时可以采取以下处理方法。

（1）急性发作期间，暂停健身，肩关节制动，上臂外展 30° 固定，以减小有关肌肉张力而减轻疼痛症状表现。

（2）进行必要的休息、调整后，可做理疗、按摩和针灸。

（3）伴有肌腱断裂并发症时，立即送往医院救治。

7. 腰肌劳损

腰肌损伤是指运动者在运动时腰部长期保持同一个状态或腰部动作过多，腰部肌肉运动幅度过大，长时间疲劳没有恢复的情况下持续运动可导致腰肌劳损。腰肌劳损的症状一般为酸痛，具有刺痛感。

运动者在发生腰肌劳损时可以采取以下方法进行处理。

（1）可以采用理疗、按摩、针灸等治疗手段。

（2）可以口服针对性药物。

（3）用保护带及加强背肌练习进行运动康复。

（4）顽固病例应进行手术治疗。

8. 髌骨劳损

髌骨劳损是髌骨软骨面及其相对的关节软骨面因慢性损伤后，形成髌骨骨关节炎症的一种退行性疾病。发病时，有膝软与膝痛现象。

运动者在参加体能训练时，发生髌骨劳损时可以采取以下处理方法。

（1）根据自身实际情况适当地调整运动量的大小。

（2）注意受伤部位的积极性休息。

（3）可以采取按摩、理疗等手段进行治疗。

9. 韧带损伤

运动者在参加体能训练的过程中，操作不当可导致机体在做大幅度动作时拉伤韧带，在发生韧带损伤时可以采取以下处理方法。

（1）弹力绷带做“8”字形（内侧交叉）压迫包扎，冷敷。

（2）棉花夹板固定，加压包扎、制动，减少出血、止痛。

（3）韧带完全断裂者及时送医处理。

（4）伤后 24 小时左右可中药外敷或内服、按摩、理疗。

（5）韧带完全断裂应及时送医进行手术缝合。

10. 出血

（1）止血

①指压止血

掌指出血：按压桡动脉及尺动脉。

下肢出血：两手拇指重叠，在腹股沟中点稍下方，将股动脉用力压在耻骨上支上。

足部出血：压迫足背及内踝后方胫动脉和胫后动脉。

②止血带止血

用止血带（或皮管、皮带）缚在出血部近端，上肢每半小时、下肢每1小时放松一次，以免肢体麻痹或坏死。

（2）包扎

用绷带和三角巾（或布条）包扎出血部位或肢体，结合不同伤部选用环形包扎、扇形包扎等不同包扎方法。

（3）大出血

出血不止或出血致休克者，应及时输血或手术治疗。

11. 骨折

骨的完整性遭到破坏的损伤称为骨折，运动员在参加体能训练时，机体遭到被动冲撞、挤压较容易导致骨折。骨折后，骨断裂，有强烈疼痛感，伤部骨骼扭曲，有开放性伤口且严重者可见骨骼。

运动者在发生骨折时可以采取以下处理方法。

（1）不要随意移动受伤肢体，固定伤肢。

（2）伤者出现休克现象时，先对其进行人工呼吸。

（3）伤口出血不止，应及时采取止血措施，并送医治疗。

在发生骨折现象后，应尽量保持患者伤部固定不动，采取以下几种包扎固定的方法。

（1）锁骨骨折包扎固定，可采用横“8”字形绷带法、双圈固定法、胶布条固定法。

（2）尺桡骨干骨折：复位后，应用夹板固定，或石膏固定。

（3）肋骨骨折，可用胶布固定法，如患者对胶带过敏，可用宽绷带固定。

（4）小腿骨折，骨折位置不同，注意包扎固定方法与位置的差异。

五、常见的运动性疾病

(一)运动员贫血

一些耐力项目运动员在训练后血浆容量增加,是机体对训练的适应性反应。这是因为,剧烈运动使心搏出量和最大心排血量增多,加强了对组织的氧运送和释放。但是,血容量的增加和血球压积的下降,会导致血液黏稠度降低,从而减少外周阻力,周围组织的血液会发生灌流。血浆容量虽然增加,但是却与血红蛋白的增加不成比例,也就是血红蛋白的浓度偏低,测试结果显示为贫血。

还有一种情况是,运动员血红蛋白的生成和红细胞合成减少,而导致的贫血。这是因为血红蛋白的合成需要大量的铁、蛋白质、维生素 B_2 和叶酸等的参与。可是,运动员在进行大运动量的体能训练时,对蛋白质、铁等营养物质的需求也非常旺盛。如果在训练期间没有加强对营养摄入的科学管理,其营养摄入量仅仅能满足一般需求,也就是说对造血没有充分的养料供给,就会出现血红蛋白合成减少的情况。这里尤其需要引起注意的是体操和舞蹈项目的运动员,由于其项目的特殊性,这类运动员还要时时保持体重,需要限制饮食摄入量,因此出现运动员贫血的概率会更高。研究发现,运动员是发生缺铁性贫血的高危人群,而缺铁性贫血对依靠有氧供能的运动员来说,将明显地影响其运动能力和表现。

(二)运动性血尿

各种运动项目都可以见到运动性血尿。运动性血尿的发生与身体的负荷量或者训练强度的加大、过快直接相关。特别是那些新开始参加专业训练的新运动员,发生运动性血尿的情况非常多见,由于突然加大负荷量、训练强度后,其身体机能、组织器官还没有来得及适应这种突发的强大刺激,便会诱发运动性血尿的发生。其中,过大的训练强度比过长的运动时间更容易诱发运动性血尿。特别是身体的局部负担过大,如腰部动作过多、跳跃训练量过大,以及超强度的长跑都是运动性血尿的主要诱因。

有时,运动性血尿的产生不完全取决于运动强度,还与运动员自身的适应能力有关。这时候运动员应该适度调节训练节奏,避免过度训练。

另外,在寒冷或者高原条件下训练时,也容易诱发运动性血尿。运动性血尿的发生原因和机理还未完全清楚。多数学者认为其发生原因主要与肾组织或血管的微细外伤以及肾上腺素和去甲肾上腺素分泌量的增多有关。比如,长跑运动员由于周身脂肪较少,在保持一个体位连续长时间的蹬地动作过程中,肾脏的位置会发生一定程度的下移,肾静脉与下腔静脉之间的角度变锐,可发生两静脉交叉处的扭曲,引起肾静脉压增加,造成红细胞漏出,出现运动性血尿。而当运动员的跳跃动作较多时,尤其是在踏跳力量较大,同时还伴有腰部的猛烈屈曲和伸展动作,同样容易造成肾脏或肾脏部位组织、血管的挤压、牵扯或扭曲,甚至损伤。这都是引起运动性血尿的重要原因。

(三)运动性胃肠道问题

常见的运动性胃肠道问题包括腹痛、腹泻或者被迫排便。比如在运动中或运动后有时会出现被迫如厕的情况。它的主要成因有如下两方面。

1. 上消化道出血

比如最常见的溃疡病,特别是十二指肠溃疡,约占上消化道出血原因的 1/2 ~ 2/3。其次是胃黏膜发生撕裂而引起的出血。另外,还有比较少见的由于训练运动引起的肠道内出血。其发生机制是在激烈运动的过程中,引起体力衰竭,伴有胃血循环的障碍,造成局部缺氧和胃黏膜的损伤而导致出血。这种溃疡由于损伤较浅,愈合也较快,因而并未引起太多重视。

2. 下消化道出血

运动性下消化道出血可能是由于机体在运动时,胃肠道被强烈、反复地震动而引起的损伤或者出血。另外,还可能是因为肠道缺血而引起。在高强度的体能训练中,内脏的血流量可减少 80% 左右,这种情况会引起肠道的严重缺血而出现肠道功能紊乱。另外,如果再加上高温、脱水等可导致肠道发生缺血性坏死,或者出现血便等症状。

(四)运动性猝死

运动性猝死是指运动中或运动后 6 小时内发生的非创伤性突然死亡。有统计显示,足球、橄榄球、曲棍球、篮球、举重和体操运动员在训练和比赛中都有过发生猝死的现象。运动性猝死绝大多数都有器质性疾病存在,其中以心血管疾病最为常见,约占 70% ~ 80%,其次为脑血管疾病、中暑和药物滥用。

由运动训练而诱发的心脏猝死,其主要机制是运动诱发原有心血管疾病的病情突然加重,使心脏不能搏出血液而发生猝死,比如严重的心律失常、急性左心泵衰竭、心脏动脉瘤的破裂。

六、运动员应主动认识运动疲劳与恢复

运动性疲劳的产生原因和出现部位不尽相同,表现和形式也多种多样,不同原因引起的运动疲劳其机制也不完全相同,需要采取的恢复措施也不尽相同。因此,准确把握运动员运动后机体形态、机能、心理和行为的变化,及时、准确地判断运动疲劳的出现及其程度,是恢复的第一步。然后根据评估采取有效的恢复手段对运动性疲劳进行辨证处理,真正做到使用科学有效的方式方法处理运动员的运动疲劳,是运动恢复、提高体能以及保持运动员身体健康发展的重要条件。在体能训练中运动性疲劳的产生是不可避免的,可以说是运动员的训练常态,因此,运动员应该自觉地理解和把握与自身项目相关的所有运动性疲劳的产生机制和形成原因,并了解和熟悉自己的身体状况、心理特征,配合教练的安排的同时,主动自觉地做好疲劳恢复也是一名优秀运动员的必修课。

为了提高体能训练的效果,做好医务监督工作非常重要。体能训练是一种以发展身体机能潜力、并使其得到最大发挥为目的的大负荷训练。通常情况下,体能训练是以增加训练难度,比如长时间、高强度、大负荷地持续地进行训练,是对人体各器官、机能系统的超负荷适应训练。这种训练有时候会改变生理极限,因此,需要进行病理和生理界限的鉴别诊断。研究区别生理与病理的诊断方法是医务监督的一项重要内容。另外,注意预防运动性损伤、运动性疾病的发生,以及训练后的恢复,都属于医务监督的范畴。比如,通过形态检查和机能测试,可以对运动员身体机能的状况进行综合评定,这种检查是运动训练中非常有效的检测手段,可在不同的阶段和不同状态下进行,比如可以在运动员的安静状态、训练过程中或者是恢复过程中进行,可以有效地收集运动员在不同状态下的身体各方面的机能表现指标,为之后制订有针对性的恢复方案做好准备。除了阶段性的定期检查之外,还可以配合动态的观察和比较,运动员自身要有意识地对自身在不同状态下的体征表现和自身感受进行观察和做记录。这特别有助于避免和预防运动性疾病的的产生。当运动负荷超出了人体的生理极限,机体就会慢慢演化而产生病理状态。运动性疾病与训练量和训练强度密切相关,最常见的有过度训练、过度紧张、运动性贫血、运动性血尿等,都是由于训练强度过大而引起。所以,定期进行身体机能检查,对自身的重要身体指标做跟踪记录,对于及早发现和预防潜在的功能障

碍、运动疾病具有重要意义。

对于运动性疲劳，首先表现出的就是精神状态低下以及身体机能的不同程度的下降。它是机体进行防御性保护而发出的信号，运动员应该及时地感知自身的身心变化，尽早采取有效措施及时消除疲劳，进而有效预防可能产生的机体调节紊乱和过度疲劳。可以说，运动员自身是防护运动疲劳的第一道关卡，只有及时地发现和避免疲劳的进一步产生，才是有效训练的最佳保障。掌握一些有效的消除疲劳的基本方法，选择适合的时间和方式进行放松和调节，是运动员的必备修养。

第三节　提高体能训练效果的管理保障

一、建立体能训练管理机制的意义

管理机制不仅是提高体能训练效果的根本保障，也是发展竞技体育的有力保障之一。只有建立科学合理的管理机制，才能从根本上、整体上对体能训练进行把控，才能将各个方面的有力因素做最大化的发挥。对运动训练管理认识越深刻，运用的方法越合理，内容越切合实际情况，越能够充分发挥管理机制的功能，则越能有效地管理现代运动训练，提高竞技运动水平的效率。运动训练管理机制是一门专门化的管理科学，在多年的实践和研究中，经过不断的摸索终于发展出符合中国自身发展特色的管理经验和模式，对提高体能训练效果发挥了重要的作用。

二、以目标管理为核心的管理原则

管理是为目标而服务的，建立有效的监管机制，实行完善的训练模式，是提高体能训练的重要保障。目标管理就是制订一个具有不同层面、由不同子目标所组成的目标管理体系。把宏观目标层层分解为可执行的微观目标，而微观目标又是宏观目标的组成因子。环环相扣，彼此依存，为竞技体育运动的体能训练提供行动依据。以目标管理为核心的体能训练，要求我们的体能训练要以一套完善的、系统的现代体育科学理论为依据，以运动专项的项目要求为蓝本，以科学的方式方法和技术手段为辅助，对运动员的各项体能素质进行有计划、有节奏、循序渐进的加强训练的过程管理。

三、以人为本是体能训练管理的精髓

在进行体能训练的过程中，要特别强调人性化原则，要充分尊重以人为本的科学发展观。体能训练是一个涉及生理、心理、营养、医学、环境等等多学科的复杂过程。因此，在体能训练中，应该强调运动员个体的差异性，无论是年龄、性别、生理或心理因素等都各有不同，应遵循因材施教、因势利导的训练思想，而不是僵化地执行目标、完成任务，为了训练而训练，只有这样才能营造出一个科学化、人性化的训练环境，才能让运动员的体育天分得到充分的发展，才能让体能训练的管理具有真正的意义，才能对提高体能训练的效果起到积极的作用。

参考文献

[1] 赵琦. 体能训练理论与方法 [M]. 南京：东南大学出版社，2017.

[2] 杨海平. 实用体能训练指南 [M]. 广州：广东高等教育出版社，2013.

[3] 谭成清. 体能训练 [M]. 长沙：湖南师范大学出版社，2012.

[4] 李铂. 实用体能训练方法 [M]. 北京：化学工业出版社，2015.

[5] 崔东霞. 核心力量体能训练法 [M]. 北京：化学工业出版社，2013.

[6] 罗华平. 现代体能理论阐析与科学化训练研究 [M]. 北京：中国书籍出版社，2015.

[7] 梁智恒，孙丽波，鞠复金. 运动训练原理与实践 [M]. 哈尔滨：东北林业大学出版社，2008.

[8] 康利则，马海涛. 体能训练理论与方法 [M]. 西安：陕西人民出版社，2010.

[9] 陈树华，许永刚. 篮球运动训练理论与方法 [M]. 广州：广东高等教育出版社，2000.

[10] 王向宏. 体能训练理论与方法 [M]. 2 版. 北京：北京航空航天大学出版社，2014.

[11] 龙春生. 体能训练法 [M]. 沈阳：辽宁大学出版社，2009.

[12] 郭岩，余峰，左昌斌. 实用体能训练指南 [M]. 北京：中国书籍出版社，2018.

[13] 国家体育总局干部培训中心. 高水平竞技运动体能训练研究 [M]. 北京：北京体育大学出版社，2009.

[14] 尹承昊. 体能增长与健身训练 [M]. 济南：山东科学技术出版社，2013.

[15] 曾理，曾洪林，李治. 高校体能训练理论与训练教学指南 [M]. 北京：新华出版社，2018.

[16] 王志苹. 现代体能训练科学设计与实用方法研究 [M]. 北京：中国商务出版社，2017.

[17] 史兵. 体育测量评价学 [M]. 西安：陕西人民教育出版社，2006.

[18] 陈佩杰，王人卫，胡琪琛，张春华. 体适能评定理论与方法 [M]. 哈尔滨：黑龙江科学技术出版社，2005.

[19] 孙庆祝，郝文亭，洪峰. 体育测量与评价（第二版）[M]. 北京：高等教育出版社，2010.

[20] 杨瑞鹏. 行为学理论干预下的大学生体育锻炼行为与体质健康促进研究 [M]. 长春：吉林人民出版社，2017.

[21] 张全成，陆雯. 高级体适能与运动处方 [M]. 北京：国防工业出版社，2013.

[22] 徐玉明. 体适能评定与发展 [M]. 北京：北京体育大学出版社，2013.

[23] 罗华平. 现代体能理论阐析与科学化训练研究 [M]. 北京：中国书籍出版社，2015.

[24] 杨海平. 实用运动训练指南 [M]. 广州：广东高等教育出版社，2013.

[25] 徐国栋，袁琼嘉. 运动解剖学 [M]. 北京：人民体育出版社，2012.

[26] 王谦. 核心稳定力量训练在普通高校游泳教学中的应用研究 [D]. 大连：大连理工大学，2014.

[27] 崔东霞. 核心力量体能训练法 [M]. 北京：化学工业出版社，2013.

[28] 李洁，陈仁伟. 人体运动能力检测与评定 [M]. 北京：人民体育出版社，2005.

[29] 李芳成. 运动生理生化及相关理论分析与应用 [M]. 北京：中国水利水电出版社，2016.

[30] 谢敏豪，严翊，冯炜权. 耐力训练监控与营养 [M]. 北京：北京体育大学出版社，2007.

[31] 赵春英. 趣味体能与体育游戏 [M]. 天津：天津科学技术出版社，2014.

[32] 李明强，敖运忠，张昌来. 中外体育游戏 [M]. 北京：人民体育出版社，1999.

[33] 卓鹤洲. 我国国家蹦床队运动训练管理系统的分析 [D]. 北京：北京体育大学，2013.

[34] 高炳宏. 我国现代体能训练的现状、问题与发展路径 [J]. 体育学研究，2019，2（02）：73–81.

[35] 李瑞. 国内外特警体能研究综述 [J]. 内江科技，2021，42（05）：103–104+93.

[36] 邱伯聪. 发展高中生身体平衡能力的不同训练方法比较研究 [J]. 安徽体育科技,2015,36（01）: 82-84+92.

[37] 刘鹏. 悬吊训练在羽毛球体能训练教学中的应用 [J]. 田径,2021,4（03）: 28-29.